전인교육의 담론

윤길근 김진규 공저

신정

머/리/말

서구 사회에서 발달된 전인교육의 사상은 19세기 후반에 삼육론(지육, 덕육, 체육)이라는 이름으로 일본과 중국에 전래되었다. 우리나라의 경우 1895년 갑오개혁기에 공포된 '교육에 관한 조칙'에 삼육론의 기본 개념이 포함되었다. 동아시아에서 삼육론에 바탕을 둔 전인교육이라는 용어는 일본의 오바라 구니요시에 의해 1921년에 처음 사용되었다. 필자가 검색한 바에 의하면, 우리나라 문헌 중에서 전인교육이라는 용어가 처음 등장하는 자료는 1931년 5월 1일자 「동아일보」에 실린 박태훈의 '진실의 교육'이라는 기고문이었다.

그동안 전인교육은 우리나라의 모든 교육문제를 해결하는 만병통치약으로 인식될 정도로 뜨거운 사랑을 받아왔다. 그러나 2010년 전후로 전인교육에 대한 관심은 서서히 식으면서 창의·인성교육 또는 인성교육으로 옮겨가다가, 2015년 1월 인성교육진흥법이 세계 최초로 제정된 이후부터 전인교육은 오래된 개념으로 인식되는 반면에, 인성교육에 대한 관심이 크게 높아지고 있다.

최근 일부 학자들은 전인교육의 개념을 다시 검토하고 새롭게 해석해야 한다는 논문을 발표하고 있다. 또한 인공지능 시대에서는 공장형 학교와 지식전수형 교육의 종말을 고할 것으로 예견되면서, 하나의 대안으로 전통적인 전인교육으로 돌아가야 한다는 주장이 거세게 제기되고 있다. 이러한 변화의 흐름에 따라 전인교육에 관한 각종 논문과 자료를 종합적으로 수집하여 새로운 시각에서 분석하여 정리해야 할 시점에 이르게 된 것으로 판단된다. 먼저, 전인교육에 대한 사상적 기초를 다지기 위해서 동양과 서양의 전인교육사상가들의 전인교육 이론과 원리를 새로운 관점에서 다시 해석하고자 한다. 다음으로, 학교에서 전인교육을 실시하는 과정에서 학생들의 전인성을 살리는 기존의 실천적인 원리와 다양한 방법을 종합적으로 정리할 필요가 있다. 마지막으로, 인공지능 시대에 부응하는 새로운 미래교육의 관점에서 전인교육을 다시 해석하여 오래된 전인교육에 대한 새로운 교육의 지평을 열어야 할 것이다.

이 책은 이러한 의도에 따라 집필되어, 크게 3부로 구성되어 있다. 1부에서는 전인교육에 대한 사상적 기초를 제공한다. 2부에서는 전인교육의 실천 과정에서 작용하는 실천원리와 방법을 제시한다. 3부에서는 미래교육의 새로운 시각에서 전인교육의 개념을 재검토한다.

1장 전인교육의 기본 성격은 전인교육의 필요성, 전인교육의 의미, 전인교육의 접근방식, 그리고 전인교육의 구성요소 등을 설명한다. 2장 서양의 전인교육사상가들은 플라톤을 비롯하여, 로크, 페스탈로치, 스펜서, 그리고 수호믈린스키 등의 전인교육론을 소개한다. 3장 동양의 전인교육사상가들은 중국의 옌푸, 일본의 오바라 구니요시, 한국의 정범모 등의 전인교육론을 소개한다. 4장 전인교육의 실천 원리는 전인교육의 방법별 6대 원리, 전인교육의 유형별 7대 원리, 그리고 전인교육의 특성별 5대 원리를 제시한다. 5장 전인교육과 교육목적은 교육목적과 관련 개념, 교육목적의 기본 조건, 교육목적의 유형, 전인교육의 목적과 사례 등을 소개한다. 6장 전인교육과 교육과정은 전인교육과정의 의미, 전인교육을 위한 통합 교육과정, 그리고 전인교육 과정 편성과 운영 사례를 제시한다. 7장 전인교육과 교육방법은 전인교육 방법의 의미, 전인교육 방법의 원리, 그리고 전인교육 교수학습 방법 등을 안내한다. 8장 전인교육과 교육평가는 전인교육 평가의 의미, 전인교육 평가의 원리, 그리고 전인교육 평가 방법 등을 살펴본다. 9장 전인교육 재개념화의 관점은 오래된 전인교육의 의미, 전인교육 재개념화의 관점, 그리고 오래된 전인교육의 새로운 해석 등을 설명한다. 10장 인공지능 시대의 새로운 사람교육은 4차 산업혁명 시대의 개념과 특징, 인공지능 시대의 개념과 특징, 인공지능 사회의 인재상과 핵심역량, 그리고 새로운 사람교육의 구상 등을 설명한다.

이 책이 미래세대인 아동과 청소년의 전인성을 함양하는 데 관심을 가진 모든 분들에게 조금이라도 도움을 줄 수 있었으면 하는 마음이 간절하다. 끝으로 어려운 여건에도 불구하고 출판을 흔쾌히 맡아주신 신정출판사 최용구 사장님을 비롯하여 좋은 책을 만들어 주신 편집부 직원들 모두에게 진심으로 감사하는 마음을 전한다.

2020년 8월

윤길근 · 김진규

차/례

PART 02 전인교육의 실천 과정

PART 03 전인교육의 새로운 관점

PART

01

전인교육의 사상적 기초

CHAPTER 01

전인교육의 기본 특성

1. 전인교육의 필요성

전인교육은 우리 교육이 안고 있는 모든 현안을 해결하기 위한 최고의 처방으로 자주 등장하는 개념이다. 교육전문가들뿐만 아니라 일반 사람들까지도 전인교육을 만병통치약처럼 빈번히 언급하고 있다. 이러한 현상은 교육의 역사가 시작된 이래 세계 어느 곳에서나 꾸준히 나타나고 있다. 왜냐하면 전인교육은 교육이 추구하는 이상적인 지향점이자 가장 자연스러운 형태의 교육을 의미하기 때문이다. 흔히 전인교육은 모든 학생을 정말 아무짝에 쓸모없는 팔방미인(八方美人) 같은 사람을 기르는 교육으로 오해되기도 한다. 전인교육은 그러한 팔방미인을 기르려는 교육이 아니다. 전인교육을 팔방미인 교육으로 여기는 생각도 교육 문제에 있어서 하나의 미신이라고 주장하고 있다(정범모, 2012).

4차 산업혁명과 인공지능(artificial intelligence: AI) 시대에서 오래된 전인교육의 이념을 수용하는 문제가 심층적으로 논의되어야 할 것이다. 인공지능을 비롯하여, 빅데이터, 사물인터넷, 클라우드 등과 같은 4차 산업혁명의 핵심기술은 다양한 분야와의 융합으로 사회를 크게 변화시키고 있다. 특히 인공지능은 인간의 학습능력, 추론능력, 지각능력 등을 컴퓨터가 모방하여 인간과 비슷한 작업을 수행하는 기술이다. 최근 인공지능 기술 분야에서 딥러닝(deep learning) 기술이 획기적으로 발전하여 민간 기업에서 딥러닝 기반 인공지능 관련 기술이 현실 세계에 등장하게 되었다. 구글의 음성 및 이미지 인식, 넷플릭스와 아마존 검색 엔진의 추천 시스템, 애플 사의 시리(siri), 자동 이메일, 메시지 응답 시스템, 챗봇 등이 대표적인 사례이다. 이러한 인공지능 기술이 새롭게 나타남에 따라 인간은 인공지능과 경쟁하고 심지어 추격당하며 대체될 것으로 전망하고 있다. 미래 사회는 인공지능에게 지시를 내리는 계급과 인공지능의 지시를 받는 계급으로 양분될 것으로 보고 있다.

인공지능의 등장으로 산업혁명 이후에 나타난 보통교육과 대중교육의 형태로 노동자를 양성하기 위한 공장형 학교는 종말을 고하게 될 것이라는 주장이 제기되고 있다(윤석만, 2018). 또한 짧은 시간에 많은 문제를 실수 없이 풀어야 하고, 수많은 지식을 주입식으로 전달해야 하는 지식전수형 교육의 종말도 서서히 다가오고 있다(박형주, 2017). 인공지능 기술이 발달한 미래 사회에서는 과거와 같은 단편적인 지식과 도구적 기술은 인공지능으로 대체될 것이다. 이에 대응하기 위해 인간은 인공지능에게 대체되지 않는 핵심 역량을 개발해야 할 것이다(이지성, 2019).

한편, 인공지능이 인간의 노동을 일정 비율로 대체하게 되면 인간의 여가 시간이 증가할 것이라는 예측도 있다. Rifkin(1996)은 『노동의 종말』에서 '자유시간의 증가는 필연적이며, 실업이냐 여가냐를 선택하는 문제일 따름이다'라고 주장하였다. 노동시간이 줄어들고 여가시간이 증가되는 낙관적 전망이 현실로 나타나게 된다면, 교육은 그러한 여가를 향유하기 위한 여러 가지 선택지 중의 하나가 될 것이다(김신애 · 방준성, 2019). 만약 인공지능이 인간의 노동을 대체하더라도 인간은 여가시간을 교육과 같은 정신활동으로 제대로 활용할지는 아무도 모른다. 소수의 상류층 사람들만이 여가시간을 교육적 유희에 할애할 가능성이 있다.

그러나 AI 시대의 인간은 기계에게 일자리를 빼앗기고 구조적 실업의 상태에 놓이게 될 것이다. 구조적 실업에 빠진 대다수의 인간은 사회 전체 부의 대부분을 차지한 로마 시대 '세넥스'와 같은 귀족들의 노예로 전락하고 성찰적인 삶을 누릴 기회를 얻지 못할 가능성이 더 높을 것으로 예상된다(김대식, 2016). 앞으로 AI 기술이 더욱 더 발전하여 인류의 지능을 능가하는 강한 인공지능이 출현하여 인간의 모든 일을 대신하는 순간, 인간은 세계에 대한 지배력을 잃게 될 것이라고 전망한다(Yuval Noah Harari,

2016; 김명주 역, 2017). 이러한 인공지능의 발전은 인간의 삶에 비인간화를 가져올 가능성이 높아질 것이다. Prisecaru(2016)는 로봇과 인공지능의 발전으로 인간의 삶이 비인간화될 수 있으며, 감성, 영감, 공감과 같은 인간의 독특한 가치에 영향을 주어 도덕성과 윤리적 문제가 커질 것이라고 경고하고 있다.

따라서 AI 기술이 비약적으로 발전함에 따라 노동시간의 단축과 여가시간의 증가로 이어지면서 인간의 삶의 질을 높일 수 있는 긍정적인 측면도 있지만, 잘못된 판단이나 오용, 무책임 등은 인류의 재앙을 가져올 수 있으며, 비인간화와 계층 간 경제적 격차로 인한 중산층의 붕괴, 그로 인한 민주주의를 위협할 수 있다는 것이다(성태제, 2017). AI 시대에서 과학기술이 더욱 더 발전함에 따라 교육의 본연의 가치가 존중되는 인본주의 교육과 전인교육의 필요성이 더욱 더 높아질 것이다(윤석만, 2018).

이러한 의미에서 정범모(2009)는 전인교육이 필요한 이유를 인간적 필요, 사회적 필요, 그리고 교육적 필요로 나누어 설명하고 있다. 첫째는 전인교육의 인간적 필요이다. 전인은 우선 사람들이 자신에게 바라는 인간형이다. 사람은 누구나 여러 가지 다양한 욕구구조를 가지고 있다. 따라서 스스로 전인적인 인간이기를 바란다. 자신의 독특한 직업이나 특기를 넘어서 조금은 넓은 소양의 인간이 되기를 원한다. 그런 전인적 이상을 자기평가의 한 기준으로 삼으며, 그 기준에 따라 자기의 자아개념, 즉 자기가 얼마나 충실한 인간인가에 관한 생각을 형성해 간다.

또한 전인은 다른 사람을 평가할 때에도 적용하는 중요한 척도다. 아무리 머리가 좋아도 인정 없고, 염치없고, 예의를 모르는 사람은 높이 평가되지 않는다. 대학입시, 신입사원 선발, 심지어 배우자를 선택할 경우, 각종 인사 선발에도 전인평가 방법을 동원한다. 더욱이 인간존중이란 인간을 전인으로서 대우한다는 것을 뜻한다. 예컨대 회사 사장이 직원의 건강, 정서와 감정, 취미와 교양의 신장 등에 관심을 갖는다면 그 사장은 인간을 인간으로 대접하고 존중하는 인간적인 사장이다.

두 번째는 전인교육의 사회적 필요이다. 한 나라의 생존과 번영에는 여러 가지 국력과 국격이 필요하고, 그것은 전인교육체제에 의해서만 충실하게 함양될 수 있다. 한 나라의 국력은 정치 · 행정 · 국방 · 외교, 기업 · 기술 · 무역 · 상업, 학문 · 예술 · 문학 · 연예 등 다양한 분야에 걸친 역량이 결정한다. 한 나라의 교육체제는 그 직종들의 다양한 수준의 전문소양의 기초를 함양해야 한다. 초 · 중 · 고등학교에서 학생들은 그 다양한 일의 세계에 관한 초보적인 이해와 학습경험을 해보면서, 그 속에서 자기의 적성을 발견하고 진로도 선택할 수 있는 기회를 가져야 한다. 그것은 곧 전인교육 프로그램을 뜻한다.

전인교육은 국격에도 직결된다. 사람에게 인격이 있는 것과 같이 나라에도 국격이 있다. 질서도 서 있고, 사람들이 상냥하고 따뜻하고 예의바르며, 훌륭한 고적과 미술관에 전통 연예도 볼 만한 것이 많은 나라가 국격이 있는 나라다. 그리고 그 국격은 국민들의 지성, 감성, 도덕성을 포함하는 전인성이 결정한다.

세 번째는 전인교육의 교육적 필요이다. 전인교육은 두 가지 목적, 즉 기본적인 전인성을 함양하는 목적과 동시에 학생 개개인의 특수 재능을 발견하고 그 초보적인 기초를 배양하는 목적을 지니고 있다. 특히 저소득층과 낙후 지역의 학생들에게는 학교의 전인적인 프로그램과 시설이 거의 유일한 자기발견의 기회를 제공한다. 전인교육의 학교생활은 즐거워야 한다. 학생들이 스스로 할 수 있고 하고 싶은 여러 가지 활동을 많이 할 수 있는 학교가 되어야 한다. 재미있고 즐거운 학교는 학습동기가 높아지게 되고, 각종 무질서와 비행 등과 같은 탈선행위가 줄어들게 되며, 각종 정신질환적인 증상의 가능성도 줄어드는 부수적인 효과가 있다.

정범모(2012)는 전인교육의 인간적 필요, 사회적 필요, 그리고 교육적 필요와 더불어 전인교육의 긴요성에 대하여 네 가지를 추가하여 제시하고 있다. 첫째, 전인교육이 제공하는 경험은 창의력의 배양토를 형성한다. 둘째, 전인교육은 사람의 개방적 성격을 기른다. 셋째, 한국의 독특한 '멋'이라는 개념이 전인성과 관계가 깊다고 믿는다. 마지막으로, 전인은 인권과 관계가 깊다. 즉 사람을 전인으로 대접하는 것이 인권의 존중이고, 편협된 대접은 인권유린으로 이어질 수 있기 때문이다.

따라서 AI 시대를 살아가야 하는 우리 아이들에게 밝은 미래를 보장하기 위해서 공장형 학교에서 강조해서 가르치는 지식전수형 교육에 대한 비판적인 성찰이 요구된다. 또한 AI 시대의 도래로 나타나는 비인간화 현상을 극복하기 위한 대안을 우리 교육계에서 마련해야 할 시점에 와 있다. 여러 가지 대안 가운데 하나로 그동안 꾸준히 논의되어 온 오래된 전인교육의 개념을 재음미하고 새로운 시각에서 다시 해석할 필요성이 크게 강조된다.

2. 전인교육의 의미

전인교육은 동서양을 막론하고 역사적으로나 시대적으로 강조되어 온 개념이다. 또한 전인교육은 가정에서부터 시작하여 학교, 사회, 국가 등에 이르기까지 꾸준히 강조되어 왔다. 이러한 전인교육은 교육의 이상적인 모습을 언급할 경우 자주 사용되는 용어이다. 이상적인 모습의 전인교육은 학생들의 지적 발달, 사회적 발달, 정서적 발달, 신체적 발달, 도덕적 발달 등을 모두 포함하는 전면적인 교육을 의미한다(한방교·윤길근, 1998). 먼저 전인의 의미와 전인교육의 개념을 살펴보고자 한다.

1) 전인의 의미

국어사전에는 전인(全人)을 지(知), 정(情), 의(意)를 모두 갖춘 사람(국립국어연구원, 1999), 결함이 없이 완전한 사람(한글학회, 1992), 또는 인간의 세 가지 심적 요소인 지성, 감정, 의지를 균형 있게 갖추어 원만한 인격을 지닌 사람(다음, 2019) 등으로 풀이하고 있다. 이러한 전인의 사전적 정의에서 전(全)자의 의미를 어떻게 해석하는가에 따라 전인의 뜻이 달라질 수 있다. 전(全)자는 온전함을 의미하며, 온전함은 본바탕 그대로 고스란함을 뜻하고, 고스란하다는 말은 건드리지 아니하여 조금도 축나거나 변하지 아니한 것을 뜻한다. 또한 온전함은 갖출 것을 고루 다 갖추었음을 뜻하기도 한다. 그래서 전인은 인간의 본바탕 그대로 모든 것을 고루 갖춘 온전하고 원만한 인격체를 가리킨다(윤팔중, 1981).

우리나라에서 페스탈로치를 평생 연구한 김정환(1982)은 전인(whole person)을 온전한 인간으로 해석하였다. 그는 온전이라는 말에 여러 가지 뉘앙스가 있다고 지적하면서 성경에 나오는 온전이라는 말이 완전이라는 단어로 바뀌어 번역되고 있다는 근거를 제시하고 있다. 또한 그는 페스탈로치의 삼육론을 일본에 도입하여 실천한 오바라 구니요시(小原國芳, 1965)의 전인교육론에서 전인을 인간 문화의 전부를 고루 갖춘 문화 인격, 모든 능력을 고루 갖춘 조화 인격으로 규정한 것을 소개하고 있다(김정환, 1987; 1997).

한편, 이홍우(1996)는 그동안 교육계에서 전인과 전인교육이라는 용어에 대한 학문적 논의가 생략된 상태에서 일상용어처럼 취급되어 왔다고 지적하였다. 그는 전인을 모든 것을 갖춘, 온전한, 원만한 인간으로 규정하고, 전인을 지(知), 덕(德), 체(体)라는 세 가지 구성요소를 받아들이고, 그 관련 방식을 파악하는 두 가지 접근, 즉 가법적 접근과 승법적 접근으로 구분하였다. 이어서 그는 전인의 핵심 개념으로서 심(心)이라는 용어를 제안하고 있다(이홍우, 2000). 여기서 전인은 모든 것을 갖춘 온전하고 원만한 인격체, 즉 지 · 정 · 의가 조화된 통합된 인간 또는 총체적인 인간으로 정의된다(홍은숙, 2007).

또한 정범모(2004)는 전인을 인간 본연과 사회 본연의 두 가지 관점에서 구분하고 있다. 인간 본연의 관점에서 보면, 사람에게는 지 · 정 · 의 · 체에 걸친 다양한 인간 활동이 필요한 반면에, 사회 본연의 관점에서 볼 때, 세상에는 정치 · 경제 · 사회 · 학문 · 기술 · 예술 · 도덕에 걸친 다양한 사회문화 활동이 필요하다는 사실에 대한 직관적 인식이 요구된다고 주장한다.

그리고 전인체육론을 주장하고 있는 최의창(2009)은 전인을 지덕체, 지정의 등 사람을 이루는 중요한 측면들이 어느 한편으로 기울지 않고 조화롭게 균형 잡힌 모습을 갖춘 이상적 사람으로 간주하고 있다. 체육교과에서도 전인의 신체적 측면만을 담당하는 것이 아니라 머리와 가슴과 몸이 어느 한 편으로의 치우침 없이 골고루 갖추어져가는 사람, 즉 지성과 인성과 체성이 모두 갖추어진 사람을 말한다. 이어서 최의창 · 전세명(2011)은 전인을 지덕체가 하나 된 사람으로 간주하고 균형과 조화를 이룬 상태가 바로 하나가 된 상태로 해석하고 있다. 구체적으로 보면 지덕체가 하나 된 상태이더라도 두 가지, 즉 겉은 하나이지만 속은 나누어져 있는 상태와 겉과 속이 모두가 하나된 상태로 세분하고 있다. 전자의 방식으로 통합된 상태의 지덕체를 병합지덕체, 후자의 방식으로 통합된 상태의 지덕체를 융합지덕체로 규정한다. 학교현장에서는 이들 두 가지 상태의 전인이 모두 수용되고 추구되어야 하고, 먼저 전자를 거쳐서 후자에까지 도달해야 올바른 전인으로 성장할 수 있을 것이다(최의창 · 전세명, 2011).

지금까지 전인에 대한 사전적 정의와 더불어 관심 있는 학자들의 정의를 종합적으로 살펴보면, 전인의 특징은 세 가지로 요약된다. 첫째, 전인은 온전한 사람이다. 이는 전지전능한 완벽한 사람이 아니라 인간의 본바탕을 고스란히 골고루 갖춘 온전하고 원만한 사람을 의미한다. 둘째, 전인은 인간 개인의 차원에서 사회적 차원까지 모두 포함하는 총체적 인간이다. 전인은 지 · 정 · 의 · 체에 걸친 다양한 개인적 인간 활동과 더불어 정치 · 경제 · 사회 · 학문 · 기술 · 예술 · 도덕에 걸친 다양한 사회적 문화 활동을 겸비한 사람을 뜻한다. 셋째, 전인은 인간의 구성요소가 각각 분리된 것이 아니라 하나로 통합된 사람을 의미한다. 겉과 속이 다른 상태에서 겉과 속이 하나로 통합된 상태로 성장할 수 있는 사람이 바로 올바른 전인이다. 따라서 전인은 인간의 본바탕을 고스란히 골고루 갖추고 있으며, 개인적 인간 활동과 사회적 문화 활동을 겸비하고, 겉과 속이 하나로 통합된 상태로 성장할 수 있는 사람을 말한다.

2) 전인교육의 개념

전인교육이라는 용어는 많은 사람들이 교육의 이상적인 모습을 언급할 경우에 자주 사용되고 있다. 전인교육의 어원을 살펴보면, 오늘날의 전인교육에 해당하는 것으로 생각되는 그리스어 '엥퀴클리오스 파이데이아(enkyklios paideia; all-round education; well-round education)'는 중세에 와서 7자유학과로 정립되었다. 그후 그것의 영어 표기인 'encyclopedic education'은 백과사전식 교육으로 번역되어 여러 분야의 지식을 원만하게 갖추도록 하는 교육을 뜻하였다(이홍우, 1996). 이와 같이 서양에서 시작된 전인교육은 19세기 후반에 삼육론이라는 명칭으로 동아시아로 전파되었다. 한중일의 한자문화권에서 全人教育이라는 용어는 일본의 오바라 구니요시에 의해 1921년 8월 8일에 처음 선포되었다(한용진, 2020). 필자가 검색한 바에 의하면, 우리나라 문헌 중에서 전인교육이라는 용어가 처음 등장하는 자료는 1931년 5월 1일자 「동아일보」에 실린 박태훈의 '진실의 교육'이라는 기고문이었다(박태훈, 1931).

먼저 교육학 용어사전에 나타난 전인교육의 사전적 개념은 지 · 정 · 의가 완전히 조화된 인격자를 기르는 것을 목적으로 하는 교육이며, 인간을 신체적, 정신적 또는 지적 · 정의적 · 심리체동적(psycho-motor) 등 몇 개의 영역으로 나누고 있으나 이것은 단지 사고의 편의를 위한 것이며, 인간을 형성하는 요소가 아무리 많다 해도 인간은 하나로 통정되어 전체적으로 반응하는 것으로 정의하고 있다(서울대학교 교육연구소, 1994). 또한 인터넷 「다음 사전」과 「네이버 사전」에서 전인교육에 대한 한국, 중국, 일본의 개념 정의를 요약하여 비교하면 다음 〈표 1-1〉과 같다(한용진, 2020).

〈표 1-1〉 전인교육에 대한 사전적 정의 비교

한중일	전인교육(全人教育)	
중국어	완인교육(完人教育)	전면소질교육, 소질교육
영어권 용어	whole-person education, education for whole man	all-round education, well-rounded education
개념적 특성	'전인(全人)' 교육	전인 '교육(教育)'

전인교육에서 전인(全人)이란 "인간의 세 가지 심적 요소인 지성, 감정, 의지를 균형 있게 갖추어 원만한 인격을 지닌 사람"(다음 사전)이고, 완인(完人)이란 "결점이 없는 완벽한 사람"(다음 중국어 사전)이다. 이는 전면소질교육 또는 소질교육이 전인 또는 완인보다는 개개인이 지니고 있는 소질을 전면적으로 발휘하도록 하는 것을 중점에 두는 교육과는 구분된다. 다시 말하면 전인교육의 의미를 결점이 없는 완벽한 인간을 지향하는 전인(whole person) 또는 완인(完人)으로 볼 것인지, well-rounded나 all-round 교육을 통해 인간이 가지고 있는 다양한 소질을 전면적으로 골고루 발달시킬 것인지의 문제이다. 즉 전자가 전인교육에서 인간으로서 온전함[全]을 지향하는 whole-person(또는 whole man)으로 '전인'에 초점을 맞춘 표현이라면, 다른 하나는

인간이 가지고 있는 소질을 골고루 잘 전면적으로 균형 있게 조화 · 발달시킨다고 하는 '교육'에 초점을 맞춘 표현이라 보아도 좋을 것이다(한용진, 2020).

그동안 교육학계에서는 우리 교육의 비인간화 문제를 개혁하기 위한 대안으로 전인교육이라는 용어가 자주 거론되었으나 체계적으로 논의되지 못하였다. 1979년에 이르러 서울특별시교육위원회에서는 학교현장 교사들이 인간교육을 실천하는 데 도움이 되는 구체적이고 합리적인 이론과 방법을 제시하기 위하여 '전인교육의 이론과 실제'라는 단행본을 발간하였다(정원식 외, 1997). 위의 책에서 홍웅선(1979)은 1장 전인교육의 이념을 집필하면서 전인교육의 개념을 인지적, 정의적, 기능적인 영역의 어느 한쪽에 치우침이 없는 조화된 인간성을 길러, 사람마다 타고난 소질을 유감없이 발휘하게 하는 자아실현의 교육이라고 정의하였다. 이어서 정재철(1979)은 3장 전인교육의 사적 고찰을 집필하면서 전인교육의 개념을 인간성의 전면적인 발달, 즉 인간의 지 · 정 · 의뿐만 아니라, 여러 기능을 자유롭고도 자연스럽게 그리고 조화롭게 발달시킬 것을 의도하는 교육이라고 규정하였다.

1980년대에 들어와서 윤팔중(1981)은 전인교육을 학습자의 본성을 중시하고 자율성을 존중하며, 조화를 지향하는 교육이라고 정의하였으며, 김정환(1982)은 만남에 의한 교육과 각성에 의한 교육을 강조하면서 전인교육을 인격 각성형의 교육으로 정의하였다. 이어서 그는 전인교육을 넓은 의미의 인격교육이며, 학생을 하나의 통합된 인격으로 일깨워주는 교육으로 규정하였다. 또한 그는 전인교육을 문화의 여러 기초를 삶으로 다지고 문화와 삶의 발전을 기하는 문화 인격 교육이라는 점을 강조하였다(김정환, 1997).

1990년대에는 이홍우(1996)와 홍은숙(1999)이 전인교육의 개념에 대한 분석적 접근을 통하여 전인교육의 구성요소를 새로운 시각에서 해석하기 시작하였다. 이홍우(1996)는 전인교육의 구성요소를 단순히 가법적 접근으로 이해할 것이 아니라 승법적 접근으로 해석할 것을 주장하였다. 홍은숙(1999)도 이홍우(1996)가 제안한 용어가 이해하기 어렵다고 비판하면서 전인교육의 구성요소를 산술적 접근과 유기체적 접근으로 부르는 것이 더 타당하다고 주장하였다.

2000년대 이후에는 그동안 강조해 왔던 기존의 전인교육의 구성요소에서 소홀히 다루어왔던 영성을 포함한 홀리스틱 교육사상과 전인교육을 연계시키고자 하는 새로운 시도가 전개되었다(박영만·송민영, 2003; 민영주, 2005; 홍은숙, 2007; 명지원, 2018). 또한 유아교육 분야에서도 전인교육의 재개념화 문제가 비판적 탐구의 관점에서 논의되고 있다(김진형·임상도, 2019).

그동안 여러 학자들이 제안한 전인교육의 개념정의를 요약하여 제시하면 다음 〈표 1-2〉와 같다.

〈표 1-2〉 연구자별 전인교육의 개념 정의

구분 연구자	전인교육의 개념
홍웅선 (1979)	인지적, 정의적, 기능적인 영역의 어느 한쪽에 치우침이 없는 조화된 인간성을 길러, 사람마다 타고난 소질을 유감없이 발휘하게 하는 자아실현의 교육
정재철 (1979)	인간성의 전면적인 발달, 즉 인간의 지정의뿐만 아니라, 제 기능을 자유롭고도 자연스럽게 그리고 조화롭게 발달시킬 것을 의도하는 교육
윤팔중 (1981)	학습자의 본성중심, 자율성 존중, 조화지향의 특성을 지니는 교육
김정환 (1982)	만남에 의한 교육과 각성에 의한 교육을 강조하면서 인격 각성형의 교육
교육학용어 사전(1994)	지정의가 완전히 조화된 인격지를 기르는 것을 목적으로 하는 교육
정영근 (1994)	각 개인의 다양한 능력 영역이 자발적으로 조화롭게 발달하도록 이끄는 교육
이홍우 (1996)	전인을 구체적 실체로서 존재하는 총체로서의 인간으로 간주하며 지덕체란 별개의 실체가 아니라 단지 전인의 상이한 측면이 승법적으로 조화를 이루도록 하는 교육
김정환 (1997)	문화의 여러 기초를 삶으로 다지고 문화와 삶의 발전을 기하는 온전한 문화 인격 교육
홍은숙 (1999)	지정의를 포함한 전인의 다양한 구성요소들을 균형 있게 조화 또는 결합시키는 교육
박영만 · 송민영(2003)	몸과 마음을 모두 교육하는 것으로서 수련과 공부와 생활 등을 포함
정범모 (2004)	사회문화활동의 주요 영역 전반을 교육내용으로 다루면서 인간의 신체적, 지적, 정서적, 도덕적 발달 전반을 도모하는 교육
민영주 (2005)	전인적 교육이 아니라 전인화 교육이며, 전인화 교육은 온전한 인간인 전인에서 출발하여 더욱 참된 전인으로 진화하는 과정
명지원 (2018)	인간 이해, 즉 인간 삶의 존재차원인 지·덕·체, 지·영·체, 지·정·의 등을 통합적으로 이해하고자 하는 접근

3) 전인교육과 유사 개념의 비교

전인교육에 대한 개념은 학자들의 보는 관점에 따라 다양하게 정의된다. 이러한 학술적인 개념 정의와 더불어 전인교육을 다양하게 해석하고 있다. 여기에서는 전인교육과 유사한 개념으로 자주 사용되는 인간교육, 도덕교육, 인성교육, 그리고 교양교육 등을 중심으로 살펴보고자 한다(윤팔중, 1981; 김정환, 1997; 정창우, 2015).

(1) 인간교육

인간교육은 사람다운 사람을 기르고자 하는 교육을 말한다. 또한 인간교육은 인간의 타고난 본성을 존중하고 본성을 바탕으로 하여 이를 온전하게 펼쳐내고자 하는 교육을 의미한다. 그래서 인간교육은 여러 교육 중에서 가장 중요한 교육을 뜻하며 본질적인 의미의 교육과 동의어로 간주된다. 인간교육은 인간 그 자체를 위한 교육이고 인간의 본바탕 그 자체를 수용하고자 하는 교육을 의미한다. 이러한 의미는 인간의 안쪽, 심층, 근본, 마음자리, 본성 등으로 표현될 수 있는 것을 가치롭고 바람직하게 변화시키기 위한 교육이 바로 인간교육으로 이해된다. 다시 말하면 인간의 겉쪽, 인간의 손발이 움직이는 모습, 인간의 기교나 단순한 지식을 주입시키는 것은 인간교육이라고 말하기 어려울 것이다.

교육학용어사전에는 전인교육을 지 · 정 · 의가 완전히 조화된 인격자를 기르는 것을 목적으로 하는 교육으로 규정하고 있다. 이 개념 정의에서처럼 전인교육은 인간을 일깨워 주는 교육 가운데 특정의 지식, 기능, 주의에 쏠리지 않는, 폭넓은 교육을 지칭한다. 페스탈로치의 삼육론, 즉 지 · 덕 · 체의 조화 발전의 논리가 그 원형이라 할 수 있다. 여기서 전인교육에는 지육, 덕육, 체육은 물론이고, 예능교육, 전문교육, 기능교육, 예절교육, 직업교육, 환경교육, 노작교육, 평화교육 등과 같은 모든 교육의 기초를 그 안에 담고 있다. 따라서 전인교육과 인간교육은 사람다운 사람, 즉 지 · 정 · 의가 완전히 조화된 인격자를 기르고자 하는 교육이라는 점에서 동의어로 간주할 수 있다.

(2) 도덕교육

도덕교육은 도덕성의 지적, 정의적, 행동적 측면의 조화와 통합을 추구하는 교육, 또는 도덕적 앎과 정서, 그리고 행동을 포함하는 도덕성 형성교육을 의미한다. 도덕교육은 학자에 따라 그 견해가 다양하게 제시되고 있으나, 일반적으로 도덕성의 형성과 발달을 지향하는 교육 또는 도덕적 인간을 배양하는 교육으로 정의할 수 있다. 도덕적 인간을 기르는 교육은 인성교육의 핵심으로 간주할 수 있다. 인간다움의 핵심, 바람직한 인성의 핵심을 도덕성이라고 규정한다면, 인간교육, 인성교육, 도덕교육, 전인교육은 그 본질에 있어 상호중첩적이고 기본 바탕을 공유하고 있다고 볼 수 있다.

(3) 인성교육

인성교육은 다양하게 정의될 수 있으나 인간다운 성품과 역량을 갖춘 인간이 될 수 있도록 도와주는 활동을 말한다. 인성교육은 인격교육과 같은 의미로 사용되고 있다. 인격교육은 사람의 말이나 행동에 나타나는 품성을 좋게 키워 내는 도덕적 의지 교육이다. 인성교육은 인간교육을 위한 필수적인 과정이다. 인간다운 인간, 완전히 조화된 인간, 바람직한 인성을 지닌 인간은 거의 상호 교환 가능한 수준에 있는 개념들이라 볼 수 있다.

전인교육은 넓은 교양, 그중에서도 문화 소양을 갖추고 그것을 즐길 수 있게 돕는 문화적 교양교육에 더 가깝다. 영국의 로크가 인격교육을 내세운 대표적인 사람이다. 유럽 중세의 기사교육, 한국의 선비교육, 일본의 무사교육이 바로 이같은 전형적인 인격교육의 특징을 지니고 있다. 이에 비해 전인교육은 특정 인간상을 지향한다기보다 문화의 거의 모든 분야에 대한 폭 넓은 능력, 기능, 태도 등을 지니며, 그 문화를 자기의 온전한 삶으로 즐기는 교양을 좀 더 중시한다.

(4) 교양교육

교양교육은 원래 실용 가치로부터 자유로운 자유인의 교육, 즉 아리스토텔레스의 자유교육의 이념을 바탕으로 하여 모든 학문의 기초를 두루 다지는 기초교육, 자기 전공과는 좁게는 바로 이어지지 않으면서도 크게는 이어지는 일반교육, 그리고 기능교육이나 전문교육이 아닌 감성계발 교육 등 일반적으로 비실용성을 강조한다. 그러나 전인교육은 현실의 삶에서 배우고 그 삶을 좀 더 의미 있고 풍요롭게 가꾸자는 실용성을 더욱 중시한다. 이것은 전인교육이 생활교육, 노작교육, 자율교육, 공동체교육, 그리고 우리나라에서는 조상으로부터 이어받은 농토를 지키며 가꾸자는 위대한 평민교육 등으로 전개되는 모습에서도 잘 드러난다.

3. 전인교육의 접근방식

전인교육의 개념 정의에서 보면 지·정·의, 지·덕·체, 지·영·체 등과 같은 다양한 구성요소가 제시되고 있다. 전인의 구성요소는 그 자체의 의미보다는 각각의 구성요소를 균형 있게 조화롭게 발달시키고자 하는 교육적 조치와 관련하는 접근방식이 더 중요하다고 인식하기 시작하였다(이홍우, 1996; 홍은숙, 1999; 홍은숙, 2007). 여기에서는 전인교육의 가법적 접근, 승법적 접근, 그리고 홀리스틱(holistic) 접근으로 구분해서 논의한다(강완식·윤길근, 2020).

1) 가법적 접근

이홍우(1996)는 전인교육의 접근방식을 가법적 접근과 승법적 접근으로 구분하고 있다. 가법적 접근은 전인의 구성요소인 지·덕·체를 산술적으로 더하는(가법적) 방식으로 결합한다는 의미이다. 이 경우 전인을 지 · 덕 · 체라는 세 요소로 구분하고, 전인교육이라는 개념을 지 + 덕 + 체와 같이 이들 요소들을 더하기 방식으로 결합함으로써 규정할 수 있다고 본다. 이른바 주지주의적 교육관에 입각하여 실시되는 지식위주의 편중된 교육을 비판하는 것은 이러한 가법적 접근방식의 관점을 그대로 수용한 예시로 간주된다. 가법적 접근은 전인의 구성요소가 각각 따로 존재하며 관련성이 결여되어 있어서 하나의 유기체적 전체를 이루지 못한다는 입장을 취하고 있다. 이러한 가법적 접근의 문제점은 추상의 의미를 정확하게 파악하지 못한다는 데 있다(이홍우, 1996). 즉 가법적 접근에서는 전인의 요소가 개념상의 구분에 불과한 것인데, 지 · 덕 · 체의 개별 요소들이 별개의 실체로 존재하는 것으로 간주하는 오류를 범하고 있다. 현재 교육에서 강조하고 있는 지(知)의 경우, 덕과 체는 지(知)와 별도로 존재하는 하나의 요소라기보다는 지(知)와 결합되어 있는 지(知)의 보이지 않는 다른 면을 나타낸 것이다.

또한 홍은숙(1999)은 가법적 접근을 모자이크식 접근 또는 산술적 접근이라고 부른다. 이러한 모자이크식 접근은 교육의 여러 요소에 대한 논리적 구분과 실제적 구분 간의 혼동으로부터 비롯된다고 비판한다. 최의창과 전세명(2011)은 가법적 방식에 대하여 전인의 세 가지 요소를 각각 33.3%씩 나누어 합하면 100%의 전인으로 발달한다고 간주한다. 그래서 가법적 방식은 지능, 인성, 체능이 양적으로 각각 동일한 정도로 성장하는 것을 목표로 하는 접근방식이라고 해석한다.

2) 승법적 접근

승법적 접근은 전인교육에 대한 이홍우(1996)의 새로운 해석 방안이다. 그에 의하면 전인은 구체적인 실체로서 존재하는 총체로서의 인간이며, 전인의 구성요소인 지·덕·체란 별개의 실체라기보다는 단지 전인의 또 다른 측면을 나타내는 개념상의 구분으로 해석한다. 이 경우 덕이나 체는 지(知)와 분리되어 별도로 존재하는 독립된 요소가 아니라, 지(知)와 결합되어 있는 지(知)의 다른 면을 나타내게 된다. 이처럼 전인의 다양한 측면들은 별도의 실체가 아니라 동일한 사물의 다른 차원이나 측면을 말한다. 더하기로 연결되는 두 요소는 각각 별도로 존재하는 데에 비하여, 곱하기로 결합되는 두 요소는 그 하나가 다른 것을 필연적으로 수반한다(이홍우, 1996).

승법적 접근을 취할 때 전인교육에 대한 가법적 접근의 해석과는 완전히 달라진다. 가법적 접근에서는 지(知)의 교육과 함께 덕의 교육과 체의 교육 등을 추가하여 어떤 교육을 해야 하는가가 관심의 초점이 된다. 승법적 접근에서는 교사가 지식을 가르치는 교육의 실제 사태가 관심의 초점이 된다. 즉 가법적 접근에서는 지와 덕과 체를 위한 별도의 교육을 마련하고, 그 결과를 각각 평가하며, 나아가서 '조화'라는 말이 의미한 바와 같이, 교육적 노력을 세 가지 요소들 사이에 가능한 한 균등하게 배분하는 것에 관심을 가진다. 반면에 승법적 접근에서는 지식을 가르치는 일이 당연히 수반되어야 하는 덕과 체에 대한 고려를 하면서 제대로 잘 가르치고 있는가를 확인하는 것에 관심을 가진다.

홍은숙(1994)도 현재 이루어지고 있는 교육을 지식교육, 정서교육, 기술교육, 인격교육 등의 요소별로 조각 낸 뒤 다시 결합하는 모자이크식이 아닌, 보다 '통합된 교과관'이 필요하다고 주장하였다. 여기서 통합된 교과관이라는 것은 교육의 다양한 측면이 '실천전통(a practice)'이라는 하나의 실제 교육 단위를 통해서 통합적으로 가르칠 수 있다는 생각을 가리킨다. 홍은숙(1994)의 '통합된 교과관'이라는 용어에 대해 이홍우는 지·덕·체의 '승법적 관련'을 '통합'으로 바꾸어 쓰고자 하는 경우에는 '통합'이 라는 말이 '조화'와 다름없이 애매하다는 점에 유의하여야 한다고 지적하였다(이홍우, 1996).

3) 홀리스틱 접근

홀리스틱(holistic) 접근은 전인의 구성요소인 지덕체, 지정의, 지영체 등 인간의 존재 차원의 통합을 강조하는 홀리스틱 교육사상에 근거를 두고 있는 총체적 접근이다. 홀리스틱 교육에서는 균형, 포괄, 연계를 강조한다. 이를 다시 영성으로 요약할 수 있으며, 영성은 우주와 생명에 대한 경이와 존경의 마음을 통한 모든 것과의 연결 의식이다. 이러한 연결 의식은 자신과 연결되어 있는 외부 세계에 대한 책임의식과 연결되고, 더 나아가 사회정의와 연결된다. 홀리스틱 교육은 환경교육, 도덕교육, 글로벌 시민교육 등으로 이어지는 인간교육으로 교육의 사회적 책임을 강조하는 교육이다(명지원, 2018).

그래서 홀리스틱 교육은 지덕체, 지영체의 조화롭고 균형된 발달을 전제한다는 점에서 전인교육과 일맥상통하고 있다. 홀리스틱 교육은 전인교육과 마찬가지로 포괄적인 교육의 개념을 표방하고 있다. 왜냐하면 관계성을 자각하게 하는 교육은 관계성을 자각케 하여 삶의 의미와 책임의식을 자각케 하고 인간 개개인을 존중하는 민주사회에 대한 열망으로서 사회정의와 연결된다. 이는 곧 자신을 존중하고 자신을 둘러싼 환경에 대한 책임의식을 갖게 하는 시민정신으로 이어지기 때문이다(송민영, 2006).

이상에서 논의된 전인교육의 세 가지 접근방법의 특성을 비교하면 다음 〈표 1-3〉과 같다(강완식 · 윤길근, 2020).

〈표 1-3〉 전인교육 접근방법별 특성 비교

특성 \ 접근	가법적	승법적	홀리스틱
교육사상	주지주의	구성주의	홀리스틱 교육사상
전인 요소	지·덕·체	지·덕·체	지·덕·체, 정, 의, 영성
결합 유형	더하기	곱하기	더하기, 곱하기
접근 방식	평면적, 산술적, 모자이크식	입체적, 기능적, 유기체적	총체적
핵심 내용	요소 분할 독립적 운영	통합된 교과관 실천전통 기반 통합	관계성 균형, 포괄, 연계

4. 전인교육 실천의 구성요소

일반적으로 교육과 교육학에서 가장 본질적인 영역은 교육과정, 교수학습, 교육평가 등으로 요약된다. 이들 세 가지 본질적 영역을 관통하여 공통적으로 다루고 상호 연계시키는 개념은 바로 교육목표일 것이다. 그래서 어떤 형태의 교육을 실시할 경우에 고려되어야 할 실천전략의 핵심 요소는 교육의 3가지 본질적 영역에 교육목표를 추가하여 4가지로 정리된다(김진규, 2015). 전인교육을 실천할 경우에도 이들 교육실천의 4가지 핵심 요소를 참고하여 이 글에서는 교육목적(목표), 교육내용(과정), 교육방법, 그리고 교육평가를 중심으로 논의하고자 한다.

1) 교육목표

교육목표는 교육을 통하여 달성하고자 하는 학생 자신의 어떤 학습성과를 말한다. 교육목표는 교육목적이나 교육이념과 같이 교육이 나아가야 할 방향을 제시하고 교육내용이나 교육방법의 기준이나 근거를 제공한다. 국가수준 교육과정에서 우리 교육이 추구해야 할 인간상은 전인교육에서 표방하는 인간상과 일맥상통하고 있다. 예컨대, 2015 개정 교육과정에서도 우리 교육이 추구해야 할 인간상을 자주적인 사람, 창의적인 사람, 교양 있는 사람, 더불어 사는 사람으로 규정하였다. 교육과정에서 제시된 인간상과 더불어 교육목적과 교육목표에도 전인교육의 의도가 구체적으로 제시되어 있다. 학교교육과정에서는 지식만 아니라 사고력과 창의력, 정서와 덕성의 함양과 더불어 교과교육과 인성교육도 강조하고 있다. 그러나 교육현실에서 교육이해 당사자들은 입시경쟁의 압력에 견디지 못하고, 입시위주 교육과정을 운영하고 과도한 지식 편중 교육을 일상화하고 있다. 교육목표에 제시된 전인교육은 문서로만 존재하며 교육현장에서 교육과정 운영 단계에서부터 전인교육의 취지는 점차 희석되는 경향을 보이고 있다(정범모, 2004). 이 책의 5장 전인교육과 교육목적에서는 교육목적과 관련된 개념을 비롯하여 교육목적의 기본 조건, 교육목적의 유형, 전인교육의 목적 등을 좀 더 상세하게 다루게 될 것이다.

2) 교육내용

교육내용은 학습자들에게 무엇을 가르칠 것인가를 다루는 교육과정 영역이다. 설정된 교육목표를 달성하게 해 줄 것으로 예상되는 여러 가지 교육내용 가운데 실제로 가장 가치 있고 효율적인 것으로 입증된 교육내용을 선택해야 하고 선택된 교육내용들을 체계적으로 조직하여 학습자들에게 제시해야 한다. 현행 학교교육과정에서는 교과활동과 창의적 체험활동으로 구분하고 특히 중학교에서는 학생들의 꿈과 끼를 키울 수 있는 자유학기를 운영할 수 있는 근거를 마련하였다. 그럼에도 불구하고 학습자들의 적성을 발견하고 그 기초를 탐색해야 하는 학교현장에서는 실질적으로 과외활동에 관한 관심도 계획도 시설도 예산도 지도교사도 아예 없거나 빈약하다는 현실은 전인교육에 치명타라고 비판한다(정범모, 2004). 이 책의 6장 전인교육과 교육과정에서는 전인교육과정의 의미, 전인교육을 위한 통합교육과정, 전인교육 과정편성과 운영 사례 등을 구체적으로 논의하게 될 것이다.

3) 교육방법

교육방법은 학습자를 어떻게 가르치고 배울 것인가를 다루는 영역이다. 교사가 주어진 교육내용을 어떤 방법을 동원하여 가르칠 것이냐의 문제이다. 같은 내용을 가르치더라도 어떤 방법으로 가르치는 것이 더 효과적인가 하는 문제를 다룬다. 전인교육을 위한 교육방법으로는 탐구학습과 발견학습을 통한 자기주도적 학습방법을 강조한다.

그러나 교육현장에서는 여전히 강의 위주의 주입식 교육방법이 널리 실시되고 있다. 실험실습, 발견학습, 토의학습, 문제해결학습, 프로젝트학습, 자기주도학습 등 여러 방법은 개념상으로 제안되고 논의되고 있을 뿐이고, 그 현실적인 실천은 목격하기 어려운 실정임을 지적한다(정범모, 2004). 이 책의 7장 전인교육과 교육방법에서는 전인교육방법의 의미, 전인교육방법의 원리, 그리고 전인교육 교수학습방법 등을 좀 더 심층적으로 살펴보게 될 것이다.

4) 교육평가

교육평가는 제대로 가르치고 배웠는가를 확인하는 영역이다. 교육목표의 설정에서부터 내용의 선정, 가르치고 배우는 과정, 그리고 가르치고 난 다음에 학생들이 어느 정도 배웠는지의 행동변화에 이르기까지 그 과정과 결과를 어떤 기준에 비추어 성과를 확인하는 과정이 요구된다. 전인교육을 위한 평가방법으로는 지·정·의를 고루 고려하는 전인평가 방법을 제안한다(정범모, 2004). 또한 선택형 지필평가의 대안으로 수행평가가 도입되어 평가 패러다임이 다소 달라지는 모습을 보이고 있다. 그러나 대학입학수학능력시험은 여전히 선택형 지필평가 방식을 취하고 있어서 학교현장을 크게 개선시키지 못하고 있는 실정이다. 교육평가는 교육의 전 과정, 교육목표, 교육내용, 교육방법, 교육평가 등에 이르기까지 영향을 미치게 된다. 평가의 대상이 관찰가능하고 측정가능한 행동에 초점을 맞추게 되어 측정하기 어려운 정서적, 가치적, 도덕적 측면의 요소들을 간과하는 경향이 있다. 이 책의 8장 전인교육과 교육평가에서는 전인교육 평가의 의미, 전인교육 평가의 원리, 그리고 전인교육 평가방법 등을 좀 더 심도 있게 다루게 될 것이다.

CHAPTER 02

서양의 전인교육 사상가들

1. 플라톤의 전인교육론

1) 생애와 시대적 배경

플라톤(Platon, 기원전 427년~기원전 347년)은 기원전 427년경에 아테네의 명문 가정에서 태어났다. 그는 18세에 소크라테스를 만나 스승의 사상을 계승하고 발전시킨 철학자이자 교육자이다. 그는 소크라테스의 제자들 중 가장 영특하고 글재주가 뛰어났다. 그는 젊은 시절 호머(Homer)와 같은 위대한 서사 시인이 되거나 페리클레스(Pericles)와 같은 위대한 정치인이 되기를 원했다. 이러한 그의 꿈은 소크라테스를 만나면서 달라지기 시작했고, 소크라테스가 죽는 광경을 보고 충격을 받게 되고 철학자의 길을 걷게 되었다. 그는 소크라테스의 죽음에 충격을 받아 12년 동안 이집트와 시실리 등지로 다니며 편력 생활을 하였다. 그는 해외여행 중에 피타고라스학파와 친교를 맺기도 하였다. 이러한 편력 생활을 마치고 아테네로 돌아와 기원전 385년경에 아카데미아를 창설하였다. 그는 제자들을 가르치고 저술 활동을 하면서 80세의 일생을 마쳤다.

플라톤은 소크라테스의 철학적 삶과 죽음을 묘사한 많은 대화편들을 저술하였다. 그의 초기 저작으로는 『변명』, 『크리톤』, 『에우티프론』, 『카르미데스』, 『라케스』, 『고르기아스』, 『국가』 1권 등이 있으며, 중기에 저술된 것으로는 『메논』, 『파이돈』, 『향연』, 『국가』 2~10권, 『파이드로스』, 『데아이테토스』 등이 있다. 후기 저작으로는 『크리티아스』, 『소피스트』, 『정치가』, 『필레보스』, 『법률』 등이 있다. 플라톤은 이들 저작들에서 소크라테스의 입을 빌어 철학적 대화를 전개하였다.

전인교육에 대한 관심은 플라톤이 활동하기 전에 고대 그리스 시대부터 싹트기 시작하였다. 호메로스의 영웅과 귀족들은 인간이 지닌 제약 안에서 불멸의 아레테(arete)를 추구하였다. 아레테는 주로 싸움터에서 전사들의 뛰어난 전투 수행능력을 의미했지만, 신의 힘이나 준마의 빠르기처럼 사물이나 대상의 우수함을 뜻하기도 했다. 점차 후대로 가면서 아레테는 정신적 속성이나 윤리적 선함의 추상적 의미로 변화되면서 덕성, 도덕성, 도덕적 탁월성 등으로 이해되었다(Jaeger, 1958; 김석완,

2013에서 재인용). 아레테는 싸움터에서의 탁월성뿐만 아니라 영웅을 영웅으로 만드는 삶의 방식이었다.

호메로스의 서사시가 문자로 정착되고 사람들이 점차 폴리스를 중심으로 삶을 영위하기 시작하면서 기원전 1150년부터 기원전 750년 시기의 암흑기를 거쳐 새로운 질서가 나타나기 시작하였다. 호메로스 영웅들의 이상을 계승한다고 자처하는 귀족들이 시대의 주역으로 등장하면서 폴리스 시대가 열리게 되었다. 호메로스 영웅들의 전통은 귀족들에게 칼로카가티아(kalokagathia)의 이념으로 계승되었다. 칼로카가티아는 영웅시대라는 구체적 배경을 가진 아레테의 윤리를 추상화, 이념화해서 얻은 개념이다. 'kalos'는 일반적으로 '아름다움'으로 번역된다. 이는 신체적인 아름다움을 포함하여 귀족적인 고상함과 기품의 뉘앙스를 풍기는 말이다. 더 높은 가치나 명예를 위해서 자신을 헌신하는 영웅들의 모습이 그 속에 내포되어 있다. 'agathos'는 원래 세속적인 '유능한, 우수한' 등의 의미에서 점차 윤리적인 '선(善)한'의 의미로 발전된 말이다. 귀족들이 삶의 이상으로 삼았던 칼로카가티아는 외적인 아름다움만이 아니라 고귀한 가치를 추구하는 정신이 통합된 상태를 의미했다. 고통스런 연마나 훈련을 통해 자기를 이겨내고 경쟁자를 능가하는 잘남과 우수함을 보여주는 사람을 가리켜 그들은 아름답고 선하다고 불렀다. 귀족들은 싸움터에서 자기편 사람들을 예술과 스포츠를 알고 고귀한 품성과 미모를 갖춘 사람이라는 뜻으로 흔히 '칼로카가토이(kalokagathoi)'라고 불렀다. 아직까지 미적 가치와 윤리적 가치가 완전히 분리되지 않는 미분화 상태로 인식하고 있었다. 이러한 칼로카가티아 이념은 신체와 정신의 완전한 발전과 조화로운 결합을 추구하는 귀족 문화의 핵심이었다. 귀족들은 체육을 통해 신체의 발달을 도모하고 음악을 통해 정신의 발달을 추구하였다. 그래서 칼로카가티아 전통의 교육에서 신체의 발전이란 신체 단련의 결과로 얻어지는 균형 잡힌 아름다움을 포함하여 전투능력의 탁월성에 근거를 둔 모든 능력과 기예를 말하고, 정신의 발전이란 종교적으로 경건하며 도덕적 자부심에 충만한 성격과 덕성의 함양을 의미한다. 다시 말하면 칼로카가티아의 이상은 덕과 체의 합일로 규정할 수 있다(김석완, 2013).

폴리스의 출현과 그리스 본토인들의 활발한 식민시 건설 활동으로 민주화가 되면서 귀족들의 칼로카가티아가 균열되기 시작하였다. 특히 폴리스에서 자유로운 사유와 비판의식으로 무장한 새로운 정신이 일어나게 되어 평민들은 귀족과 대등한 발언권을 요구하고 공정한 법에 의한 지배와 정의(正義)의 관념을 폴리스의 사회적 토대로 삼을 것을 주장하게 된다. 또한 기원전 7세기 중반 이후 중무장 보병의 밀집대형을 위주로 한 전쟁전술이 도입되면서 중무장 병사들은 어깨를 맞대고 대오를 유지하며 전체 대형에 자신을 희생하고 헌신하도록 훈련받았다. 그래서 군인의 덕은 개인적 우월성이 아닌 공동체 정신과 통합된 집단의 힘에 기여함으로써 찬양되었다. 전통시대에서 칼로카가티아는 대표적인 이념적 가치로 인정받았으나 새로운 시대가 변함에 따라 기존의 가치가 분열되고 가족과 국가, 보편적인 인간과 폴리스의 시민 간의 대립과 갈등을 낳게 되었다.

페르시아 전쟁에서 승리의 주축으로 활동한 아테네는 그리스 문화를 번영시켰고 민주주의를 한층 더 발전시켰다. 다수의 일반 민중들이 페르시아 전쟁에 참전해 승리한 후 정치적 권리와 경제적 몫을 요구하게 되었다. 민주화된 아테네에서 모든 아이들은 귀족들만이 받아왔던 교육의 수혜자가 되었다. 귀족 자제들을 대상으로 하던 학교가 보편화되고 대중화된 학교로 변모하게 되었다. 음악과 체육을 가르치는 학교가 문자생활이 확대되면서 문법학교가 새롭게 등장하게 되었다. 문법학교에서는 주로 기본적인 읽기, 쓰기, 셈하기를 가르쳤다. 이처럼 아테네에서는 문자생활이 활성화되었고 교육이 대중화됨에 따라 정치적으로 출세하려는 청년들을 가르치는 소피스트들이 등장하기 시작하였다. 소피스트들은 다양한 경험과 풍부한 지식의 소유자들이었으며 수업료를 받고 집단적으로 현실 정치에서 승리하는 방법을 가르쳤던 직업적인 전문 교사인 동시에 교육혁신가기도 했다.

귀족적 이상이었던 칼로카가티아는 탁월한 신체와 고귀한 영혼의 총체적 인간 형성을 추구했으며 이러한 미덕의 획득 여부는 신적인 가계와 혈통에 전적으로 의존했다. 그러나 폴리스를 터전으로 법의 지배와 민주적 질서 아래 살아가는 자유로운 시민의 아레테는 핏줄에 귀속된 귀족의 것과 다른 새로운 형태로서 지식을 통해 누구나 탁월성에 접근할 수 있다고 주장했다. 따라서 지식이 교육의 중요한 대상으로 등장했으며 지식을 통한 인간 정신의 형성은 출생이나 신분에 구애됨이 없이 노력을 통해 획득할 수 있다고 주장했다. 소피스트들은 존재의 진리나 인간의 본질과 같은 형이상학적 문제에 대해 말하지 않았으며 현실적으로 적용 가능한 실천적이고 유용한 지식을 가르쳤다. 기원전 5세기 후반 아테네에서 정신의 계발과 도야를 통한 시민의 자질과 능력 나아가 정치적 지도력이 탁월성의 새로운 기준이 되었다. 청년들은 탁월성의 근거가 되는 지식교육에 치중하였고 전통적인 교과과정이었던 음악과 체육에 대한 관심은 현저히 줄어들었다.

2) 플라톤의 지 · 덕 · 체

플라톤은 인간을 영혼적인 존재로 보았다. 인간의 본질을 이루고 있는 영혼은 이데아에 속하고 영원불변하며 인간의 영혼은 욕구, 기개, 그리고 이성이라는 세 부분으로 구성되어 있다. 완전한 인간은 이들 세 부분들이 각기 조화를 나타내면서 각자의 일을 하면서 하나의 통일체를 이루고 있다고 보았다. 인간이 어떤 사람이 되느냐 하는 것은 이들 세 가지 요소가 어떻게 발달되며, 어떻게 서로 관련을 맺고 있느냐에 달려 있다고 주장하였다.

플라톤은 욕구적인 것이 인간의 가장 큰 부분을 차지하고 있다고 보았다. 욕구와 기개는 비합리적인 반면에, 이성은 인간의 생활을 주재하고 통할해야 한다. 플라톤에 의하면 이성은 지혜가 있고 영혼 전체를 위해 미리 생각하는 힘이 있기 때문에 인간의 영혼은 이성이 지배해야 한다고 주장하였다. 즉 이성이 깊이 생각하고 기개는 그것을 위해 싸움으로써 영혼 전체와 육체를 훌륭하게 지켜 나갈 수 있다는 것이다.

소피스트들이 전통적인 칼로카가티아의 이상을 지적 탁월성으로 대체하려고 한 것과 달리, 플라톤은 전통적인 탁월성을 계승하면서 부분적으로 수정 보완하면서 여기에 지식을 통합하고자 하였다. 이러한 입장이 바로 지·덕·체의 전인교육 이념을 능장하게 만들었다. 플라톤은 이상국가의 수호자 양성을 위한 교과과정에서 전통적인 음악과 체육 교육에 이어 소피스트들이 정신의 계발을 위해 중요한 과목으로 여겼던 화성, 기하, 천문을 수용하고 있으며, 마지막 단계에서 변증법을 통해 영혼의 눈으로 인식 가능한 선의 이데아와 그것에 대한 배움을 강조하였다.

플라톤은 귀족적 전통의 계승자이기도 하지만 사회적 유용성으로부터 아레테를 분리하는 전통의 개혁가이기도 하였다. 영웅과 귀족들의 아레테는 인간적 탁월성의 성취나 결과로 주어지는 평판이나 명예를 중시했다. 플라톤에게 행위에 대한 외부의 평가나 보상보다는 자기 기쁨이나 만족으로부터 행하는 내면적 윤리가 훨씬 가치있는 것이었다. 그래서 그는 정의와 같은 인간적 덕을 그것으로부터 생기는 결과 때문이 아닌 오히려 그 자체의 본성으로 인해 그 자체 때문에 가치를 지니는 것이어야 한다고 주장하였다.

3) 교육적 의의와 시사점

고대 그리스 시대에서 지덕체 개념이 시작되어 탁월한 인간의 전형으로 정립되었다. 호메로스 영웅들은 인간의 유한성을 아레테를 통해 초극하고자 했고, 귀족들은 영웅들의 삶의 이상을 고귀하고 아름다운(칼로카가티아) 윤리적 이상으로 승화시켰다. 민주화된 폴리스의 정치적 아레테에서 소피스트는 다양하고 체계화된 지식을 통해 기존의 탁월성을 대체하려고 한 반면에, 플라톤은 전통적 탁월성에다 지식을 통합하고자 했다. 소피스트와 플라톤은 모두 자유시민의 자질과 능력을 기르고 정치적 탁월성을 구현하고자 했다. 하지만 소피스트는 특정 폴리스 안에서 승리하고 성공하는 체계화된 지식을 가르친 반면에, 플라톤은 폴리스에 사는 보편적인 인간의 문제에 대답하기 위해 천착했다. 이러한 역사적 과정이 수렴되어 형성된 이상적 인간상이 지덕체를 갖춘 전인적 인간이었다.

플라톤과 아리스토텔레스는 귀족적 윤리에 침전되어 있는 인간의 보편적이고 아름다운 정신을 철학적 언어로 계승하고자 했다. 소피스트들은 다양한 경험을 근거로 폴리스의 시민이 신과 국가와 동료 시민에 대해 맺는 관계의 방식이 상이할 수 있다고 주장하면서 자연 관습의 논쟁을 불러일으켰다. 이 논쟁은 자연에 대한 탁월성의 관계로 나아갔으며 이것은 덕이 가르쳐질 수 있는지에 대한 물음으로 이어진다. 그들은 탁월성이 신적 운명이나 핏줄과 무관하며 교육을 통해 형성될 수 있다고 단언하면서 다양하고 유용한 지식을 체계화해서 전달했다. 이에 반해 플라톤과 아리스토텔레스의 철학적 탐구 역시 합리적 이성에 호소하는 지극히 지적인 작업이었다. 플라톤은 수호자를 양성하기 위하여 전통적인 음악과 체육 교육을 기본으로 삼고, 정신의 계발에 필요한 화성, 기하, 천문을 포함하고 마지막 단계에서 변증법을 통해 영혼의 눈으로 인식 가능한 선의 이데아와 그것에 대한 배움을 강조하는 교육과정을 마련하였다. 아리스토텔레스 역시 수업을 통한 지식 학습의 필요성을 주장하면서 더하여 실천과 습관의 중요성을 강조했다. 플라톤과 아리스토텔레스는 귀족적 윤리를 계승하면서 이를 보편적인 철학적 지식으로 표현했다. 이 철학적 지식은 지극히 정치적이고 윤리적인 것이었지만 두 철학자는 특정 폴리스의 경계 안에 갇히지 않았다. 이들의 지적 작업을 통해 '지덕체'라는 인간 탁월성의 새로운 지평이 열리게 되었다고 본다(김석완, 2013).

2. 로크의 전인교육론

1) 생애와 시대적 배경

로크(Locke, J., 1632~1704)는 1632년 8월 29일 영국의 남서부 지역 서머셋에서 태어났다. 그의 할아버지 니콜라이 로크는

모직물 공장을 경영하여 많은 부를 이룩하였으나, 그의 아버지는 변호사 직업을 선택함에 따라 검소한 가정을 꾸리게 되었다. 아버지는 말이 없는 엄격한 청교도로서 자녀들의 교육에 깊은 관심을 가지고 유아 시절에 매우 엄격했으나 성장함에 따라 벗과 같은 관계가 되었다고 한다. 이러한 부친의 자녀교육 태도는 아들의 체험 속에 승화되어 로크 교육론의 근간을 이루게 된다. 어머니는 아버지보다 10년 연상으로 그녀가 36세 되던 해에 로크를 출산하였고, 이후 로크가 26세 때 사망한 것으로 알려진다. 로크는 모친의 신앙심이 매우 깊고 자애로웠다는 정도로만 회상하고 있어 모친으로부터 특별한 교육적 감화를 받지 못한 것으로 알려져 있다.

로크가 14세 되던 1647년에 엄격한 고전교육으로 유명한 웨스트민스터 학교에 입학하여 공식적인 교육을 받게 되었다. 5년간 이 학교에서 수학하면서 학교의 국교주의 영향을 받아 다른 종교에 대한 폭넓은 수용적 태도를 갖게 된다. 그 학교에서 엄격한 고전교육을 받아서 지나친 형식주의를 반대하는 학교교육에 대한 비판의 근간이 되었다. 그는 20세 되던 1652년에 옥스퍼드 대학에 진학하여 신학, 그리스어, 수사학, 도덕철학, 의학, 자연과학 등 다양한 학문적 경력을 쌓았다. 1658년에 석사학위를 획득하고 1660년부터 희랍어 강사, 윤리학, 철학 연구생 등으로 이 학교와 30년 이상 인연을 맺었다.

1666년 여름에 로크는 당대의 일류 정치가였던 안토니 애슐리 쿠퍼(Antony Ashley Cooper, 1672년에 섀프츠베리(Shaftesbury) 백작으로 서임됨)를 만나게 된다. 그후 로크는 섀프츠베리 백작의 주치의 겸 고문, 아들과 손자의 가정교사가 되었다. 1673년에 정치적 상황이 급변하여 섀프츠베리 백작은 관직을 박탈당하고, 로크도 2년 후 건강 문제로 프랑스로 망명을 떠난 중에 그의 대표적 철학 저서인 『인간오성론』의 초고를 완성하였다. 몇 년 후 섀프츠베리의 정치권력이 완전히 무너지자 네덜란드로 망명하며, 1685년에 섀프츠베리와의 친분으로 영국 정부로부터 반역자로 간주되어 사면될 때까지 1년간 망명생활을 해야만 했다. 그는 망명지에서도 대표적 교육 저서 『교육에 관한 성찰』의 일부를 집필하였다. 로크는 1688년 오렌지공 윌리엄(William)을 만나게 되었고, 영국에서는 명예혁명의 기운이 고조되어 갔다. 다음 해에 로크는 메리(Mary)를 따라 귀국하였고, 영국에서는 명예혁명이 일어났다. 그는 새 정부의 이념적 지도자로 환영받고 요직을 제공받았으나 자신의 건강이 허약함을 이유로 거절하였다. 만년에 그와 교우관계에 있던 마샴가(the Mashams)의 손자를 교육하면서 자신의 교육이론을 실천에 옮길 기회를 갖게 되었고, 그 결과 교육방법에 있어서 자신의 신념을 확신하게 되었다. 로크는 평생 병약한 몸으로 지냈고 그 때문인지 독신으로 1704년 10월 28일 72세로 생을 마감했다.

로크의 대표적인 저서로는 관용론, 정부론, 인간오성론, 교육에 관한 성찰 등이 있다. 『인간오성론』과 『교육에 관한 성찰』은 그의 교육사상의 정수를 담고 있는 책이다. 그는『인간오성론』에서 인간의 본성은 본래 타고나는 것이 아니라 후천적인 경험을 통해 만들어진다는 '백지설'을 주장하였다. 그는 어린이가 태어날 때는 마음이 백지와 같다고 생각했다. 즉, 생득적인 관념이란 있을 수 없다는 것이다. 백지설은 능동적인 지적 활동성과 후천적인 교육의 중요함을 보여주는 이론이다. 따라서 그는 조기에서부터 습관 형성을 중시하였다. 올바른 습관형성은 제2의 천성이 된다고 보았다.

르네상스 운동 이후 교육의 목적, 내용, 방법에서 많은 변화가 있었음에도 불구하고, 여전히 언어주의에 의존하는 형식주의 교육에서 벗어나지 못하였다. 이러한 형식주의 교육은 자연과학의 발달과 새로운 진리 탐구방법론의 영향으로 성립한 실학주의 교육이 등장하면서부터 달라지기 시작하였다. 실학주의 교육은 형식보다는 실제를 중시하고 관념보다는 구체적인 사물을 중시하며 고전문학보다는 자연과학적 교과를 강조하며 언어보다는 실천과 행동을 중시하는 교육사상을 말한다. 실학주의 교육은 목적, 내용, 방법의 측면에서 무엇을 강조하는가에 따라 인문적 실학주의, 사회적 실학주의, 그리고 과학적(또는 감각적) 실학주의로 구분된다. 로크(J. Locke)는 사회적 실학주의 교육의 대표적인 교육사상가이다. 사회적 실학주의는 사회생활을 통해 얻어지는 실제적인 경험을 중시하는 교육사상이다. 사회적 실학주의자들은 참된 교육이란 서적을 통해서가 아니라 실제 생활을 통해 이루어져야 한다고 생각했다.

2) 로크의 삼육론

로크는 교육의 목적을 사회적으로 유능한 신사(gentleman)를 길러내는 일이라고 생각했다. 신사는 단지 영국적 산물이 아니라 유럽의 오랜 역사 속에서 면면히 이어져 오던 고대 그리스의 철인정치가, 로마의 웅변가, 그리고 르네상스의 궁정인의 이상이 17세기 말 영국적 상황과 대면하면서 탄생된 인간상이었다. 로크가 교육목적으로 설정한 신사는 그리스 시대 이후 유럽의 전통 문화의 유산을 통해서 영감을 얻었고 영국과 프랑스의 사상가들의 영향을 받아서 새로운 영국적 이상으로 표현한 것이라고 평가된다(김석완, 2007). 신사는 다양하고 균형 있게 능력이 발달한 인간을 말한다.

로크는 신사를 양성하기 위해서 체육, 덕육, 지육 모두가 필요한데 그 중에서도 체육이 가장 중요하다고 보았다. 로크는 건강한 신체에 건강한 정신이 깃든다는 로마 시인 유베날리스(Juvenalis)의 말을 인용하여 신사의 체육교육을 강조하였다. 이것은 신체건강이 마음이나 정신건강의 기초가 된다는 점을 부각시킨 것이다. 로크는 건강한 신체를 바탕으로 하여 덕성(virtue), 지혜(wisdom), 품위(breeding), 그리고 학식(learning)을 강조하였다. 덕성이란 욕망이나 충동이 아니라 이성에 따르는 행동을 말한다. 독실한 청교도였던 로크는 이성과 함께 신앙도 강조했다. 그는 신의 뜻을 따르는 것이 이성의 판단과 다르지 않다고 보았다. 지혜란 통찰력을 갖고 자신의 일을 유능하게 처리하는 것을 말한다. 지혜는 다양한 경험을 통해 길러진다. 지혜를 기르려면 어려서부터 사물에 대한 정확한 관념을 갖고 풍부한 사회적 경험을 쌓으며 스스로 자신의 행동에 대해 반성하는 습관을 길러야 한다. 품위를 기르기 위해서는 타인에 대한 존중과 공손함을 바탕으로 한 예절이 몸에 배도록 해야 한다. 또한 신사는 풍부한 학식을 갖추어야 한다. 죽은 지식에 몰두해서는 안 되고 여행과 풍부한 경험을 통해 살아 있는 지식을 습득할 것을 권고했다.

로크는 신사를 육성하기 위한 교과목으로 읽기, 쓰기, 그리기를 비롯하여 언어, 시작과 감상, 산수, 지리, 역사, 기하학, 윤리학, 시민법, 헌법, 수사학, 논리학, 자연철학, 그리스어, 춤, 음악, 펜싱, 승마, 수공예, 회화, 레크리에이션, 부기, 여행 등을 제안하였다. 또한 그는 모든 계층의 아이들에게 다양한 교과목을 적용할 필요는 없다고 생각했다. 그의 관심은 부유한 가정의 자제들이었다.

3) 교육적 의의와 시사점

로크는 베이컨의 경험론을 계승한 철학자이며, 몽테뉴의 사회적 실학주의를 계승한 교육사상가이다. 로크는 교육을 체육, 덕육, 지육의 순으로 논하였다. 그는 인간의 교육은 체육과 덕육의 기초 위에 지육을 쌓아야 한다고 보았다. 그는 백지설을 토대로 인간의 지성은 감각기관의 경험을 통해서 이성을 훈련

함으로써 이루어진다고 보았다. 이에 대하여 전민호(2014)는 로크가 삼육 가운데 그 중요성을 체→ 덕→ 지 순서로 두고 있다고 평가한다.

로크는 심신이 조화롭게 발달된 인간이고, 조화의 중심을 이루는 것은 이성이며, 이성에 의해서 욕망을 지배하는 것을 주안으로 삼는 교육을 주장한 점에서 플라톤과 마찬가지로 조화적 인간의 형성, 즉 전인교육론을 제시했다고 볼 수 있다.

로크의 체육론은 아동의 체질을 강화하고 체력과 활동력을 유지하기 위한 건강 관리론이었다. 그러나 아이이 자연적, 자발적인 요구에 근거한 신체운동이나 신체 발달 또는 체력 증진에 대해서 좀 더 구체적으로 논의하지 않았다.

로크의 교육에 관한 생각은 지나치게 귀족주의적이고 교사 중심적이며 너무 많은 과목을 제시했다는 점에서 비판을 받았다. 그러나 로크는 영국 교육의 정신적 지주가 되었으며 그가 정립한 신사도는 영국의 국경을 넘어 세계적인 인간상으로, 널리 알려지게 되었다.

3. 페스탈로치의 전인교육론

1) 생애와 시대적 배경

페스탈로치(Pestalozzi, J. H., 1746~1827)는 스위스 취리히에서 의사의 아들로 태어났다. 그는 5살 때 부친을 잃고 할아버지를 따라 다니며 민중들의 빈곤한 생활을 직접 목격하였다. 그는 목사가 되고자 신학을 공부하다가 뜻을 바꾸어 법률가가 되고자 법학을 공부하기도 했다. 그는 청소년 시절 루소의 『에밀』과 『사회계약론』을 읽고 큰 감명을 받았다. 그는 1774년 노이호프에 학교를 세워 대부분 고아와 빈곤계층의 자녀들을 가르쳤다. 그는 학교운영에 실패하였지만 어린이는 집단 속에서 효과적으로 학습해야 한다는 것을 발견하였다. 그는 1780년에 『은자의 황혼』을 저술하기 시작하여, 1781년에 『린하르트와 게르트루트』를, 1783년에 『입법과 영아살해』를, 1797년에 『인류의 발전에 있어서 자연의 길에 관한 나의 탐구』를, 1799년에 『슈탄츠 서한』을, 1801년에 『게르투르트는 그 자녀를 어떻게 가르치는가』를, 그리고 1825년에 『백조의 노래』를 저술하였다.

1799년 스위스 정부는 페스탈로치를 슈탄츠의 고아원 책임자로 임명하였는데, 여기에서 그는 전쟁고아들을 가르치고 지도하였다. 6개월 근무한 후에 1799년 7월 그는 부르크도르프로 옮겨 초등학교 교사로 근무하였다. 그는 1800년에 초등학교를 설립하여 4년간 운영하였다. 1804년 뮌헨부흐제에서 3개월 동안 교사로 근무하였으나 다시 이페르텐으로 가서 새로운 학교를 시작하여 21년 동안 혼신을 다해 교육활동에 힘을 쏟았다. 이 학교는 명성을 얻게 되어 유럽 각지로부터 많은 교육자들이 방문하였다. 그러나 이 학교도 내부 갈등으로 순조롭게 경영되지 못하였다. 그래서 1825년 그는 노이호프로 돌아갔다. 그는 노이호프에서 자서전인 『백조의 노래』를 남기고 숭고한 교육자로서의 삶을 마감했다.

19세기 유럽 전역에 국가주의 교육사상이 확산되고 있을 즈음 다른 한편에서는 신인문주의 교육사상가들이 등장하여 활약하였다. 신인문주의는 키케로주의, 실학주의의 공리성과 유용성, 계몽주의가 갖는 주지주의와 합리주의에 반대하고 인간의 감성을 중시하였다. 교육 분야에서 신인문주의는 과학적 지성이 초래한 비인간화에 저항하는 인도주의 사상과 예술적 감정과 아름다움을 중시하는 문예와 철학에서의 낭만주의가 어우러져 출현한 교육사상이었다. 신인문주의 교육사상가들은 교육을 외부에서 성인들의 표준에 강제로 맞추기보다는 아동의 내면세계를 계발해 내는 것으로 보았다. 페스탈로치는 헤르바르트, 프뢰벨 등과 같이 대표적인 신인문주의 교육사상가이었다.

2) 페스탈로치의 삼육론

페스탈로치는 인간을 자연, 사회, 도덕의 세 가지 상태로 분류하고 인간교육의 궁극적인 목표를 도덕적 인간을 양성하는 데 있다고 주장하였다. 그는 인간은 어떠한 존재도 될 수 있는 가능성을 지니고 있다고 보았다. 그래서 그는 인간성 속에 숨겨져 있는 능력을 세 가지로 보았다. 인간성의 세 가지 능력은 심정력(가슴), 정신력(머리), 신체력(손)으로 구분하고 심정력의 발달을 중요시하였다. 그는 어린 시기일수록 풍부한 심정력을 기르는 것을 중요하다고 보았다. 교육이란 이들 세 가지 능력을 유기적으로 조화시켜 전인적으로 발달시키는 작용으로 간주하였다. 그는 교육이란 개인적 차원에서의 인간성 계발을 통해 개인 자신과 사회개혁의 수단으로 기능해야 한다고 하였다. 인간성은 자연 속이 아니라 사회환경 속에서 만들어지는 것이기 때문이다. 교육이 환경과 활발한 상호작용이 있을 때 비로소 개인과 사회는 발전한다는 의미이다.

페스탈로치는 인간의 머리, 손, 가슴을 교육시키기 위한 교육내용을 제시하였다. 그는 머리(지식)의 발달을 촉진시키기 위해서는 실물학습이 필요하다고 보았다. 특히 그는 수학과 지리 등을 중시했다. 또한 손(신체)을 발달시키기 위해서는 노작교육이 필요하며, 가슴(정서)을 발달시키기 위해서는 가정교육이 필요하다고 생각했다. 그는 가정이야말로 사랑, 신뢰, 감사의 마음을 배울 수 있는 가장 좋은 장소라고 생각했다.

페스탈로치가 실천한 교육원리는 자발성의 원리, 조화의 원리, 방법의 원리, 직관의 원리, 사회의 원리, 그리고 생활의 원리로 구분될 수 있다(김태오, 2015). 그의 근본적인 교육원리는 자연에 따르는 합자연의 원리로 요약될 수 있다. 그는 이를 기초로 교사는 아동의 잠재가능성을 발견하고 이끌어 주어 사회에 진출하여 자신에게 적합한 일을 할 수 있도록 준비시켜야 한다고 하였다. 그의 교육방법을 살펴보면, 교사는 아동에게 어떤 내용을 가르칠 때 우선 아동이 물건을 수(數)에 의하여 분류하고, 형(形)을 눈으로 파악하며, 언어(語)에 의하여 그 물체를 기억하도록 하는 것이라고 주장하였다. 어떤 종류의 수업이든 '수', '형', '언어'라는 세 가지 요소를 활용한 수업이 필요하다고 보았다.

3) 교육적 의의와 시사점

페스탈로치는 인간의 세 가지 능력을 조화롭게 발달시키는 삼육론을 제창하고 실천한 선구적인 교육자였다. 페스탈로치에게 국민교육은 민중교육이었으며, 전인적 인간교육으로 도덕적 · 지적 · 기능적 도야의 조화를 강조하였다. 페스탈로치의 전인교육에 대한 논의가 오늘날의 삼육론과 정확히 일치한다고 하기에는 무리가 있을 수도 있지만, 이후의 교육학자들이 삼육론을 전개하는 데 많은 영향을 주었다. 따라서 기능적 도야를 체육으로 간주한다면 그는 덕 → 지 → 체의 순서로 강조하고 있다고 할 수 있다(전민호, 2014).

그의 교육사상은 19세기에 유럽 전역을 비롯하여 세계 각국으로 널리 소개되고 적용되었다. 1810년대 중반 이후에 페스탈로치 교육사상은 영국에서 본격적으로 수용되기 시작하였다. 미국의 경우 셀돈(Scheldon, 1823~1897)이 1861년 뉴욕 오스웨고 사범학교를 설립하여 페스탈로치 교수법을 전 미국에 보급하는 교육운동을 전개하였다. 이어서 파커(Parker, 1831~1902)가 1875년 페스탈로치 교육론을 주창하는 퀸시운동을 전개하였다. 또한 일본의 경우 다마가와 학원의 창설자 오바라 구니요시(小原國芳)가 페스탈로치 교육사상을 일본에 뿌리내리는 활동을 전개하였다.

페스탈로치 교육철학과 실제는 유럽 전역을 비롯하여 미국과 일본에 널리 보급되었지만 결국 자신의 학교경영에는 실패하고 말았다. 실패의 가장 큰 원인은 전통적인 운영 방식을 고수한 나머지 시대의 변화에 적절히 적응하지 못했기 때문이었다. 그럼에도 불구하고 그의 교육에 대한 열정은 유럽과 미국의 여러 교육사상가 및 실천가들에게 영향을 주었다. 독일의 피히테, 미국의 맥루어, 네프, 버나드 등과 같은 사상가들에게 영향을 주었으며 미국 초기의 교육개혁가 및 진보주의 교육사상가들에게도 큰 영향을 주었다.

4. 스펜서의 전인교육론

1) 생애와 시대적 배경

스펜서(Spencer, H., 1820~1903)는 영국의 더비에서 태어났다. 이 시기는 빅토리아 여왕(1819~1901)의 통치기간과 거의 일치된다. 그 당시 영국은 석탄과 철을 이용한 증기기관과 철도의 시대이었고, 산업혁명이 최고조에 달해 대영제국의 전성기를 구가하던 시기였다. 학술적으로는 과학주의가 급속히 성장하던 시기이다. 과학주의란 과학의 성장만을 가르치는 것이 아니라 인문학을 포함한 모든 분야를 과학에 기초하여 인간 행동까지도 과학의 원리를 적용하려던 시대였다.

그는 감리교도의 전통을 지녔던 가문 출신으로 자유로운 아동기와 풍부한 청소년기를 보냈다. 그는 교사였던 아버지로부터 여러 형제들과 함께 사회적, 종교적, 학문적, 그리고 정치적 실제 문제들에 대한 개인 지도를 받았다. 그는 13세부터 3년간 청교도 신학자였던 삼촌의 개인교습을 규칙적으로 받았다. 그는 17세인 1837년에 당시 첨단 과학 기술자이던 철도 기사로서 런던의 버밍검 철도회사의 철도가 완성되는 1841년까지 근무하면서 과학을 중시하는 태도가 철저해졌다. 그는 철도 기사로 일하면서 지역 신문의 논객으로 많은 글을 기고했다. 1848년부터 1853년까지 자유 무역을 옹호하는 잡지인 「이코노미스트(The Economist)」의 부편집장으로 활동하면서 많은 논설을 발표하였고, 1851년 처녀작 『사회 정학(Social Statics)』을 출판했는데, 여기서 그는 인류가 진보할수록 사회적 상태에 적합하게 되며, 국가의 역할이 감소할 것이라고 예언했다. 이 책의 출판으로 어느 정도 명성을 얻게 되고 삼촌의 유산을 물려받아 경제적으로 안정된 그는 전적으로 집필에만 몰두하게 된다. 1855년에 두 번째 저서가 바로 『심리학 원리』이다.

여기서 그의 사상의 대표적인 또 다른 특징 하나가 비로소 모습을 드러낸다. 바로 인간의 심리조차도 자연 법칙에 지배된다는 것이었다. 이것은 비단 개인뿐만 아니라 사회, 그리고 더 나아가 인류라는 종족 전체에도 적용된다고 주장했다. 그후로도 광범위한 집필 활동을 계속했고, 철학, 교육학, 심리학, 인류학, 사회학, 정치학 등의 방면에서 방대한 저술을 남겼다.

1860년에 4개의 교육논문 모음집인 『교육론: 지육, 덕육, 및 체육』을 저술하였다. 또한 자연과학, 특히 당시 형성되고 있던 진화론에도 큰 관심을 표방해 1864년에 『생물학 원리』라는 책을 펴내기도 했다. 일찍이 자연 과학에 흥미를 가졌던 그는 진화 철학을 주장하고, 진화가 우주의 원리라고 생각하여, 인간이 살아가는 사회에도 잘 적응하는 사람만이 살 수 있다는 '적자 생존설'을 믿었으며, '사회 유기체설'을 주장하였다. 그의 진화론에 관한 이해는 오해된 부분이 많았고 또한 인문사회과학 분야에서 이러한 진화론적 입장은 더 이상 지지되지 못하고 있지만, 당시에 그의 영향력은 대단한 것이었다. 그는 심리학에서 의식의 진화 과정, 도덕적으로는 공리주의를 지지하였다.

스펜서의 사상 가운데 가장 주목해야 할 부분은 진화 사상이다. 사실, 진화 사상을 제외하면, 스펜서 사상의 방향은 영국 전통 사상의 범주에서 크게 벗어나지 않는다. 즉, 그의 사상의 전반적인 방향은 애덤 스미스나 맬더스 등의 자유 방임론, 벤담 등의 공리주의의 연장선상에 있다. 그러나 그는 발생학, 지질학, 열역학, 진화론 등 당대의 최신 과학적 성과를 적극적으로 받아들여 자신만의 독창적인 진화 사상을 발전시켰다. 이렇게 자연과학의 최신 성과를 적극 반영한 자신의 사상을 스스로 "종합 철학(synthesized philosophy)"이라고 불렀다. 이렇게 스펜서는 자신의 사상에 자연과학적 연구 성과(특히 생물학이나 지질학)를 적극적으로 도입하기는 했지만, 자연과학적인 현상의 배후에는 인간의 지성이나 인지 능력으로는 알 수 없는 형이상학적인 법칙이 존재한다고 생각했다. 그는 자연과학으로부터는 유사성, 차이, 감각적 인식으로부터의 차이를 알 수 있을 뿐 현상의 본질을 꿰뚫을 수는 없다고 생각했다. 그래서 그는 "(자연과학의 영역인) 물체, 운동, 그리고 힘은 미지의 본질의 상징에 불과하다"고 생각했다. 스펜서는 이런 형이상학적 본질을 "제1원인(first cause)"이라고 불렀다. 이런 스펜서의 진화 사상은 사실 당시의 시류에 영향을 받은 것이었다. 찰스 다윈을 진화론의 시조라고 보는 일반적인 인식과는 달리 그의 『종의 기원』이 출판되기 이전인 19세기 초중반의 유럽 지성계에서는 생물의 진화는 부인할 수 없다는 인식이 널리 확산되어 있었다. 특히 스펜서는 다윈의 『종의 기원』이 출판되기 7년 전인 1852년에 진화라는 용어를 사용했으며, 1864년에 적자생존이라는 용어를 처음 고안하였다. 스펜서는 다윈의 학설을 이용해서 자신의 진화 사상을 정교하게 다듬기는 했지만, 자신의 진화 사상의 핵심은 그대로 가져갔다. 또한 이렇게 스펜서는 찰스 다윈의 영향을 받았지만, 역으로 다윈에게도 큰 영향을 끼쳤는데, 『종의 기원』 초판(1859)을 발표한 후, 저서에 대한 반응을 살피며 계속 개정판(4판까지)을 내고 있던 다윈은 스펜서와 직접적 교류는 없었지만, 스펜서가 유행시키거나 고안한 용어인 "진화"나 "적자생존"이라는 말을 5판에서 사용하기 시작했다.

스펜서는 1884년에 국가에 의한 사회개혁을 비판한 『인간 대 국가』를 발표하였다. 그는 말년 무렵인 1893년에 『윤리학의 원리』와 1896년에 『사회학의 원리』를 발간하였다. 스펜서는 1903년 12월 8일 브라이턴에서 세상을 떠났다. 1904년에 스펜서의 자서전이 발간되었고, 같은 해에 스펜서의 전집 21권이 간행되었다.

2) 스펜서의 삼육론

스펜서의 전인교육론은 그의 저서 『교육론: 지육, 덕육, 및 체육』에서 언급되고 있다. 이 책은 1854년부터 1859년까지 학술잡지에 기고했던 교육에 관한 네 편의 논문을 묶어서 1860년에 발간되었다. '1장 어떤 지식이 가장 가치 있는가?'는 웨스트민스터 리뷰(The Westminster Review)의 1859년 7월호에 같은 제목으로 게재된 논문을, 2장 지육은 노스 브리티쉬 리뷰(The North British Review)의 1854년 5월호에 실린 교육의 기술(The Art of Education)을, 3장 덕육은 브리티쉬 쿼털리 리뷰(The British Quarterly Review)의 1858년 4월호에 기고한 아동의 도덕 훈련(The Moral Discipline of Children)을, 4장 체육은 위의 브리티쉬 쿼털리 리뷰의 1859년 4월호에 게재된 신체 훈련(Physical Training)을 약간 수정해서 실은 것이다.

스펜서는 교육의 목적을 어떻게 살 것인가 하는 실제적 물음에 답하는 것에서 찾고 있다. 어떻게 하면 우리의 모든 재능을 자신과 타인의 최대 이익이 되도록 활용할 것인가, 어떻게 하면 개인과 사회의 행복을 위한 준비, 즉 온전한 생활을 누리도록 준비시킬 수 있는가에 두어야 한다고 주장한다. 따라서 교육에서 강조해야 하는 지식이나 교과는 인간 삶의 요긴한 활동에 따라 기여하는 정도가 높은 순서대로 가르쳐야 한다는 의미이다. 이는 대학 입학의 도구나 배운 체 하는 데 쓰이는 것을 우선해서는 안 된다는 주장이다. 실제적 삶을 위한 교육을 강조한 스펜서의 교육론은 현대 교육과정을 학문적으로 논의하는 출발점으로 간주되고 있다(홍후조, 2002).

스펜서의 지육론은 그의 교육론 1장과 2장을 통해 살펴볼 수 있다. 1장은 교육과정에 대한 논의라고 보는 반면에, 2장은 교육방법에 대한 논의라고 간주할 수 있다. 그는 1장에서 라틴어와 고대 그리스어의 반복 훈련을 실용보다 장식을 중시하는 교육이라고 비판했다. 단순히 인위적 암기와 모방을 강요하는 고전어를 가르치기보다는 이해와 판단을 위한 지적 훈련에 도움이 되는 과학을 가르치는 쪽으로 교육이 전환되어야 한다고 주장한다. 그는 인간 삶의 활동을 중요도의 순서에 따라 ① 직접적 자기 보존에 기여하는 활동, ② 생활에 필요한 물질획득에 도움이 되는 간접적 자기 보존에 기여하는 활동, ③ 자녀의 양육과 교육에 관한 활동, ④ 적절한 사회적, 정치적 관계 유지에 관련한 활동, ⑤ 생활의 여가를 즐기는 활동 등과 같이 다섯 가지로 나누었다. 그에 의하면, 생명을 유지하는 데에 직접적으로 필요한 활동은 가장 중요하고 여가를 위해 필요한 활동은 상대적으로 덜 중요하다. 따라서 지식의 상대적 가치는 각각의 활동에 관계되는 지식의 순서가 된다.

스펜서는 2장에서 새로운 교육의 사례로 원리에 의한 교수, 관찰과 즐거움을 통한 지식의 획득을 강조했다. 새로운 교육의 공통적 특징을 자연의 방법(method of nature)에 의한 교육이라고 명명하고 이것이 페스탈로치의 영향을 받은 것이라는 점을 인정했다. 그는 페스탈로치의 기본이념은 올바른 것이었으나 실천은 그렇지 않았다고 비판하면서 이를 보완하기 위해 정신의 여러 능력이 발달하는 방식과 그것과 조화되는 교육방법에 대해 고찰할 것을 제안했다. 정신의 발달과 그것과 조화되는 교육방법에 대한 아동 지도의 원리로는 ① 단순한 것에서 복잡한 것으로, ② 막연한 지식으로부터 명확한 지식으로, ③ 구체적인 것에서 추상적인 것으로, ④ 개인의 지식 생성 과정은 종족의 지식 생성 과정을 반복하도록 하며, ⑤ 체험에서 이론으로, ⑥ 자기 발전의 과정으로, ⑦ 아동의 흥미에 기초하여 가르치는 원리 등이다. 이어서 스펜서는 이런 원리를 실천에 옮기기 위한 방법으로 아주 어린 아이를 대상으로 하는 기본적인 감각의 함양, 좀 더 큰 아이를 대상으로 하는 실물 교수, 그림 그리기와 기하학의 교수방법의 개요를 제시하면서 설명을 마쳤다.

스펜서의 덕육론에 대해서는 3장을 통해 살펴볼 수 있다. 스펜서의 덕육은 어린 시절의 습관 형성을 강조하는 아리스토텔레스와 로크의 논의의 연장선상에 있다. 스펜서는 반복설에 입각해서 어린 시절의 의존성, 즉 남을 희생시켜서라도 자기의 욕구를 만족시키려는 자질을 인류 역사의 약탈시대로부터 잔존된 자질로 간주하고 교육이 필요한 이유는 아이가 문명생활에 적응하기 위해 자제심과 동정의 연습이 필요하기 때문이라고 주장했다. 그가 아리스토텔레스나 로크와 다른 점은 덕육의 방법에 있다. 스펜서는 덕육의 방법으로 자연의 반작용이라는 원리를 권장했다. 자연의 반작용이란 인위적인 벌에 의해서가 아니라 어떤 행위에 의해 초래되는 자연의 벌에 의해 훈육이 이루어지는 것을 의미한다. 이 원리는 쾌락을 좋아하고 고통을 싫어하는 생물진화의 원칙을 덕육에 적용한 것이라고 주장했다. 그는 부모의 역할에 대하여 '자연의 신하이자 통역자'로서 아이가 행위의 진정한 결과를 습관적으로 경험할 수 있도록 도와주는 데 있다. 또한 그는 사물의 작용이 부여하는 반작용뿐만 아니라 아이의 요구에 대한 부모의 승인, 불승인도 자연의 반작용으로 인정하고 있다. 왜냐하면 아이의 잘못이 부모의 감정에 영향을 미치는 것 또한 자연의 반작용이라고 생각되기 때문이다. 결론적으로 그는 부모들에게 훈육의 목적이 타인에 의해 지배되는 사람이 아니라 스스로에 의해 지배되는 사람을 만들어내는 것이라는 점을 명심할 것을 요구했다.

스펜서의 체육론은 교육론의 4장을 통해 살펴볼 수 있다. 스펜서는 교육을 통해 아이가 투쟁에서 정신적으로나 신체적으로도 경쟁에 따른 과도한 손상을 견딜 수 있도록 준비되어야 한다고 주장했다. 그는 체육에서 기존의 로크 등이 주장했던 단련주의와 금욕주의를 에너지 보존 법칙에 따라 강하게 비판했다. 그는 식사, 의복, 운동에 대해 설명하면서 불충분한 식사, 부실한 의복, 부족한 운동에 대해 비판했다. 그는 아이의 성장과 활동을 위한 에너지로서 풍족한 식사가 제공되어야 하며, 의복도 성장에 필요한 에너지와 체온 유지를 위해 모직물로 만든 의복을 입도록 권장했다. 스펜서는 체조를 다른 운동에 비하여 특정 부위만 움직이게 함으로써 더 빨리 몸을 피로하게 한다는 점, 끊임없이 반복하면 몸의 불균형한 발달을 초래한다는 점, 흥미가 결여되어 운동량의 부족을 초래한다는 점 등을 이유로 반대했다. 그는 체조보다는 아동다운 본능의 촉진물인 자연적이고 자발적이며 자연에 의해 촉진되는 운동을 권장했다.

3) 교육적 의의와 시사점

스펜서의 삼육론은 그의 교육론에서 상세히 언급되어 있다. 지육론에서는 과학이라는 교육과정을 강조했고 페스탈로치 교수방법의 보완을 주장했다. 덕육론에서는 이전 시기부터 강조된 어린 시절의 습관의 형성에 생물 진화의 원리에 기초한 자연의 반작용이라는 원리를 주장했다. 체육론에서는 에너지 보존 법칙에 기초해서 로크 등의 단련주의를 비판했으며, 또한 그 당시 유행하던 체조를 비판하고 자연적이고 자발적인 운동을 강조했다. 스펜서의 삼육론은 자유와 진화의 원리를 중심으로 전개되는데, 이는 당시 영국의 자유주의적인 시대의 분위기, 그리고 생물학, 특히 진화론의 발달과 관계가 있다. 이렇게 19세기에 영국에서 형성된 삼육론은 영국의 현실과 관계를 맺으면서 현실을 반영하기도 하고 끊임없는 변화를 시도했다(김자중 · 한용진, 2014).

다양한 저술 활동으로 스펜서는 1870년대까지는 영국에서 가장 영향력 있는 사상가의 한 명으로 알려졌으며, 그의 사상은 당대에 이미 서유럽을 넘어서 동아시아까지 소개되어 세계적인 영향력을 행사하게 되었다. 19세기 사상계에서 스펜서의 위치가 20세기의 과학철학자로 여러 분야의 학문에 영향을 미친 버트런드 러셀(Bertrand Arthur William Russel)에 비견할 만하다고 보는 학자도 있다. 영국의 빅토리아 시대에 활약한 그는 주된 활동 분야인 사회학과 정치철학뿐만 아니라 인류학, 심지어는 당시 형태를 갖춰 나가던 진화론을 비롯한 생물학에도 큰 족적을 남겼다. 한국에서는 스펜서를 주로 20세기 초반 서유럽에서 유행했던 사회 진화론의 시조라는 명성이 널리 퍼져 있다. 특히 스펜서의 『교육론』은 영국에서만 5만부가 팔렸으며 간행 이후 20년간 일본을 비롯해 16개국 언어로 번역됐을 정도로 영국뿐만 아니라 세계 각국의 교육사상과 교육실천에 큰 영향을 미쳤다(김자중 · 한용진, 2014).

스펜서는 삼육 가운데 지·덕·체의 순서를 강조하고 있다. 생존에 도움이 되는 지식을 가장 가치 있는 지식으로 받아들이고 있으며 여가를 위해 필요한 활동은 상대적으로 덜 중요하다. 따라서 지식의 상대적 가치는 각각의 활동에 관계되는 지식의 순서가 된다. 교육의 역할은 이런 모든 활동과 관계된 지식을 완전히 갖추는 것, 즉 완전한 생활을 위한 준비이다. 스펜서는 이를 위한 실용적인 지식이 바로 과학이라고 주장했다(김자중 · 한용진, 2014).

따라서 스펜서는 과학적 기반을 지닌 교육을 강조하였다. 그는 서양 세계의 오랜 훈육과 암송에 치우친 고전어 교육을 비판하고 근대적 의미의 교과를 학교 교육과정의 중심에 놓이게 하는 데 큰 기여를 하였다. 그의 교육과정에 대한 관점은 교육과정을 학문적으로 논의하는 출발점으로 삼게 되었다. 무엇보다도 교육과정의 핵심이 가르칠만한 것이 무엇인가를 결정하는 것이며 이를 결정할 때에는 어떤 정당화 과정을 거쳐야 하는지를 잘 보여주는 선구적 역할을 담당했다.

5. 수호믈린스키의 전인교육론

1) 생애와 시대적 배경

수호믈린스키(Sukhomlinsky, V., 1918~1970)는 1918년 9월 28일에 우크라이나 남부의 바실리예프카 마을에서 가난한 목수의 아들로 태어났다. 그의 아버지는 목수로 일했지만 마을 공동체의 활동가이면서 7년제 학교의 목공훈련 감독자로 근무했다. 그의 어머니는 가정주부로 4남매를 양육하였다. 그의 자녀들 모두는 마을 교사가 되었다.

수호믈린스키는 고향에서 7년제 학교를 졸업하고 1933년에 크레멘추크 사범대학에 입학하였고 17세에 그의 고향 마을 근처 통신학교 교사가 되었다. 그는 다시 폴타바 사범대학교로 전학하여 1938년에 우수한 성적으로 졸업하였다. 그후 그는 키로보그라드의 오누프리예프카 중등학교에서 우크라이나어 문학 교사로 근무하였다.

그는 1941년 7월에 군대에 입대하게 되었다. 그는 정치담당 장교로 서부전선과 칼리닌 전선에서 전투에 참여하였고 1942년 1월 모스크바 근교 전투에서 포탄을 맞아서 파편이 심장 아래

박히는 중상을 입게 되었다. 그는 5개월 동안 군대 병원에서 치료받은 후에 현역 군인으로 부적합하다는 판정을 받고 퇴원하였다. 퇴원 후에 1942년부터 1944년까지 우드무르츠키 자치공화국의 시골 학교에서 교장 직책을 맡았다. 1944년 우크라이나 남부가 해방되고 그는 고향으로 돌아와서 그의 아버지와 아내의 사망 소식을 들었다. 우크라이나 저항 운동을 도왔던 아내가 게슈타포에게 붙잡혀 모진 고문을 받다가 교수형에 처해졌으며 심지어 아내가 아이를 출산했는데 그녀가 보는 앞에서 갓 태어난 아이를 살해했다는 참담한 이야기를 듣게 되었다.

1944년 수호믈린스키는 우바 지역의 장학관이었던 그의 두 번째 아내 안나 이바노브나와 함께 오누프리예프카로 돌아왔다. 그는 인민교육부 오누프리예프카 지역 관할청장이라는 직책을 맡았다. 전쟁으로 황폐해진 지역의 학교를 재건하는 일을 지휘하고 감독하였다. 그는 자청하여 1948년 파블리시 초중등 통합학교 교장직을 맡았다. 그가 1970년 숨을 거둘 때까지 교장으로서 책무를 수행했다.

1951년 수호믈린스키는 키예프에 있는 우크라이나 교육연구소의 초청으로 대학원 과정을 시작했다. 교육과정에서 교장의 역할이 그의 연구과제였다. 그는 대학원 공부와 논문 저술, 그 밖의 다른 업무를 동시에 수행했다. 그리고 1955년 키예프대학교에서 성공적으로 논문 심사를 마치고 칸디다트 학위(박사학위와 대등함)를 받았다(Cockerill, 2016b).

수호믈린스키는 30권의 저서, 500편 이상의 논문, 1,200편의 동화 등을 저술하였다. 그는 소련 교육학 아카데미 후보(1955), 우크라이나 공화국 공로교사(1958), 소련 교육학 아카데미 명예회원(1968), 사회주의 노동 영웅(1968) 등과 같은 훈장과 표창을 받은 인물이었다. 우리나라에 소개된 수호믈린스키의 저서로는 『선생님들에게 드리는 100가지 제안』(2010), 『아이들에게 온 마음을』(2012), 그리고 『생각의 뿌리를 찾아서 떠나는 여행: 수호믈린스키 인성 동화집』(2016) 등이 있다. 또한 호주의 교육학자인 앨런 코커릴의 『바실리 수호믈린스키 아이들은 한 명 한 명 빛나야 한다』(2019)가 번역되어 소개되었다.

수호믈린스키는 소비에트 사회주의 국가의 스탈린 시대에서 성장하였다. 스탈린이 통치하던 소련은 정치문화 측면에서 중세 기독교 국가나 제정 러시아와 흡사했다. 폐쇄적이고 획일적인 질서가 확립되어 있었고, 적대적인 정치 표현은 결코 용납되지 않았다. 이러한 분위기 속에서 개혁은 오로지 당의 주도로 이루어졌다. 가정과 교육에 대한 태도는 혁명 이전의 상태로 되돌아갔고, 1920년대의 실험정신은 거부되었다. 당시의 애국심과 영웅주의의 가치는 수호믈린스키의 교육성과에도 그 흔적을 남겼다. 하지만 정책을 실행하기 위한 폭력의 사용은 그의 천성과는 거리가 멀었으며, 산업적 역량을 인간의 진보와 동일시하지도 않았다.

2) 수호믈린스키의 전인교육론

수호믈린스키는 교육의 목적을 진정한 인간을 기르는 데 두고 있는 인간주의적 교육자이었다. 교육을 통해 기르고자 하는 인간상은 전인적 발달을 이루는 것이었다. 그가 설립한 파블리시(Pavlysh) 학교를 전인적 발달이라는 교육 목표를 달성하기 위한 최적의 공간으로 보았다. 파블리시 학교에서 일어난 모든 교육활동은 학생들의 전인적 발달과 밀접하게 관련되어 있었다. 학교 구성원이 교육철학과 목표를 집단적으로 공유하고 실천하는 과정은 물론이고, 교사공동체 운영, 학생자치, 학교의 환경과 시설에 이르기까지 모든 것이 학생들의 전인적 발달을 촉진하기 위한 장치들이었다.

파블리시 학교에서의 교육적 경험은 한 인간의 전인적 발달을 위해 지원되어야 할 인적, 물적 자원이 어떻게 조직되어야 하는지를 보여준다. 인간이 가진 다양한 영역의 능력을 바람직한 방향으로 발달시키기 위해서는 그저 책상에 앉아 지식을 머릿속에 집어넣는 것만으로는 충분하지 않다. 파블리시 학교에서는 구성원과 함께하려는 리더가 있었고, 언제든 아이들을 돕고 신뢰할 만한 교사가 있었으며, 아이들의 전인적 발달을 위한 환경과 시설이 두루 갖추어져 있었다. 수호믈린스키의 전인교육의 5가지 구성요소로는 신체교육, 도덕교육, 지식교육, 예술교육, 그리고 노동교육 등이었다.

(1) 신체교육

스호믈린스키는 모든 학생들이 성장하는 기초에는 건강한 신체에서 비롯한다는 믿음을 갖고 있었다. 어떤 교사도 신체교육을 단순히 튼튼한 몸을 만드는 것이 전부인 걸로 오판하는 일은 없어야 했다. 건강은 단순한 질병 예방의 의미가 아니라 긍정적 태도를 지탱해 주는 에너지의 원천이었다. 또한 지적 성취에 있어서 건강이 주는 영향에 특히 관심이 많았는데, 그는 학업 적응에 실패하는 대부분의 이유가 질병이나 가벼운 만성 질환들을 모르고 지나가기 때문이라고 생각했다.

뒤처지거나 낙제한 아이들의 신체 발달과 지적 발달 관계를 연구한 결과 이 가운데 85%의 학생들이 어떠한 질병에 걸려 건강이 나쁜 상태에 있었다는 결론을 내릴 수 있었다. 가벼운 질환의 대부분은 의사도 감지하지 못했으며 오직 부모님과 의사, 교사의 협력 아래 발견할 수 있었다. 초기에 질병을 잘 감지하지 못한 것은 아이의 활달하고 활동적인 천성에 가려져 질병을 발견하기 쉽지 않기 때문이란 것을 알았다. 이런 질환들은 아이의 순환계와 호흡계, 소화계에 타격을 준다. 매년 점점 더 명확하게 아이들 내면의 지적 발달, 사고력, 집중력, 기억력, 근면성 등이 신체 에너지의 '활동'에 의존하고 있음을 알 수 있었다.

(2) 도덕교육

수호믈린스키는 도덕적 가치가 모든 전인적 발달의 중심이 되어야 한다고 주장했다. 즉 학교는 한 사람에게 평생 직업과 학습, 사회활동을 위한 발판을 마련해 주어야 하며, 이 목표를 이루려면 반드시 도덕적 가치, 일에 대한 애정, 지식에 대한 목마름을 심어줄 필요가 있다고 생각했다. 수호믈린스키가 강조하는 이상적인 인간상은 친절한 사람이다. 그리고 이것이 미래 사회에서 가장 중요한 인간의 특징이 될 것이라고 보았다. 이상적 인간상으로서 친절한 사람은 다른 사람에 대한 감수성, 즉 인간애를 지닌 사람이며, 이는 미래 인간에게 필요한 자질이 될 것이다. 모든 개인과 시민은 도덕적 가치와 지성, 근면함이 어우러져 영적으로 풍요로워질 것이다. 이것은 우리 삶에서 가장 귀중한 '인간'의 가치를 알고 존중하며 사랑할 줄 아는 능력이다.

수호믈린스키는 교육이 인격 형성과 도덕적 가치에 중점을 둘 때 학습목표가 더 쉽게 성취된다는 것을 깨달았다. 그의 관심은 주로 책임감, 공감, 배려, 근면성, 배움에 대한 열정과 같은 태도를 기르는 데 집중되어 있었다. 수호믈린스키는 유아들이 배워야 할 다섯 가지의 기본 원칙을 제시하고 있다. 이를 간략히 요약하면 다음과 같다. ① 다른 사람들과 함께 더불어 살고 있음을 절대 잊지 말라. ② 내가 누리는 타인의 노력으로 얻은 모든 좋은 것들에 대해 감사하라. ③ 일하지 않으면 그 누구도 정직하게 살 수 없다. ④ 인정을 베풀며 어려움에 처한 사람들을 도와라. 어머니와 아버지를 소중히 여기고 공경하라. ⑤ 악한 일에 무관심하지 말고 적극적으로 반대하라.

또한 도덕적 습관을 형성하는 방법은 결코 새로운 방식이 아니었다. 수호믈린스키는 도덕적 가치를 가르칠 때면 오래된 전통 방식에 따랐다. 전통적 사회에서는 글에 기초한 학습보다는 실제 행동을 더 강조한다. 따라서 그는 실천과 다소 거리감이 있는 교실 수업에 전통적 도덕교육을 결합했다. 예컨대, 파블리시 학생들이 아내가 죽은 후 파블리시로 이사온 한 노인과 친하게 지낸 적이 있었다. 노인은 꽃 가꾸는 일을 좋아했는데 매주 일요일이 되면 아내의 무덤으로 꽃을 가져갔다. 아이들은 노인을 도와 꽃을 같이 돌봐주었고, 그 결과 학생들은 노인으로부터 많은 것을 배울 수 있었다.

(3) 지식교육

수호믈린스키 방식의 지식교육은 도덕과 이념적 사고의 영향을 받는다. 그리고 그 목적은 주어진 양의 지식을 습득한다기보다는 삶의 철학을 발전시켜 나가는 것이어야 한다. 즉 학생들이 습득한 지식은 인생의 행로를 가리키는 개인적 신념의 형태로써 기여해야 한다. 지식교육은 수업 과정 속에서 일어난다. 그리고 오직 지식의 축적, 즉 지식의 양적 증가가 수업 과정의 궁극적 목적이 아닌 인식력과 창의력 발달, 유연한 사고와 탐구적 사고 발달의 수단 중 하나로 활용된다. 즉 습득한 지식은 주변 세계를 탐색하려고 새로 발을 딛는 학생에게 도움을 주는 도구로써 사용된다. 습득한 인식 방법들이 새로운 대상들로 이동할 때 이것은 학생의 사고활동에 있어서 규칙적인 특징이 된다. 학생들은 현상, 과정, 사건들의 인과관계를 계속해서 독자적으로 탐색한다. 이와 관련된 지식교육의 주요 요소로는 자연과학 과목들의 경우 생산 노동, 연구, 실험이 있으며, 인문학 과목들의 경우 생명 현상의 독자적 연구, 문학적 원천, 창의적 글쓰기가 있다.

수호믈린스키는 배움에 대한 탐구 방식을 매우 중요하게 생각했으며, 이것은 탐구심 훈련뿐만 아니라 배움에 대한 동기부여에도 중요했다. 수호믈린스키가 학생들에게 전해주려고 노력한 '정신적 풍요로움'에는 세계문학 고전에서 엄선한 작품들이 많이 포함되어 있었다. 파블리시 학교에서는 모든 학생이 10학년을 마치기 전에 250개의 문학 작품들을 모두 읽도록 권장되었다. 이 작품 목록은 그리스 문학과 인도 문학, 핀란드와 아이슬란드의 서사시, 아일랜드 무용담과 단테에서 스타인백까지 서구권 고전문학을 모두 아우르고 있었다. 목록에 수록된 대부분의 작품들은 모두가 인정하는 고전들이었다. 학생들이 폭넓은 독서를 할 수 있도록 수호믈린스키는 다수의 작품들을 학교 도서관에 구입하기 위해 많은 노력을 기울였다.

진정으로 학생을 교육하는 교육과정의 주요 임무 가운데 하나는 학생으로 하여금 자신이 습득한 지식에 냉담하거나 무관심하지 않도록 조심하는 것이다. 즉 배운 지식이 자신과 아무런 관련이 없다고 느끼지 않도록 유의해야 한다. 지식으로 주입된 삶의 철학 형성은 교육자의 사색적 통찰력을 수반한다. 그것은 학생의 영혼은 물론, 사고방식, 주변 세계를 알아가는 과정, 노동활동을 교육적으로 능숙하게 제어하는 통찰력이다. 자연은 아이들의 지적 활동을 일어나게 하는 배경이었고, 체험과 사고의 바탕이 되는 든든한 토대였다. 자연으로 돌아갈 때면 지적 발달의 어려움들이 치유되는 경우가 많았다. 아이들의 사고 능력을 신장시키기 위한 방법으로 수호믈린스키는 수수께끼와 퍼즐, 체스 등을 활용했다. 조금 더 자세히 말하자면 수수께끼나 숫자를 이용한 문제를 이용해 아이들의 사고력을 자극하려 애썼다.

(4) 예술교육

수호믈린스키가 전인적 발달에 중요한 요소로 제시한 것이 예술교육이다. 이것은 인간관계를 포함한 일상생활을 아우르는 모든 측면의 미적 창조와 미적 감각의 함양에 그 목표를 두고 있다. 교육현장에서 이러한 다양한 측면들은 개별적으로 존재하는 것이 아니라 하나의 방식으로 통합되어 있다. 이러한 요소들은 정규 교육과정의 개별 과목에 각각 대응하는 것은 아니지만 모든 활동에 있어서 교사와 학생들의 관심사를 반영한다.

신체능력과 미적 요소는 유기적으로 결합하여 전인적 발달에 기여한다. 자연이나 사물, 또 인간의 행위를 보고 감탄하는 이유는 아름다움을 추구하는 인간의 마음에서 비롯한다. 그런데 감탄으로 끝나는 수동적 마음이 어느새 '내 몸을 움직여 표현해 보고 싶다'는 능동적 욕구로 바뀐다. 내 몸을 움직여 생각하는 바를 표현하는 것은 주요한 수행능력 중 하나이다. 이와 같이 신체능력과 미적 요소는 개인의 느낌과 표현을 통해 통합적으로 발현된다.

(5) 노동교육

수호믈린스키에게 노동교육은 직업적 길잡이와 훈련을 넘어서는 의미를 가졌다. 전반적으로 노동활동에 대한 창조적 지향과 긍정적 태도의 계발을 내포하고 있었다. 파블리시 학교의 목표 중에 하나는 모든 아이들이 자신만의 고유한 재능을 발견해 직업으로 발전시키도록 돕는 것이었다. 단순히 취업을 목적으로 실용적 기술을 습득하는 것으로는 충분하지 않았다. 학생들은 특정한 분야에서 우수함을 드러내고, 이를 통해 기쁨을 느낄 수 있어야 했다. 그뿐만 아니라 미래의 노동 참여와 관련해 도덕적 기반을 다져야 했다. 사회봉사에 대한 동기부여는 물론이고, 이미 창조와 봉사의 결합 속에서 기쁨을 체험할 수 있어야 했다. 이것은 교육과정의 전 영역에 흡수되어 있던 도덕교육의 실재를 보여주는 또 하나의 예시였다.

① 생산적 노동에 이른 참여가 중요하다.

학년이 되기 두 달 전에 나무 씨앗을 모으는 것으로 노동활동을 시작한다. 봄에는 사회적 의의가 있는 첫 노동을 수행하는데, 그것은 계곡과 도랑의 비탈면에 씨를 뿌리는 일이다. 이것은 10년에 걸쳐 약 50만 평에 이르는 지역의 토양 침식을 막아주었다. 이러한 노동활동으로 얻은 공공의 부의 가치는 아무리 강조해도 지나치지 않다.

노동활동의 다양성은 학생들에게 직업 선택의 토대가 되는 다양한 경험을 충분히 제공하는 데 필수적이었다. 될 수 있는 한 많은 활동들을 경험할 때 학생들은 자신들의 고유한 재능이 무엇인지 발견할 수 있었다. 45개의 동아리를 운영하고 있었기 때문에 대부분의 학생들은 2개 혹은 그 이상의 활동에 참여할 때가 많았고, 이러한 특별활동을 통해 새롭고 다양한 경험에의 욕구를 해소할 수 있었다.

② 노동활동은 장기간에 걸쳐 수행되어야 효과적이다.

입학 첫해에 심은 과일나무 돌보기처럼 장기간에 걸친 활동이 간헐적인 활동보다 아이들의 인격 형성에 훨씬 큰 영향을 끼친다고 확신했다. 한 가지 분야의 노동에 전념하는 것은 미래의 직업으로 삼을 만큼의 수준 높은 능력을 계발하는 데 중요한 조건이 되었다.

③ 모든 노동활동에는 창조적 차원과 지적 차원이 있다.

수호믈린스키는 모든 학생들이 교실과 학교의 다른 장소들을 청소하고 정리하는 일에 참여하길 원하였다. 비록 청소와 정리는 가장 단순한 형태의 노동이지만 절제력과 의무감, 매일 보는 주변 사물에 대한 미적 감수성을 기르는 데 중요한 활동이 된다고 생각했기 때문이다. 따라서 파블리시 학교의 학생들은 어린 나이부터 이러한 일들을 했다. 또한 나무 심기, 거름 준비하기, 대규모 농사일과 같은 공동 프로젝트 활동에도 참여했다.

④ 노동으로 인해 다른 관심사가 차단되어서는 안 된다.

이 원칙은 노동 외에도 본질적 가치가 있는 활동이 있을 수 있음을 인정하는 것이다. 그리고 이것은 노동에 더욱 큰 의미를 부여하기 위해서도 필요하다. 특히 노동의 강도가 높을 때, 오히려 문화와 여가활동을 권장했다.

전인적 발달의 주요 영역 중의 하나인 '감수성'은 수호믈린스키가 밝혔듯이 무엇인가를 직접 체험하고 그로부터 학생이 얻는 느낌을 중요하게 여기는 것에서부터 길러진다. 이 과정에서 교사에게 가장 요구되는 능력은 바로 '기다림'이다. 수호믈린스키는 아이들에게 스스로 생각하는 힘을 길러주는 것이 교사의 역할이라고 보았다. 옛날이나 지금이나 일반적 통념 속에서 교사는 자신이 알고 있는 것을 바탕으로 정확하게 가르치려 애쓴다.

3) 교육적 의의와 시사점

수호믈린스키는 휴머니즘의 원칙, 아동 인격의 높은 가치를 인정하는 원칙에 바탕을 둔 독창적인 교육체계를 구축하였다. 교육과정과 교사 및 학생 집단의 창조적 활동은 이러한 가치를 지향하지 않으면 안 된다. 수호믈린스키는 공산주의 교육에 대해 당의 명령을 고분고분 수행하는 사람들을 만드는 것이 아니라 사고하는 인격들을 형성하는 과정으로 이해했다. 그는 현대 학교교육의 문제점을 교육목표의 불명확성과 아동의 정신생활에 대한 관심의 부족, 학교교육에서 사유(思惟)수업의 빈곤, 그리고 암기위주의 교육방식 등에 있다는 점을 지적하였다(팽영일, 2008). 그는 즐거운 노동으로 교육이라는 체계를 만들었다. 학생들의 세계관 형성에 많은 관심을 기울였으며, 교육에서 교사의 언어, 서술의 예술적 문체, 아동과 함께 옛날이야기와 예술 작품을 만드는 작업에 중요한 몫을 할당했다. 또한 그는 '미(美) 교육'을 위한 복합적인 미학 프로그램을 만들었다. 이런 교육체계는 권위적인 교육과 대립했으며 공식적인 교육계로부터 비판을 받았다. 특히 볼로그다 대학교 리카체프 교수는 수호믈린스키가 추상적 인문주의자이고 모든 사람을 용서하냐며, 마카렌코 교육사상에 반대하고 집단을 희생하여 개인에게 초점을 맞춘다며 신문에 그를 비난하는 글을 기고하였다.

수호믈린스키의 주요 저서들을 살펴보면 시대별로 파블리시 학교에서 이루고자 했던 과제가 무엇인지 알 수 있다. 1950년대는 화합하는 학교 공동체를 만들고, 학생들에게 시민의 자질과 직업적 자질을 마련해주는 사회적인 관심사에 중점을 두었다. 1960년대에는 학생 개인의 심리적 발달 문제, 그리고 도덕적 사안에 좀 더 초점을 맞추었다. 1967년 이후 출간된 책들은 그의 모든 교육적 경험을 종합해서 다루고 있으며, 파블리시 학교에서 지난 23년간 발전시킨 교육체계의 전체적인 그림을 보여준다. 또한 그는 학부모를 대상으로 한 부모교육에 집중했다. 『부모교육』이라는 제목으로 출간된 수필집을 보면 그가 이 문제에 얼마나 많은 관심을 가졌는지 짐작할 수 있다. 특히 아이들이 입학하기 2년 전부터 시작하는 학부모 대상 교육 강좌는 학부모들의 폭넓은 지지를 받았다.

수호믈린스키는 마카렌코와 같이 러시아 교육의 영원한 보물로 평가되고 있으며 아동들과 함께 교사와 교장이라는 두 가지 직책을 몸소 실천한 교육실천가이며 독창적인 전인교육론을 강조한 교육사상가이었다. 그는 스타이너(R. Steiner)와 철학적 배경이 다르고 스타이너의 저서를 참고하지 않았음에도 불구하고 교육실천에 있어서 놀랄 정도로 유사하였다. 스타이너가 설립한 발도르프 학교와 수호믈린스키가 설립한 파블리시 학교는 많은 공통점을 찾을 수 있었다(Cockerill, 2016a; Sukhomlyns'ka, 2019). 파블리시 학교에는 유럽과 전 세계의 많은 교육자들이 방문하고 있고, 그의 저서들은 59개 언어로 번역되고 1,500만 부 이상이 판매되었다.

CHAPTER 03

동양의 전인교육 사상가들

1. 옌푸의 전인교육론

1) 생애와 시대적 배경

옌푸(嚴復, 1854~1921)는 1854년 1월 8일 중국 복건성(福建省) 후관현(候館懸) 양기향(陽崎鄕)이라는 마을에서 태어났다. 그의 아버지는 옌푸가 과거시험을 통과하여 관리로 임용되도록 정성껏 교육을 시켰다. 그러나 1866년 아버지의 사망으로 관직에 진출하려는 교육은 중단되고 말았다. 그의 어머니는 그를 양무(서양 기술)학교에 보낼 수밖에 없었다. 그곳에서 영어로 수업하는 항해학교에 입학하여 영어로 서양사상에 접근할 수 있는 계기가 되었다. 옌푸는 이 학교에서 영어, 산수, 기하학, 대수학, 해석학, 삼각법, 물리학, 역학, 화학, 지질학, 천문학, 항해술 등을 공부했다. 1877년 그는 공부를 계속하기 위해 영국으로 유학하게 되었다. 그는 영국 유학시절에 가장 모범적으로 보였던 영국이 부강하게 된 원인이 무엇인지 연구하기 시작한다. 1897년 중국으로 돌아온 옌푸는 좌절을 겪게 된다. 그는 천진(天津)에 신설된 북양 해군사관학교(수사학당)의 총교습(總敎習, 학장)을 역임하기도 했지만, 정책 결정에 영향을 줄 수 없는 위치에만 머물렀다. 그는 전통적인 관료제에 진입하려고 과거시험을 준비하였으나 합격하지 못했다.

그러나 청일전쟁 이후에 옌푸는 서양의 제도와 사상의 연구에 집중하게 되었다. 그는 1898년에 토마스 헉슬리의 『진화와 윤리』를 번역한 『천연론』을 발간하였다. 이 책은 변법운동의 실패로 무기력해진 당시 지식인들과 청년들에게 다시금 혁명의 희망을 되살려주었다. 그는 서양 사상을 중국에 전달하는 서학의 대가로 명성을 떨쳤다. 그의 사상은 당시 중국사회에 커다란 영향을 주었고, 궁극적으로 중국사회의 전통적 질서를 뒤엎으려는 급진적이고 혁명적인 사유로 진행되었다. 그는 1912년에 국립 베이징 대학의 초대 교장을 역임했다.

옌푸는 〈논세변지극〉, 〈원강(原强)〉, 〈구망결론(救望決論)〉 등과 같은 논문을 발표함으로써 개혁론을 주창하였다. 이어서 〈원부(原富)〉(스미스의 富國論), 〈군학이언(群學肄言)〉(스펜서의 사회학연구), 〈법의(法意)〉(몽테스키외의 법의 정신) 등을 계속 번역함으로써 서양 근대사상을 중국에 소개하는 데 크게 힘썼다.

그러나 옌푸는 혁명적 변화를 신뢰하지 않았다. 그는 교육에 의한 변화, 그리고 강력한 군주제적 질서 속에서 개명한 군주에 의한 개혁만을 꿈꾸었다. 이렇듯 옌푸는 자신이 야기한 중국사회의 급격한 변화에서부터 소외되었다. 개인의 자유를 제한해 국부라는 목적에 종속시켜야 한다는 옌푸의 논리는 신해혁명과 5 · 4운동을 거치면서 개인의 자유를 최대화하려는 움직임과 충돌하였다. 특히 그가 모범으로 삼았던 서양마저 전쟁의 소용돌이에 휘말린 이후 그는 방임적인 의미의 개인 자유뿐만 아니라 수단적인 의미의 자유마저도 부정하기에 이른다.

19세기 후반에서 20세기 초에 걸쳐 동아시아에서는 급격한 변화의 소용돌이 속에 빠지게 된다. 1895년 청일전쟁에서 일본에게 완패한 중국은 큰 충격을 받게 된다. 중체서용론(中體西用論)을 내세워 중국의 근대적 변화를 꾀했던 양무운동(洋務運動)의 한계가 뚜렷해지기 시작하였다. 중국에서는 제도의 개혁을 요구하는 목소리가 높아지기 시작했고, 강유위(康有爲)와 양계초(梁啓超) 등은 메이지 일본의 서구 사회의 정치제도를 수용하자는 변법(變法) 운동으로 나아갔다. 옌푸(嚴復)도 중국의 전통사상과 현실 정치를 비판하고 나섰다. 그는 정치 운동의 전면에 나서지 않고 저술과 번역을 통해 시대적인 고민을 해결하려고 노력하였다.

2) 옌푸의 삼육론

옌푸는 서학 가운데 과학의 보편성을 확신하고 중국의 부국강병의 성공을 위해 인간의 능력은 지 · 덕 · 체로 이루어져 있으며 개개인의 지적, 도덕적, 육체적 수준과 사회진화의 정도는 상관관계가 있다는 스펜서의 사회유기체설을 원용하여 '민의 지적, 도덕적, 육체적 증진'을 통한 중국의 변혁을 주장하였다. 그는 스펜서의 교육론을 『명민(요)론』이라 소개하고 이 지 · 덕 · 체 사상에 기초한 삼민사상을 구축하였다. 특히 국가의 강약 존망은 혈기체력, 총명사려, 덕행인의라는 민지, 민덕, 민력의 향상과 관련된다고 주장하였다(우남숙, 2012).

먼저 민지의 향상을 위한 지육에 관하여는 〈論今日教育應以物理科學爲當堂務之急〉이라는 논설에 선명히 제시되어 있다. 이 논설에서 그는 지금까지 중국 사상은 덕육에 편중되어 지육에는 소홀하고 확실한 방법도 없어 민지를 향상시키지 못하여 국력의 빈약화를 초래하였음을 지적한다. 나아가 민지의 향상을 위한 '개민지'는 과거제의 폐지와 서학의 보급이 최대의 긴급과제라고 하였다. 또한 〈救亡論〉에서 유학(儒學)과 팔복문(八服文: 중국말을 잘해도 글을 별도로 배우지 않으면 쓸 수도 읽을 수도 없는 문체)을 중심으로 하는 과거제도의 폐해로서 '지혜를 닫고 심술(心術)을 파괴하고 유민(流民)을 증가시킨다'는 세 가지 단점을 지적하고 있다. 그는 중국 전통적인 학문을 무용, 무실과 결부시켜 과거제도를 백해무익한 것으로 간주하며 팔복문을 폐지하고 서학을 보급시킬 것을 제창하였다. 여기서 그가 말하는 서학이란 물리학과 생물학 등의 교육내용이 중심이다. 왜냐하면 자연과학이 지육의 향상에 유익한 것은 자연과학적 지식의 증가가 지금까지의 심습(心習: 정신적 습관, 인식태도)에 커다란 변화를 줄 수 있기 때문이라는 것이다. 즉 자연과학적 인식태도는 연역법과 귀납법으로 대표되는 사물에 대한 논리적 인식이지 결코 타인의 말을 삼키지 않는 태도가 아니다. 지금까지의 중국의 가르침은 교언영색에 지나지 않으며 단지 공자가 성인이나 성인이 말하였기에 우리가 믿는 것이므로 잘못이라고 비판하였다(우남숙, 2012).

덕육에 관하여서는 '신민덕'의 형성으로 민의 덕성이란 공공정신, 즉 이성적인 문제 판단과 자율적인 공공정신의 형성을 의미한다. 그런데 중국의 경우 국민의 자립심과 공공도덕심을 배양하는 것은 가장 어려운 과제라는 것이다. 왜냐하면 덕은 중국인에게는 산사(散砂)와 같고 애국심이라는 덕을 결여하고 있기 때문이다. 그런데 애국심이란 단순한 고향애가 아니라 자신의 국가를 사랑하고 자신의 운명과 상관하고 있음을 느끼고 자신의 운명을 파악하는 것으로 이에 대한 양성이 필요한 것이다(우남숙, 2012).

마지막으로 '고민력'은 국민의 체력을 증강하고 강인한 체력을 만드는 것이다. 모친이나 아동의 건강관리를 논의의 출발로 하여 정부가 개선해야만 하는 것은 산적해 있지만 아편이나 전족의 악습의 금지부터 착수하지 않으면 안 된다는 것이다(우남숙, 2012).

이상에서 논의한 세 가지를 갖춘 국민이란 개인의 자율성을 상실하여 단순히 권력에 복종하는 인간 집단이 아니라 지성이 향상되고 체력 및 윤리가 향상된 국민을 의미한다. 바꾸어 말하면 그는 과분(瓜分)이라는 위기 상황에서 서양의 부강을 뒤쫓아 의회를 열고 선거를 치루고 회사를 만들고 군대를 훈련한다 해도 중국은 약체화를 면할 수 없으며 양무운동의 시도 역시 민력이 피폐하고 민지가 비천하고 민덕이 부실하면 부강을 위한 정치가 있어도 유효한 것이 될 수 없는 것이라고 주장하여 개개의 '민'이라는 가장 근본적인 결정요인에 착안하여야 한다는 것이다. 따라서 그는 지 · 덕 · 체가 일정한 능력에 이르지 않으면 자치능력이 결여되므로 의회개설보다 민중계몽을 선택하여 의회의 전단계인 향국(鄕局)에 참가시키는 것에 의해 교육할 것을 제창하였다. 요컨대 그는 사회유기체론에 근거하여 중국의 전통적 교육의 특질과 결함을 지적하고 향후 교육의 보급과 중국 사회에 필요한 각 부분의 실제적 인재양성의 필요성을 역설하였다. 또한 옌푸는 구국론에서 민지가 가장 중요한 덕목이 된다. 민지가 열림으로써 부강해지고 그때 비로소 민덕도 제고된다고 보았기 때문이다. 그는 지육이 역(체)육보다 더 중시되어야 하고 역육이 덕육보다 더 중시되어야 한다고 주장하였다. 민지, 민력, 민덕론은 위로부터의 제도적 변혁에 앞장서 아래로부터의 근본적인 변혁인 것이다. 즉 민의 교육에 의한 지 · 덕 · 체의 향상에 의해 자연적으로 기술의 습득이 가능하게 되므로 민의 소질에 착안하여 민의 지 · 덕 · 체의 향상을 주장하였다(우남숙, 2012).

3) 교육적 의의와 시사점

옌푸는 그 당시의 아편전쟁 이래 중국의 연속적 패배의 원인을 서학중원설을 배경으로 외환(外患)으로만 인식하고 유교적 교의를 지키기 위한 수단만을 변화시키려는 양무파와 다른 입장을 취하였다. 또한 서양제국의 국회가 군주나 민중을 결합하는 의회제도를 도입하여 인위적으로 정치상황을 만들어간 부회론적 혁명론의 유신변법파의 민족주의 노선과 다른 입장을 취하였다.

그는 우수한 것은 현재에도 과거에도 중국에 존재한다는 중화의식이야말로 위기에 대처하기에 필요한 자립적 사고의 장애가 된다고 하여 부회론과 절연하고 과학적 법칙인 스펜서의 사회유기체론을 수용하여 민의 지 · 덕 · 력을 기초로 하는 국민 형성에 의한 근대국가 건설을 역설하였다. 또한 옌푸는 스펜서의 지적 계보를 이어받아 서양사상을 최초로 중국에 체계적으로 수용하여 서양사상의 중국화를 시도한 인물로 평가된다. 그는 스펜서의 삼육론을 수용하면서 지 → 체 → 덕의 순서를 강조하고 있다. 무엇보다도 그는 서양의 힘의 원천은 무기나 기술에 있는 것이 아니며 단순히 경제조직이나 정치조직에 있는 것도 아니며 더욱이 어떠한 제도적 연구가 아닌 서학에 있다고 보아 서학의 수용에 의한 변혁과 개방적 노선을 제창하였다. 그는 민의 지적, 도덕적, 육체적인 힘의 증진을 주장한 스펜서의 이론을 통해 서양의 학설을 보편적 진리 수준으로 받아들여 중국의 전통에 대한 종래의 해석에서 벗어나 중국이 필요한 과제를 실현하기 위해 자유로이 활용하게 되었다. 옌푸는 민은 무지하므로 모르는 것을 알려고 싸우지 않고 위정자에게 부탁하는 것이 평안한 사회를 유지하는 것에 좋다는 성인의 지혜에 의한 우민정책과 '문(文)을 귀히 여기고 무(武)를 비하하는' 전통적인 숭문(崇文)이념에서 탈피하여 중국 전통 이학의 유심주의적 인식론에 충격을 주었다.

2. 오바라 구니요시의 전인교육론

1) 생애와 시대적 배경

오바라 구니요시(小原 國芳, 1887~1977)는 1887년 4월 8일 일본 가고시마현 구시(久志) 마을에서 태어났다. 그의 집안은 일본 봉건제도의 무사 계급이었고, 그의 할아버지는 대라고야(寺小屋, 한국의 서당에 해당)의 훈장이었으며 서예, 그림, 음악의 명인이었다. 대라고야는 19세기 메이지 유신이 일어날 때까지 봉건시대 동안 일본의 문맹율을 낮추는 데 기여했고 평민들의

자녀를 가르치는 형식적 교육기관이었다. 그의 아버지는 큐슈 남쪽 사츠마에서 금광을 개발하다가 크게 실패하였다. 그의 양친은 일찍 돌아가시고 부친이 남긴 부채가 많아서 형제 7명이 갚는 데 20년이나 걸렸다. 가고시마현은 큐슈 섬의 남쪽 끝에 위치해 있으며, 도쿠가와 시대와 메이지 유신 시대에서 지도자 역할을 담당한 사쓰마 가문이 가고시마현을 통치하였다. 특히 일본의 근내화 과성에서 정치, 경제, 문화 분야의 많은 지도자들이 가고시마현 출신이었다. 오바라는 이들 정치 및 경제 지도자들과 밀접한 관계는 없더라도 이러한 진보적인 정신은 그들의 영향을 받았다고 볼 수 있다.

오바라는 소학교를 졸업한 후에 가정 형편이 어려워서 장학금을 주는 전신학교에 입학하여 전신기사가 되어 오오쿠마(大隅)반도의 해저전신국에 취업하였다. 오바라는 교사가 되고 싶어서 가고시마 사범학교에 진학하였다. 그는 가고시마에서 미국 선교사인 랜싱(Lansing) 여사를 만나 영어성서학교에 편입하였다. 오바라는 보조교사로서 그리고 선교사의 후임자로서 적극적으로 역할을 수행하였다. 선교사의 도움으로 오바라는 평생 기독교 신앙을 지니게 되었다.

오바라는 히로시마 고등 사범학교를 졸업하여 1913년에 시코쿠에 있는 가가와(香川) 사범학교에서 영어, 교육학, 심리학 교사로서 교직을 시작하였다. 그는 보트 클럽 책임자와 기숙사

사감과 같은 특별활동 분야에 적극적으로 참여하였다. 1915년에 오바라는 28세의 나이로 쿄토제국대학교 철학과에 입학하였다. 그는 일본 철학계의 거장인 니시다 기타로(西田幾多郎, 1870~1945)를 비롯하여 칸트 철학자인 도모나가 산주로(朝永三十郎, 1871~1951), 미학자인 후카다 야스카즈(深田康算, 1878~1928), 종교철학자인 하타노 세이이치(波多野精一, 1877~1950), 그리고 교육철학자인 코니시 시게나오(小西重直, 1875~1948) 등으로부터 철학과 교육학을 집중적으로 배웠다. 그는 1918년에 '교육의 근본문제로서의 종교'라는 졸업논문을 작성하여 출판하였다. 이 논문은 그의 교육이론의 기초가 되었고, 종교교육이 모든 교육활동의 기본이 되어야 한다는 신념을 갖게 되었다.

대학 졸업 후에 오바라는 히로시마 고등사범학교 부속 초등학교 행정실장으로 부임하였다. 그는 인간발달에서 초등교육의 역할이 이론적으로나 실제적으로 중요하다는 사실을 깨닫고 학교연극을 교육매체로 활용하기 시작하였다. 학생들이 스스로 만드는 학교연극은 일본 교육의 개선에 크게 기여하였다. 1919년에 쿄토제국대학교 전 총장인 사와야나기 마사다로(澤柳政太郎, 1865~1927)가 오바라를 초빙하여 세이조오(成城) 소학교 주사로 근무한 이래 1926년에 세이조오 고등학교 교장을 맡게 되었다. 세이조오 소학교는 사와야나기 총장이 주도하는 일본의 교육을 개혁하는 신교육운동의 중심지였다. 오바라는 신교육운동의 리더로 떠오르게 되었다. 1920년에 오바라는 유능한 교육자인 다카이 노부(Takai Nobu)와 결혼하였다. 그의 부인은 모든 일에 조언자이자 확고한 지지자였고 그가 별세하기 6개월 전에 먼저 세상을 떠난 충실한 동반자였다.

오바라는 1921년 8월 8일에 전인교육을 위한 8대 교육강령을 펼쳐서 일대 파문을 일으켰으며, 때로는 군국주의 정권의 탄압을 받기도 하였으나, 끝까지 소신을 굽히지 않고 오로지 전인교육을 위해 동분서주한 일본교육계의 대선각자였다. 그의 8대 주장에서 언급한 전인교육이 일본에서 이 용어를 처음 사용한 것으로 평가된다(김정환, 1987). 오바라는 1922년에 세이조오 중학교를, 1925년에 유치원을, 1926년에 고등학교를 설립하였다. 1929년에 전인교육의 이념을 구현하기 위해 다마가와(玉川) 학원을 창립하였다. 그후 1947년에 다마가와 대학교를 설립하였다. 1930년에 미국 로스엔젤리스에 다마가와 학원을 설립했고, 1933년에 가나가와현 구게누마(鵠沼)와 1948년에 그의 고향 구시(久志)에 학교를 설립했으며, 1976년에 캐나다 나나이모에 캠퍼스를 설립하였다. 현재 그의 아들 오바라 테츠로오(小原哲郎)를 거쳐 손자인 오바라 요시아키(小原芳明)가 이사장으로 있는 다마가와 학원은 유치원부터 대학원 과정까지 일관된 교육정신으로 운영되고 있다.

오바라는 학교경영자로서 뿐만 아니라 출판사를 경영하였다. 1923년에 쇼인 출판사가 창립되었으나 대학교가 설립된 후에 다마가와 대학출판부로 개명되었다. 1928년에 페스탈로치 전집을 발간하였다. 1932～1934년에 30권의 아동백과대사전을 일본에서 처음으로 발행하였다. 1967년부터 1974년까지 유네스코 세계교육위원 일본 대표로 선임되었다. 60년 이상 신교육에 관한 강연을 일 년에 수십 회 다녔으며 48권의 저서를 남겼다. 1977년 12월 13일에 90세의 나이로 천수를 다하였다.

2) 오바라의 전인교육론

오바라의 교육이론은 전인교육론으로 요약된다. 그의 이론에서 전인을 영어로 whole man 또는 whole person으로 번역하고 있다. 오바라는 전인을 완전한 인격, 즉 조화된 인격으로 정의하고 있다. 그가 말한 전인은 인간 문화의 전부를 고루 갖춘 문화 인격, 모든 능력을 고루 갖춘 조화 인격, 그렇기에 온전한 사람을 뜻한다(김정환, 1997). 그의 전인교육론에서 교육의 내용은 인간 문화의 전부를 담아야 한다고 주장한다. 어떤 문화의 일부분이 결손되었다면 그 부분만큼 그 사람은 불구자(장애인)라고 말할 수 있다. 그 당시 일본의 많은 학교들은 거의 불구자와 같은 학교라고 비판하고 있다.

오바라는 1921년 8월 8일에 도쿄 고등보통학교에서 개최된 교사대회에서 8대 교육 강령 중의 하나로 전인교육을 처음으로 제안하였다(Sakuma, 2017). 그의 8대 교육강령은 ① 교육내용에 문학 · 예술을 보다 많이 담자는 문예교육, ② 아동의 창조성을 기르자는 창조교육, ③ 아동의 활동을 중시하는 동적 교육, ④ 아동의 자율적 · 자주적 학습을 기하는 자학교육, ⑤ 아동의 자유를 최대한으로 존중하자는 자유교육, ⑥ 수업의 계획성을 중시하는 자동교육, ⑦ 아동의 흥미를 많이 반영하는 실만족교육, 그리고 ⑧ 인격의 조화적 개발을 기하는 전인교육 등이다(김정환, 1987).

오바라의 전인교육론은 12 교육신조와 6가지 가치체계론을 기본으로 하고 있다. 먼저 12 교육신조에는 ① 전인교육, ② 개성존중의 교육, ③ 자학자율, ④ 능률 좋은 교육, ⑤ 학문적 근거에 선 교육, ⑥ 자연의 존중, ⑦ 사제 간의 온정, ⑧ 노작교육, ⑨ 반대의 합일(concidentia oppositorum), ⑩ 제20리행자와 인생의 개척자, ⑪ 기숙(塾)교육, ⑫ 국제교육 등이 있다(김정환, 1987; Sakuma, 2017).

다음으로 오바라의 전인교육론의 핵심은 6가지 가치체계론에서 찾을 수 있다. 그는 전인교육의 목적을 여섯 가지 기본 가치로 구체화된 인간 성격을 잘 조화롭고 균형을 이루는 방식으로 최적한 상태로 발달시키는 데 있다. 오바라는 독일의 심리학자인 뮌스타베르그(Hugo Muenstaberg, 1863~1916), 신칸트 철학자 리케르트(Heinrich Rikert, 1863~1936), 멜리스(Georg Mehlis, 1878~1942)의 영향을 받은 쿄토대학교의 요네다(米田壓太郎)교수의 가치체계론을 참고하여 그의 이론을 제안하였다. 오바라의 가치체계론은 다음 〈표 3-1〉과 같다(제갈 삼, 1995; 小原國芳, 1969).

〈표 3-1〉 오바라 구니요시의 전인교육론 가치체계

<table>
<tr><td rowspan="5">사람(人)</td><td rowspan="3">심(心)</td><td>지(知) 철학(哲學) 진(眞)</td><td rowspan="3">종교</td><td rowspan="3">성(聖)</td><td rowspan="3">절대 가치</td></tr>
<tr><td>정(情) 예술(藝術) 선(善)</td></tr>
<tr><td>의(意) 도덕(道德) 미(美)</td></tr>
<tr><td rowspan="2">신(身)</td><td colspan="2">생명 보존</td><td>건(健)</td><td rowspan="2">수단 가치</td></tr>
<tr><td colspan="2">활동력
(정치, 경제, 교통, 군사, 생산 등 일체)</td><td>부(富)</td></tr>
</table>

오바라는 인간을 심과 신으로 나누고 신체에는 생명보호와 정신활동의 원천이 되는 건강을 제시하고 있다. 그는 인간 문화를 학문, 예술, 도덕, 종교, 보건, 생활(경제 등) 여섯으로 나누고 이에 대응하는 가치를 진, 미, 선, 성, 건, 부 등으로 연결시키고 있다. 여기서 정신생활에 있어서 진, 미, 선, 성은 절대가치로 간주한다. 오바라는 이들 가운데 성(聖)이라는 가치를 최상의 가치로 인정하고 있다. 건(健) 가치는 수단가치로 간주하고 있다. 신체를 경시하는 의미가 아니라 필수불가결한 수단가치로서 인정하고 있다. 또한 부(富) 가치는 정신활동을 유효하게 강화하기 위해 발명, 탐구, 교통, 정치, 외교, 산업, 군사, 법률 등과 같은 수단가치로 인정하고 있다. 따라서 전인이라는 개념아래 개인은 6개 인간 가치를 두루 갖추어야 하고 긴밀하게 상호관계를 유지해야 한다는 것이다. 무엇보다도 인간에게 좋은 교육을 실시하여 타고난 바대로 발전시키고 각자 독특한 세계를 실현하면서 각자의 완전한 상태가 성취되어 가는 개성존중 교육을 강조하고 있다. 또한 오바라는 1932년에 페스탈로치 전집을 발간하여 그의 지 · 덕 · 체라는 삼육론을 일본에 소

개하였다. 그의 전인교육론에서 페스탈로치의 조화로운 인간 발달을 수용하고 있음을 알 수 있다(Kobayashi, 2004).

오바라는 그의 전인교육론에서 여섯 가지 가치를 실현하기 위한 교육을 종교교육, 예술교육, 도덕교육, 학문교육, 건강교육, 그리고 생활교육(부의 교육) 등으로 논의하고 있다. 오바라는 종교를 교육의 가장 근본적인 문제로 간주하고 있다. 그는 학문, 예술, 도덕 분야의 진, 미, 선의 가치를 초경험적, 초감각적, 초세계적 종교의 가치에 종속되어야 함을 주장하고 있다. 오바라는 종교교육은 모든 교과에서 가능하고 여러 교육활동에서 자연스럽게 실시할 수 있다고 주장한다.

오바라는 예술교육이 인간 형성에 커다란 힘을 주는 것으로 믿고 있다. 그는 학교연극을 처음 교육매체로 도입하여 전인교육을 실천해 왔다. 연극은 종합예술로서 음악, 회화, 무용, 건축, 조각, 시가 등을 통하여 감명을 준다고 주장한다. 또한 자연의 존중과 자연미를 가까이 하는 일을 강조한다. 그리고 심정의 아름다움, 따뜻한 인간관계를 갖는 인간다운 감정의 교육을 예술이나 문예작품을 통하여 실천할 것을 강조한다.

오바라는 도덕교육의 중요성을 강조한다. 2차 세계대전 이후 폐지된 수신교과를 부활시키려고 다방면의 노력을 기울였다. 그는 도덕과의 특설의 필요성을 꾸준히 주장하였고, 전후 9대 내각의 문부대신을 만나서 교육개혁을 설명하고 도덕과목의 특설을 설득하여 주 1시간을 배정하도록 하였다. 또한 다마가와 학원에서는 유, 초, 중, 고등학교에서 모두 매주 도덕과를 가르치고 매주 1회 예배와 설교, 그리고 매일 조회와 많은 행사를 개최하고 있다.

오바라는 일본의 학문교육을 위해 독일의 대학교육을 본받을 것을 주장하였다. 그는 암기보다는 발명연구를, 주입보다는 창조를, 분량보다도 좋아하게 하는 일을 더 강조하였다. 그는 자율학습의 필요성을 주장하였다. 자율학습은 노작교육에서 학생들이 스스로 노력하여 주어진 문제를 해결하는 교육방법을 말한다. 오바라는 자율학습과 창의적 교육에서 필요한 두 가지를 강조하고 있다. 첫째, 모든 교사는 진리란 무엇인가를 숙지해야 한다. 둘째, 학생들에게 아동백과대사전이 절대 필요하다. 특히 오바라는 독서 욕구를 높여주어야 하고, 책 읽는 법, 사고력, 정리하는 법, 도서관에서 독서 습관 등을 가르쳐야 한다고 주장하였다.

오바라는 건강교육을 실천하였다. 그는 체육의 목적을 강인한 체력, 긴 생명, 조화된 신체, 그리고 교치성(巧緻性)에 두고 있다. 먼저 생리학적 지식, 기초체조, 그리고 교치체조를 고르게 시행할 것을 주문하고 있다. 그리고 각종 스포츠 특히 각종 무도(武道) 중에서 적어도 하나를 선택하도록 하였다.

마지막으로 오바라는 생활교육 또는 부(富)의 교육을 강조하였다. 정치, 산업, 경제, 교통, 군사, 외교 등 모든 분야를 포함한 의미에서 생활교육, 부의 교육은 단순히 富를 위한 교육이 아니라 진, 미, 선, 성이라는 절대가치를 지탱하고 발달시키고 배양하기 위한 富를 의미한다. 특히 오바라는 일본 교육에서 물욕의 노예로 전락시키는 돈벌이를 위한 교육을 신랄하게 비판한다.

3) 교육적 의의와 시사점

오바라는 근대 일본 교육계에서 가장 영향력 있는 대표적인 교육자였다. 그는 일본에서 전인교육이라는 개념을 처음으로 주창하였고(김정환, 1987; 한용진, 2020), 유치원에서 대학원 과정까지 일관되게 운영하는 다마가와 학원을 설립하여 전인교육을 실천하였다. 또한 그는 종교성에 기반을 둔 가치교육을 열정적으로 옹호한 인물이었다. 그는 48권의 저서를 남겼고, 일본의 신교육 운동의 리더로서 일본 교육개혁에 앞장서서 크게 공헌하였다. 또한 오바라는 '일본의 페스탈로치' 또는 '일본의 존 듀이'라고 칭송되고 있다. 특히 그는 일본에서부터 해외 여러 나라에서까지 문화적 만남과 국제 교류의 중요한 모범 인물로 꼽히고 있다(Sakuma, 2017). 그의 전인교육론은 현대 일본 교육에 많은 영향을 미쳤으나 크게 교양교육의 선구적인 교육자, 예술 및 체육교육 옹호론자, 그리고 글로벌 교육을 추구하는 세계시민주의자로 평가되고 있다(Kobayashi, 2004).

한용진(2020)은 오바라 전인교육의 특징을 ① 전인격적 전인교육, ② 전인생적 전인교육, ③ 전인성적 전인교육, 그리고 ④ 성적(聖的) 종교적 전인교육 등으로 요약하고 있다. 하나의 온전하고 완전한 인품을 키우려는 전인격적 교육, 전 생애에 걸친 평생공부의 성격으로 전인생적 교육, 전면소질계발이라는 인간의 내면적 자질 전반을 발전시키려는 전인성적 교육, 그리고 물질적이거나 사회적 단계를 넘어 성스러운 종교적 단계까지 인간을 고양시키려는 성스런 종교적 교육이라 할 수 있다.

김정환(1987; 1995)은 오바라의 전인교육론으로부터 우리나라 교육에의 시사점을 일관교육, 인격교육, 건학정신의 창달, 학교장의 권한 보장, 노작교육 등으로 제시하고 있다. 첫째는 일관교육이다. 유치원에서 대학에 이르기까지 같은 이념 아래 교육이 일관되게 진행되며, 그 이념을 흠모하고 계속 이 학원의 상급학교에 진학한다. 예술작품은 단시일에 완성되지 않는다. 사람 만들기에 있어서는 더욱 그렇다. 열만 가한다고 밥이 되는 게 아니다. 뜸이 들어야 한다. 초 · 중 · 고 · 대, 이렇게 이어지는 교육이 중요하다. 김교신 선생이 양정학교에서 훌륭한 제자를 많이 기르는 데 성공한 것은 입학 때 맡은 같은 반 아이를 졸업할 때까지 5년간 계속 맡았기 때문이다.

둘째는 인격교육이다. 교사와 학생과의 인격적 대화, 교사와 학생과의 1대1 만남이 실은 교육의 알파이자 오메가이다. 다마가와 학원에서는 도덕시간을 학원 안의 숲과 농장과 자연 속에서 진행시킨다. 백발이 성성한 오바라 학원장이 손자 같은 초등학생과 같이 땅바닥에 주저앉아 인생을, 종교를, 직업을, 사랑을, 그리고 올바른 삶의 자세를 논한다. 예컨대, 김교신 선생은 "물에 산에"라는 모임을 만들어 젊은이들을 들에, 산에, 유적지로 안내하면서 산 도덕교육을 해서 크게 성공했다.

셋째는 건학정신의 창달이다. 사람마다 가정마다 개성이나 전통이 다르듯이 학교마다 이것이 달라야 한다. 사학의 경우는 더욱 그렇다. 사실 관학에 대해 사학이 자랑할 수 있는 것은 바로 이것이며, 그래서 자유주의 국가에서는 사학의 존립 의의를 높이 평가하고 사학을 육성하고 있는 것이다. 그런데 우리나라에서는 소위 평준화 정책으로 거의 모든 사학이 공영화되어 가고 있으며 그 건학정신을 살려 계승시킬 자율성을 상실해 가고 있다.

넷째는 학교장의 권한 보장이다. 학교장은 입학자 전형, 교과과정 운용, 교직원 인사, 시설이나 설비의 확충 등의 재정 같은 면에 있어 법이 정하는 범위 안에서 최대한의 권리를 누려야 한다. 학과 성적은 좀 뒤지지만 음악에 특별한 재능이 있기에 뽑아서 키워 준다거나, 도덕시간을 성경시간으로 대치한다거나, 돈 많은 학부모에게는 기부금을 많이 받아 가난한 아이에게나 공익을 위해 쓸 수 있다거나, 이런 재량권도 주어져야 한다.

다섯째는 노작교육이다. 이것에 대해서는 많이 언급했기에 생략하고 한 가지만 말하는데 그치겠다. 그것은 땀 흘리며 일하는 즐거움과 보람을 우리 아이들이 가져야 한다는 것이다.

김정환(1995)이 제시한 시사점이외에도 오바라는 교양교육의 선도적 교육자, 예술교육과 체육교육 옹호론자, 그리고 글로벌 교육을 추구하는 세계시민주의자로 평가되고 있다.

첫째, 오바라는 교양교육의 선도적 교육자로 평가된다. 전인교육을 제창한 기본적인 동기는 바로 모든 사람들을 위한 교양교육을 증진시키는 것이었다. 그는 개인을 문화 인격자로 충실하게 발달시키기 위해 교양교육을 강화해야 한다고 주장하였다. 또한 오바라는 교육 관련 서적을 출판하여 아동, 학부모, 교사, 교육전문가, 교육정책결정자들을 계몽하는 주도적인 역할을 수행하였다. 오늘날 다마가와 출판사는 교육서적을 가장 적극적으로 출판하는 대표적인 출판사로서 명성을 자랑하고 있다.

둘째, 오바라는 예술교육과 체육교육 옹호론자로 평가된다. 그는 음악, 드라마, 시각 미술 등을 통한 예술교육과 체육교육의 중요성을 강조했다. 다마가와 학원의 교사들은 오바라와 함께 다양한 예술교육과 체육교육의 방법을 개발하였다. 다마가와 대학교를 졸업한 교사뿐만 아니라 서적과 워크숍을 통하여 일본의 여러 학교 교사들에게 전파하고 있다. 또한 다마가와 대학교에서는 다마가와 모험 프로그램, 정신 강화 프로그램, 인간관계 향상 프로그램 등과 같은 교양교육과 연계된 체육교육과 예술교육 방법에 대한 교사 연수 프로그램을 운영하고 있다.

셋째, 오바라는 글로벌 교육을 추구하는 세계시민주의자로 평가된다. 오바라는 초기에는 국제교육에 대한 관심이 적었으나, 세계 여러 나라와 교류하면서 세계시민교육에 대한 관심이 점차 크게 되어 그의 전인교육의 핵심적 측면으로 부각되기 시작하였다. 그는 국제 교류의 중요성을 자각하고 외국 학생을 초청하고 그의 학생을 해외 유학시키거나 국제적 관점에서 연구를 수행하였다. 그는 각 분야에서 세계 최고 전문가를 초청하여 일본의 스포츠와 문화계의 발전에 크게 기여하였다. 오바라는 일본인으로서 문화적 정체성과 국가적 자긍심을 갖고 있으면서 국가 간 상호 존중에 입각한 국제 이해를 방해하는 국수주의를 반대하는 입장을 취하였다. 특히 유네스코의 세계교육위원회 일본 대표로서 오바라는 인간성의 공통선을 위한 글로벌 수준에서 결속을 형성하고자 교육 과제를 수행하였다. 그는 지구촌의 복지와 평화를 위협하는 교육문제뿐만 아니라 사회경제적 문제, 종교적 갈등, 테러리즘 등에 대응하기 위해 인류의 지적 및 문화적 결속을 이룩하기 위해 모든 세계시민들이 농참할 것을 권고하고 있다.

3. 정범모의 전인교육론

1) 생애와 시대적 배경

정범모(鄭範謨, 1925~)는 1925년 11월 11일에 서울에서 태어났다. 엄친이 자주 전근하게 되어 그는 함경남도 북청보통학교, 강원도 춘천보통학교, 충청북도 청주읍 영정보통학교 등 여러 학교로 옮겨 다닌 초등학교 시절을 보냈다. 1939년 4월

경성사범학교 보통과에 입학하였다. 1944년 3월에 경성사범학교 예과(5년제)를 졸업하고 본과(3년제)에 진학하였다. 1945년 8월 광복과 더불어 개편된 경성사범대학에 전적하고 이어 1946년 국립서울대학교 발족과 더불어 사범대학에 전적하였다. 1949년 8월에 서울대학교 사범대학 교육학과를 졸업하였다. 1949년 9월에 서울대학교 대학원 교육학과에 입학하였다. 1950년 6월 6·25전쟁이 일어나기 5일 전에 미국 국무성 장학생으로 선발되어 유학하여 루이지애나 대학교 대학원 심리학과에 입학하였다. 1951년 9월에 미국 시카고 대학교 대학원 교육학과에 입학하여 1952년 6월에 교육학 석사 학위를 받고 귀국하였다.

1952년 10월에 임시수도 부산에 소재한 서울대학교 사범대학 부속고등학교 교사로 발령을 받고, 서울대학교 사범대학에 근무하였다. 1953년 10월에 서울로 복귀한 서울대학교 사범대학 구내의 숙직실 일부를 빌려 교육심리연구실을 개설하여 한국 최초의 집단용 지능검사인 간편지능검사를 비롯한 인성검사, 학습흥미검사, 적성검사 등의 심리검사를 연구 개발하였다. 1954년 5월에 서울대학교 사범대학 교육학과의 전임강사로 임용 발령되었다. 1955년 11월에 조교수, 1958년 7월에 부교수, 1965년 3월에 교수로 승진되었다.

1962년 10월에 미국 시카고 대학교 대학원 교육학과 박사과정에 입학하여 1964년 6월에 '고등정신과정과 가치관 및 역할기대와의 관계'라는 제목의 학위논문이 통과됨으로써 철학박사학위를 취득하였다.

1966년 7월에 한국교육학회의 14대 회장으로 선출되었고 1967년 8월에 15대 회장으로 재선되었다. 1968년에 사단법인 한국행동과학연구소를 창설하고 초대 소장에 취임하였다. 1973년 4월에 서울대학교 사범대학 학장에 취임하였고, 1978년 3월에 4년제 종합대학교로 발족한 충북대학교 초대 총장에 취임하였다. 1993년 12월에 한림대학교 총장에 취임하였다.

정범모는 많은 논문과 저서를 남겼다. 1954년 6월에 교육학 3부작의 첫째권인 『교육평가』를 비롯하여, 1955년 12월에 『교육심리 통계적 방법』을, 그리고 1956년 8월에 『교육과정』을 발간하였다. 1956년 9월에 교육수상집인 『항변의 장』이 출간되었다. 1968년 5월 교육학을 사회과학으로 규정한 역작 『교육과 교육학』이 출간되었다. 또한 1970년 9월에 정원식과 함께 편저한 『교육과 국가발전』을 출간하였고, 1972년 3월에 『가치관과 교육』을 간행하였으며, 1975년 5월에 이상주와 함께 편저한 『미래』를 출판하였다. 1989년 7월에 『미래의 선택』이 발간되었다.

정범모는 1990년대에 들어와서 전인교육에 관한 주장을 담은 저서를 남기기 시작하였다. 이 시기의 저서로 『교육난국의 해부』(1991), 『교육의 본연을 찾아서』(1993), 『인간의 자아실현』(1997), 『한국의 교육세력』(2000), 『한국의 내일을 묻는다』(2004), 『그래, 이름은 뭔고?』(2007), 『교육의 향방』(2009), 『내일의 한국인』(2011), 『다시 생각해야 할 한국교육의 신화』(2012), 『격동기에 겪은 사상들』(2014), 『그저 좋아서』(2015) 등이 출간되었다.

정범모에게 영향을 미친 문화와 시대적 배경을 보면, 어린 시절의 한국 전통문화, 초·중등학교 시절의 일본문화, 광복 이후 미국유학 시절에 경험한 미국문화, 그리고 6.25 전쟁 이후 4.19 혁명, 5.16혁명, 경제발전 등의 소용돌이 속의 한국 현대문화가 뒤섞여 있다. 그는 어릴 때 가족과 효(孝)라는 가치가 몸에 배었고, 학교시절의 일제 강점기 교육에선 그들의 애국과 충(忠)이라는 가치가 반사적으로 마음에 새겨졌고, 전후 4년간의 미국유학 경험은 개인의 존엄과 공(公)이라는 가치가 가슴에 울려왔다. 또한 소용돌이 시대는 국가발전과 자유민주주의 가치가 그를 사로잡아왔다고 회고하고 있다(정범모, 2007). 한편 한국 전통시대의 지나친 가족주의, 일제 강점기의 지나친 개인 매몰, 미국문화 속의 지나친 난폭한 개인주의, 국가발전을 논함에 자주 뻗쳐오는 격앙된 민족주의 등은 그의 마음을 불편하게 만들었다.

그러나 가끔은 자기의 역사경험을 초월해 보려는 노력과 모든 역사시대를 관통해야 하는 어떤 보편적 가치에 끊임없이 접근해 보려는 노력은 지난날에 젖어듦과 동시에 지난날에서 벗어남이 그 목적이었다고 술회하고 있다. 정범모는 성장하면서 민주주의, 전체주의, 자본주의, 공산주의, 관념론, 물질론 등과 같은 격동기의 수많은 사상의 주장들을 소화했다. 그런 사상들은 제각기 자연, 인간, 사회란 무엇이고 그에 따라 우리는 어떻게 행동해야 할 것이냐를 주장한다. 우리는 그런 사상을 소화해 가면서 자기 나름의 믿음을 형성해 간다(정범모, 2014).

2) 정범모의 전인교육론

정범모는 교육 관련 저서를 출간하고 다양한 교육활동을 수행한 대한민국의 대표적인 교육자이면서 교육학자이었다. 그의 전인교육론은 자신의 여러 저서를 통하여 전인, 전인성, 그리고 전인교육 등을 지속적으로 주장한 글에서 찾아볼 수 있다. 그는 1991년에 펴저한 『교육난국의 해부』라는 책에서 미래의 인간과 교육을 논의하면서 교육의 향방의 하나로 생산적인 지력의 교육과 전인교육에 대한 새로운 각성이 필요하다고 주장하였다(정범모, 1991). 그가 전인교육의 필요성을 강력하게 주장하기 전에 학교교육에서 가치교육의 필요성을 역설하면서 가치교육이 역사적으로 전인교육의 논리와 일치한다는 정도의 관심을 표명하고 있었다(정범모, 1972).

1990년대에 들어와서 정범모는 본격적으로 전인, 전인성, 그리고 전인교육을 보다 체계적으로 논의하기 시작하였다. 먼저 전인의 전제를 밝히고 전인에 대한 개념을 규정하고 있다. 전인교육에 대한 새로운 각성이 필요하다는 주장에 이어서 정범모(1993)는 입시와 입시개혁을 위한 구상에서 전인의 전제를 세 가지로 요약하고 있다. 첫째, 인간은 본래 전인적인 존재이고 인간문화도 그런 총체적인 현상이기 때문에 교육 또한 총체적인 전인교육을 이상으로 한다. 둘째, 입시라는 경쟁의 상황은 이를 완전히 불식할 수는 없다. 자유 민주국가에서는 경쟁은 피할 수 없는 상황이며, 협동으로 조화되기는 해야 하지만, 많은 경우 바람직한 상황일 수도 있다. 셋째, 현황의 입시와 입시 준비 교육이 비전인적이어서 인간파손, 교육파괴, 미래파탄을 초래하고 있다. 따라서 그 교육개혁의 근본적인 방향은, 전인의 교육, 전인으로서의 경쟁을 지향하는 데 있다. 특히 정범모는 전인의 개념을 체계적으로 규정하고 있다. 그는 인간을 지, 정, 의, 나아가 체까지 포함하는 전인적 존재로 보고(정범모, 1993), 전인을 사람들의 자연적이고 자발적인 욕구이며, 또 한편 인격적 평가와 인간적 대우의 기준으로 보고 있다(정범모, 1997). 이어서 그는 미래의 인간을 더 인간적인 인간으로서 전인으로 규정하면서, 교육에서 전인이란 진, 선, 미라고 구상하건, 지, 덕, 체라고 구상하건, 지(知)만 아니라 정(情)과 의(意)도 포함하는 여러 특성들의 어떤 전체론적 조화를 이룬 인간을 의미한다고 주장한다(정범모, 2000). 또한 정범모(2007)는 그의 자서전에서 자신의 인간관과 교육관에서 전인, 전인교육이 꽤 무거운 비중을 차지하고 있음을 밝히고 있다. 그는 전인을 지, 정, 의, 체를 고루 갖춘 사람으로 규정하고 있다. 무엇보다도 정범모(2011)는 전인을 내일의 한국인으로 길러야 할 8가지 인간상 가운데 가장 기본적인 개념으로 간주할 정도로 전인의 가치를 높이 평가하고 있다. 이어서 그는 내일의 한국인은 기본적인 지, 정, 의, 체를 고루 그리고 높게 갖춘 전인이기를 기대하면서, 우리 옛 선비의 자태에서 지, 정, 의, 체를 고루 갖춘 전인의 모습을 볼 수 있다고 언급하고 있다. 즉 문(文)과 학식에만 능한 것이 아니라 사려와 지조가 있고, 자연과 풍월을 즐기며, 충절을 간직하고 무(武)를 닦는 전인적 모습을 본다고 말한다(정범모, 2011). 최근에는 전인을 지, 정, 덕, 체를 고루 갖추고 인문, 사회, 자연, 예체능의 기본 소양을 겸비하는 사람으로 확대 해석하고 있다(정범모, 2014).

다음으로 정범모는 전인의 개념 규정에 이어서 전인성을 깊이 있게 논의하고 있다. 그는 전인성을 여러 교육사상들의 공통분모와 같은 핵심 개념으로 판단하고 있다(정범모, 1993). 그가 말하는 전인성은 여러 인간 특성들을 폭넓게 어우러져 있는 사람이 갖고 있는 인간적인 여러 특성을 의미한다(정범모, 2000). 이러한 전인성은 모든 학생들에게 학교에서 길러야 할 공통된 기본적 특성으로 간주하고 있다(정범모, 2007). 그래서 모든 학생들에게 기본적인 전인성을 함양하는 것을 전인교육의 목적 중의 하나로 삼고 있다(정범모, 2009). 또한 전인성은 인간으로서 그리고 국민으로서 최소한의 기본적인 지적, 정서적, 사회적, 도덕적 그리고 예술적·체능적 특성과 능력을 의미하고, 사람들이 남을 평가하는 기준이자 자기 자신이 그렇게 되고 싶어 하는 기준으로 보고 있다(정범모, 2012). 또한 정범모는 전인성에 대한 이론적 근거를 전인적 정신작용(정범모, 2009)과 전인적 생리구조(정범모, 2011)로 설명하고 있다. 정범모에 의하면 인간의 정신작용은 지 따로, 정 따로, 의 따로 움직이는 것이 아니고 다 같이 작용한다. 인간의 지, 정, 의, 체의 구분은 편의상의 구분에 불과하고 인간의 정신작용은 이들 네 가지 특성이 함께 작용하는 전인적 정신작용이라고 주장하면서 신경생리학자 다마시오(A. Damasio)의 신체표지이론, 골만(D. Goleman)의 정서지능이론, 그리고 공감각(共感覺)이론에서 그 논거를 찾고 있다(정범모, 2009). 그리고 전인적 생리구조에 대한 설명에 의하면, 인간의 전인성은 인간 뇌의 생리적 구조와 작용에 필연적으로 그 바탕을 둔다. 즉 '지'는 대뇌에, '정'과 '의'는 중뇌에, '체'는 소뇌에 직결되어 있기 때문이고, 이들 세 가지 뇌는 오묘한 상호 연계 속에서 작용하기 때문이라고 본다(정범모, 2011).

한편, 정범모는 전인교육에 대한 개념을 비롯하여 전인교육의 필요성과 문제점 등을 집중적으로 논의하고 있다. 먼저 전인교육에 대한 개념을 보면, 정범모(2004)는 한국의 교육이념으로 전인교육과 자유민주 교육을 제창한다. 여기서 전인교육은 인간본연에 즉응(卽應)해야 하는 본래 교육본연의 이념이고, 자유민주 교육은 가장 인간본연에 즉응하는 사회체제인 자유민주주의의 당연한 결론이다. 이러한 이념에 따라 그는 전인교육을 한편으로는 사회문화 활동의 주요 영역 전반을 교육내용으로 다루면서 또 다른 한편으로는 인간의 신체적, 지적, 정서적, 도덕적 발달 전반을 도모하는 교육이라고 정의하고 있다(정범모, 2004). 이어서 정범모(2007)는 전인교육을 지, 정, 의, 체를 고루 갖춘 전인을 길러내려는 교육으로 정의하고 있다. 특히 그는 중고등학교 시절에 해당하는 7년간 다닌 경성사범학교의 교육이 그의 전인교육관의 형성에 결정적인 영향을 미쳤을 뿐만 아니라 전형적인 전인교육의 표본으로 간주한다. 그러나 경성사범학교의 교육은 일제의 황국신민(皇國臣民) 교육정책에 따라 철저하게 시행되어 세뇌당하고 있었던 점도 솔직하게 인정한다(정범모, 2007). 부모의 관점에서 정범모(2009)는 지, 정, 의, 체의 교육을 전인교육으로 간주하고 부모가 아이를 기를 때 가장 정상적이고 자연스러운 교육을 전인교육으로 보고 있다. 부모는 남다른 어떤 특별한 재능도 바라지만, 우선 사람에게 필요한 기본적인 지, 정, 의, 체가 두루 성숙해 가기를 바라는 것이 모든 부모의 자연스러운 바람이다. 좀 더 거시적인 입장에서 정범모(2012)는 지, 정, 의, 체를 어우르고 인문, 사회, 자연, 예능, 체육, 실업에 걸쳐 폭넓게 그 기본적 소양을 갖추게 하는 전인교육이 아무짝에 쓸모없는 팔방미인을 길러내는 교육은 아니라고 주장한다. 오히려 인간으로서 그리고 국민으로서 최소한의 기본적인 지적, 정서적, 사회적, 도덕적, 그리고 예술적·체능적 특성과 능력이 필수 요소임에 틀림없다고 강조한다.

정범모가 처음으로 밝힌 전인교육에 대한 견해는 크게 네 가지로 구분된다(정범모, 1997). 첫째, 교육이 길러야 할 인간적인 특성을 전인적으로 구상해야 한다. 둘째, 교육내용, 즉 학생들의 경험내용에 여러 문화 영역이 고루 다양하게 반영되어야 한다. 셋째, 인간적인 경험은 인간적 존재의 양면성의 경험을 겸비해야 한다. 넷째, 전인은 사람들의 자연적이고 자발적인 욕구이며, 또 한편 인격적 평가와 인간적 대우의 기준이 되어야 한다. 또한 정범모(2009)는 전인교육이 필요한 이유를 인간적 필요, 사회적 필요, 그리고 교육적 필요로 구분하여 설명하고 있다. 이어서 정범모(2012)는 전인교육의 긴요성에 대하여 먼저 전인교육이 제공하는 다양한 경험은 창의력의 배양토를 형성한다는 점을 비롯하여, 전인교육은 사람의 개방적 성격을 기른다는 점, 한국의 독특한 멋이라는 개념이 전인성과 관계가 깊다고 믿는 점, 그리고 전인은 인권과 관계가 깊다는 점 등을 열거하고 있다.

그러나 정범모는 전인교육이 학교현장에서 희석되는 과정과 상실되는 원인을 예리하게 지적한다. 정범모에 의하면 전인교육은 인간과 사회의 본연적인 존재양식에 뿌리를 두고 있다. 그래서 밖으로부터 어떤 지나친 제약조건이 가해지지만 않는다면, 교육은 자연스럽게 전인적으로 그 폭이 넓어지게 되어 있다. 사실 한 나라의 교육에는 선의에서건 이해관계 때문이건 어떤 사회적 제약이 가해지기 마련이다. 그런 제약에 따라 본연의 전인교육이 자칫 심하게 일그러질 수 있다. 그렇게 일그러진 현상이 지금의 한국교육의 모습이다. 특히 그는 한국 교육체제에서 교육이념이나 교육목적 수준에서는 전인교육 이념이 선명하게 진술되어 있다고 판단한다. 교육이 진행되는 과정에서 그러한 전인적 배려가 교육내용, 교육방법, 교육평가, 교육시설의 각 단계를 거치면서 점점 더 심하게 희석되어 간다고 주장한다(정범모, 2004). 정범모는 이러한 전인교육이 희석되는 현상의 주된 원인을 우리나라 대학입시의 지나친 압력에서 찾고 있다. 또한 과거제도에 따른 관존민비 사상과 출세지향의 숭문사상이라는 역사적 원인도 크게 작용하고 있을 것으로 판단한다. 이러한 전통의 영향으로 필답고시를 중시하는 풍조를 문제 삼고 있다. 정범모는 이에 대한 두 가지 해결방안을 제안하고 있다(정범모, 2011). 하나는 각종 사회기관에서 선발, 채용, 승진에서 적용하는 인사평가를 지, 정, 의, 체를 아울러 평가하는 전인평가 방법으로 전환하는 일이다. 다른 하나는 그런 전인평가는 필연적으로 주관적 평가일 수밖에 없기 때문에 그 주관적 평가를 믿는 사회적 신뢰를 구축하는 일이다.

앞에서 논의한 전인, 전인성, 그리고 전인교육에 관한 여러 저술을 통해서 나타난 정범모의 전인교육론은 교육목적, 교육과정, 교육방법, 그리고 교육평가로 구분하여 정리될 수 있다. 첫째는 전인교육의 목적론이다. 정범모는 전인교육 목적을 인간이 지닌 가능성을 현실적으로 실현하는 자아실현에 두고 있다. 교육의 목적은 각 개인이 최대한 넓게, 높게, 깊게 그 가능성을 실현함을 도와주고 거기에 필요한 여러 인간적 특성과 능력들을 기르는 데 있다. 개개인의 자아실현에 궁극적인 교육목적을 두되, 학교가 전인교육을 시행하는 두 가지 목적이 있다. 하나는 모든 학생에게 폭넓은 학습경험을 제공함으로써 건전한 인간생활과 사회생활에 기본적으로 필요한 전인적 바탕을 함양하려는 목적이다. 다른 하나는 그런 폭넓은 학습경험의 프로그램 속에서 학생 개개인이 자기의 취미와 적성에 맞는 일을 발견하고 그것을 더 깊이 탐구할 수 있는 기회를 제공하려는 목적이다. 따라서 전인교육은 인간의 폭과 깊이 또는 높이에 다 같이 관심을 둔다(정범모, 2011).

둘째는 전인교육 과정론이다. 정범모는 전인교육에 관한 교육내용을 학생들의 경험내용에 문화영역이 고루 다양하게 반영되어야 함을 주장한다. 인간이 만들어낸 문화와 그 속의 온갖 활동들은 총체적인 현상일 수밖에 없다. 전인교육에서는 총체적인 문화경험을 학생들에게 제공해야 한다. 또한 인문, 사회, 자연, 예체능의 기본 소양을 폭넓게 길러주는 교과형, 활동형, 그리고 중핵형 교육과정을 종합하는 절충 또는 병합 교육과정이 마련되어야 함을 강조한다. 특히 교과 학습활동뿐만 아니라 과외활동, 학교행사 활동 등을 포함하는 전인적인 교육환경을 중시하고 있다.

셋째는 전인교육 방법론이다. 정범모는 학습의 네 가지 기제를 청취학습, 강화학습, 모방학습, 그리고 자율학습으로 구분하고 있다. 쉽게 풀어보면 듣고 배우고, 해보고 배우고, 남보고 배우고, 혼자 배우고 하는 학습기제를 말한다. 이들 네 가지 학습기제를 다 동원하고 또 그 넷이 다 일치할 경우 학습효과가 극대화될 것으로 본다. 또한 정범모는 교수 또는 가르침의 네 단계를 학습, 시행, 평가, 그리고 교정 단계로 구분하고 있다. 여기서 학습단계는 가르치고 배우는 단계이며, 시행단계는 제대로 배웠는지 아닌지를 해보는 단계이고, 평가단계는 잘 배웠다는 것을 확인하는 단계이며, 교정단계는 학습결손을 바로 잡고 보충해주는 단계를 말한다(정범모, 2009). 전인교육의 방법에서 학습활동의 다양화와 교수방법의 다양화를 강조한다. 그런 다양화가 진행되어야 하는 것을 전제로 하고 교육방법에서 가장 핵심적인 문제는 잘못 배우고 덜 배운 것을 시정하고 교정하는 기회, 즉 학습결손을 보충하는 기회가 반드시 제공되어야 함을 강조한다.

넷째는 전인교육 평가론이다. 정범모는 전인교육 상실의 원인을 대학입시의 압력에서 찾고 있으며, 우리나라의 '필답고시주의'라는 풍조를 가장 큰 문제로 본다(정범모, 2011). 필답고사만으로 인간의 지, 정, 의, 체의 여러 차원의 능력이나 특성을 충분히 타당하게 평가할 수 없다. 그래서 전인교육에서는 필답고사 외에도 여러 기록 분석, 작품 분석, 면접, 행동평가, 실행평가, 기타 각종 심리검사 등 여러 가지 방법을 동원해야 한다. 사람을 제대로 평가하려면 모든 면을 다 살펴보는 전인평가 방법을 채택해야 한다. 그는 미국 하버드 대학교의 신입생 선발 전형기준인, 학업성적, 과외활동 정도, 스포츠 성취도, 그리고 성격(주로 사명감, 책임감, 지도력 등)을 동일한 비중으로 종합적으로 평가해서 선발하는 전인평가 방법을 대표적 사례로 자주 인용한다. 전인평가 방법은 조금은 주관적이고 오차도 있을 수 있으나, 그것이 옳은 방법이라는 점을 사회적으로 합의해야 한다는 점을 여러 차례 강조하고 있다.

3) 교육적 의의와 시사점

정범모는 20세기 후반 한국의 교육과 교육학에서 독보적인 위치를 차지하고 있었던 인물이었다. 어떤 사람들은 그를 일컬어 객관식 시험을 퍼뜨려서 학생들의 작문력을 떨어뜨렸으며, 교육학 연구의 과학적 접근을 주장함으로써 교육학을 편협한 학문으로 격하시켰으며, 제너럴리스에 머물 뿐 스페셜리스트가 되지 못한다고 혹평을 한다. 그 반면, 또 어떤 사람들은 정범모가 교육학을 연구하기 시작한 시대적 맥락을 인식하지 못한 탓이고, 50년 가까이 발전해 온 그의 사상의 흐름을 간과한 것이며, 그의 학문의 발자취 밑바탕에 깔린 인간애를 보지 못한 것이라고 반론을 제기하기도 한다. 그가 교육학을 행동의 변화로 본 것이나, 교육을 미래의 국가발전의 원동력이라고 생각한 것이나, 국가발전의 기본이 되는 힘이 경제력보다 인간에 있다는 주장에서 그의 교육학의 핵심에는 언제나 인간이 자리잡고 있음을 알 수 있다(이성진, 1994).

정범모가 전인교육에 본격적으로 관심을 가지게 된 근거는 1991년에 발간한 『교육난국의 해부』라는 책에서 찾을 수 있다. 그는 그 당시 한국교육의 극심한 지식 위주, 박식주의에서 벗어나기 위해서 생산적인 지력의 교육을 강조하고 지, 정, 의의 전인교육을 실현하는 데 있어서 한국의 교육과정, 교육방법, 그리고 입시를 포함한 교육평가 방법에 근본적인 자체 수술을 가해야 한다고 주장하였다. 그후 10여 편의 저술을 통해서 꾸준히 전인의 전제, 인간의 전인성, 전인성의 정신작용, 전인적 생리구조, 전인적 인간상,전인교육의 필요, 전인관, 전인사상, 전인평가 등과 같은 그의 전인교육론을 체계적으로 논의하였다. 이성진과 김호권(1994)은 정범모 교수의 학문적 발자취를 논평하고 있다.

> 우리들의 젊은 날의 선망의 대상이었던 청년교수 정범모, 어린이와 제자와 이 사회를 사랑했던 휴머니스트, 불의에 굴하지 않고 학문의 한 우물만을 파내려 가신 현대적인 너무나 현대적인 선비로서의 정범모 선생님의 모습이 영원하리라 믿으면서 선생님의 고희를 다시 한번 축하하는 바이다. (중략) 또한 대학행정의 중책을 맡고 있으면서도 미래의 선택(1987), 교육난국의 해부(1991), 교육의 본연을 찾아서(1993) 등의 역작을 발간한 것에 대하여 달인의 경지에 도달하신 정 선생님의 원숙하고 심오한 미래관과 사회관과 교육관을 만나볼 수 있는가 하면, 또 한편으로는 그분의 더욱 예리해지고 더욱 거침없는 비판적 안목을 대할 수 있다.

정범모의 전인교육론이 우리 교육에 주는 시사점은 다음과 같다. 첫째, 한국교육의 방향으로서 전인교육과 민주교육을 제시하고 있다. 전인교육은 전방위의 전면적 국력배양을 위해서 필수적 조건이고, 민주교육은 자유민주주의 신장을 위해서 필연적 조건이기 때문이다. 둘째, 전인적 교육과정은 정식 교과

학습 활동을 규정한 교과과정만 아니라 과외활동과 잠재적 교육과정을 포함한다. 사람에게는 지, 정, 의, 체에 걸친 다양한 인간활동이 필요하고, 정치, 경제, 사회, 학문, 기술, 예술, 도덕에 걸친 다양한 사회문화 활동이 필요하다는 직관적 인식이 있다. 셋째, 사회 전반의 주요 기관에서 전인평가로 그 인사를 선발, 등용하는 것이 관례가 되어야 한다. 또한 전인평가는 주관적 평가일 수밖에 없기 때문에 그 주관적 평가를 믿는 사회적 신뢰가 구축되어야 한다. 넷째, 정부, 교육자, 그리고 학부모에게 한국교육 소생의 길을 제안하고 있다. 정부, 교육부, 교육청은 학교와 교사에게 교육의 자율권을 대폭 이양할 것을 간청한다. 교사는 장인적 사명감, 식견, 윤리로 교직을 수행하는 결의가 새로워지길 호소한다. 마지막으로 아이들을 가진 학부모에게 아이들이 정말 행복할 수 있는 삶의 보람이 무엇인지와 전인교육의 뜻을 같이 나누어 가질 수 있기를 바라고 간청한다.

PART

02

전인교육의 실천 과정

CHAPTER 04

전인교육의 실천 원리

교육의 실제에서 설정한 목표를 효율적으로 달성하기 위해 제시되는 실천 원리는 시대와 장소에 따라 다소 다르고, 추구하는 교육이념에 따라 다양하게 논의될 수 있다. 이 장에서는 전인교육을 실천할 경우에 교육활동이 진행되는 과정에서 적용되고 있는 기본원리를 살펴보고자 한다. 먼저 전인교육의 선구자로 인정되고 있는 페스탈로치의 전인교육의 원리를 실천방법별 6대 원리로 규정하고 이를 간단히 요약하여 제시한다.

다음으로 김정환(1997)이 인간성을 회복하는 관점에서 전인교육의 원리를 전인교육의 유형별 7대 원리로 규정하고 이를 설명한다. 마지막으로 전인교육의 원리를 개방형 자율학교를 운영하는 기준점으로 활용할 것을 제안하고 있는 오영재 외(2006)의 전인교육의 특성별 5대 원리를 소개하고자 한다.

1. 전인교육의 방법별 5대 원리

일반적으로 인류의 대표적 스승은 소크라테스, 페스탈로치, 그리고 설리반 여사일 것이다. 전인교육이라는 관점에서 본다면, 단연 페스탈로치를 으뜸으로 꼽을 수 있다. 페스탈로치는 상류층 자녀 중심의 교육에서 민중들의 자녀 중심의 교육으로, 교과서 외우기 중심의 교육에서 어린이의 생활과 경험을 중시하는 교육으로, 그리고 학교교육 중심의 교육에서 어머니에 의한 가정교육, 더 나아가 사회의 모든 구성원을 대상으로 하는 사회교육까지 포함하는 국민교육으로 교육의 방향을 크게 바꾸었다고 평가할 수 있다(김정환, 1997).

페스탈로치가 남긴 전집 29권과 그가 당대 정치가, 학부모, 제자들에게 쓴 6,252통의 편지를 담은 서한 선집 13권 총 42권 가운데, 3대 저작으로는 인간이 무엇인가를 탐구하면서 참교육을 모색한 『탐구』, 민중을 주요 대상으로 하는 교육의 이론과 실천의 전략을 담은 『게르트루트의 자녀 교육론』, 그리고 정치와 교육과의 바람직한 관계의 정립을 모색한 『호소』이다. 3대 저작 가운데 전인교육의 기본원리가 들어 있는 것은 바로 『게르트루트의 자녀 교육론』이다.

김정환(1997)은 이 책에서 전인교육의 기본원리로 ① 자연교육의 원리, ② 수, 형, 어 교수론의 원리, ③ 직관력 도야의 원리, ④ 체험에 기초한 도덕 · 종교의 원리, 그리고 ⑤ 교육의 인간화 원리 등을 열거하고 있다. 독일의 교육학자인 나토로프는 페스탈로치가 일생 동안 실천을 통해 확립한 교육원리를 ① 자발성의 원리, ② 조화의 원리, ③ 방법의 원리, ④ 직관의 원리, 그리고 ⑤ 생활의 원리 등으로 분석한 바 있다(김태오, 2015).

또한 박의수 외(2017)는 페스탈로치의 『은자의 황혼』에서 합자연 교육의 방법적 원리로 ① 가정교육의 원리, ② 인간교육의 원리, ③ 자기계발의 원리, ④ 도덕교육 중시의 원리, ⑤ 직관의 원리, 그리고 ⑥ 기초도야의 원리 등을 제시하고 있다. 여기에서는 박의수 외(2017)의 6가지 기본원리를 좀 더 구체적으로 살펴보고자 한다.

1) 가정교육의 원리

인간형성의 핵은 믿음과 사랑을 바탕으로 한 가정에서 이루어진다. 인간에게 있어서 가정적 관계는 가장 우선적이고 뛰어난 자연적 관계이다. 그러므로 인간교육은 생활의 근거지이자 사랑이 충만한 가정에서 출발되어야 한다. 가정에서 우리는 기본적인 언어와 행동양식과 가치규범을 배우며, 가족 공동체 생활을 통해서 이웃에 대한 사랑과 신에 대한 사랑을 배운다. 타락한 물질문명에 대한 저항의 거점을 자연교육의 전형인 가정교육에서 찾을 수 있다. 왜냐하면 사랑, 믿음, 감사, 순종이 자연스럽게 싹트며 길러지는 가정이 인간형성의 요람이요 기초형성의 모태이기 때문이다.

2) 인간교육의 원리

직업교육이 우선이어야 하는가, 인간교육이 우선이어야 하는가 하는 문제는 페스탈로치의 커다란 고민이었다. 그러나 그의 결론은 인간교육이 직업교육에 앞서야 하며, 직업교육은 인간교육에 종속되어야 한다는 것이다. 인간교육이란 인간이 선천적으로 지니고 있는 지 · 덕 · 체의 세 힘을 조화롭게 발전시키는 일이다. 그러나 그 중에서도 도덕교육이 모든 교육의 초석이다. 따라서 학교는 읽기 · 쓰기 · 셈하기 등의 기능적 교육을 하는 곳이 아니라 먼저 인간됨을 배우는 인간학교이어야 한다는 것이다.

3) 자기계발의 원리

교육이란 가치, 규범, 행동양식, 지식, 기능 등을 밖에서 안으로 주입하는 것이 아니라 안에 지니고 있는 내면적 힘을 스스로 계발, 발전시켜 스스로 이러한 것을 찾으며 익히게 하는 것이다. 자기계발이 가장 자연스럽게 이루어지는 곳이 생활의 마당이다. 이를 페스탈로치는 "생활이 도야한다."는 표어로 제시하였다.

4) 도덕교육 중시의 원리

페스탈로치는 지 · 덕 · 체의 조화로운 교육을 인간교육의 기본으로 생각하였으나, 이 중에서도 도덕성을 함양하는 것이 인간교육의 가장 핵심이라고 보았다. 특히 그는 머리, 가슴, 손으로 특징되는 지능력(知能力), 심정력(心情力), 기능력(技能力) 중에서 가슴에 해당하는 심정력을 가장 중시하였다. 심정력이란 바로 도덕적 품성, 정서적 감정, 용기 등을 길러주는 힘을 말한다.

5) 직관의 원리

페스탈로치는 직관을 외적 직관과 내적 직관으로 구별하고 있다. 외적 직관은 우리들의 감각기관을 통해 외계의 인상을 받아들이는 것이고, 내적 직관은 자신의 마음의 눈으로 세계의 본질을 체험하는 것을 말한다. 예컨대, 식탁에서의 경건한 기도, 자녀를 위한 부모의 사랑과 배려를 생활 속에서 접함으로써 아이들은 기독교에서 가장 소중하게 여기는 덕목인 사랑, 순종, 감사의 개념을 알게 되고(외적 직관), 그 사랑, 순종, 감사의 마음의 원천인 보이지 않는 신의 존재를 마음의 눈으로 느낌으로써(내적 직관) 신앙을 인격적 · 의지적 결단으로 굳히게 된다.

6) 기초 도야의 원리

기초 과목은 가정교육의 단계에서부터 철저하게 다져야 한다는 조기교육을 말한다. 페스탈로치는 이런 기초 과목으로 세 가지를 드는데 그 첫째는 논리적 사고력을 훈련시키는 산수(數), 둘째는 공간적 감각을 도야시키는 도형기하학(形), 셋째는 모든 문화의 터전이며 한 민족의 전통과 사상이 압축되어 담겨져 있는 국어(語)이다. 이 세 과목의 공통적인 교수 원리로는 ① 가장 단순한 것부터 시작하는 것, ② 주요 개념을 철저하게 익히는 것, ③ 개념들 사이의 연관성 학습을 철저히 하는 것, ④ 심리학적인 순차성과 계열성을 존중하는 것, ⑤ 직관력을 키우는 데에 궁극적인 목표를 두는 것 등이다.

2. 전인교육의 유형별 7대 원리

대표적인 교육사상가들은 당면한 교육문제 가운데 인간성의 마모, 고갈, 상실 현상을 가장 심각한 문제로 인식하고 있다. 이러한 인간성 상실의 위기를 극복하기 위한 대책으로 대부분의 교육사상가들은 교육을 통해 인간성을 다시 회복하는 처방을 강조하고 있다. 김정환(1997)은 프랑크푸르트 학파의 대표자 가운데 한 사람인 사회심리학자 에리히 프롬의 처방을 설명하고 있다. 프롬은 인간 소외에 대하여 인간이 자신을 이방인으로 느끼는 경험의 양태라고 규정한다. 소외는 인간이 자신을 낯설게 느끼는 현상이며, 자신, 이웃, 소유, 노동, 생산, 종교, 세계 등과 올바른 관계를 맺지 못하고 있는 현상으로 간주한다. 그래서 인간은 '자기 감각'을 상실하여 자신을 '자기' 경험의, '자기' 사상의, '자기' 감정의, '자기' 결정의, '자기' 판단의, '자기' 행위의 주체로 느끼지 못하게 된다. 또한 프롬은 이 시대의 가장 큰 과제들에 대하여 물질적 소유보다 정신적 자아를 회복하는 일, 인간이 무력감과 고독감을 느끼고 자꾸만 이 세계로부터 도피하려드는 '자유로부터의 도피 현상'을 극복하는 일, 그리고 진정한 자아를 회복하는 일 등을 규정하고 있다.

김정환(1997)은 프롬이 제시하고 있는 과제들 가운데 진정한 자아를 회복하는 일에서부터 전인교육의 원리를 찾으려고 시도하고 있다. 프롬의 저서 가운데 하나인 『인간의 자기 회복』(Man for Himself, 1949)에서 인간 소외 현상을 개성의 상실, 인격의 수단화, 자신의 상품화, 자기 소외, 물질 만능주의, 무기력, 꿈의 상실, 양심 버리기, 인격적 결단의 유보, 그리고 주어진 상황에서의 순응 현상 등으로 분석하고 있다.

김정환(1997)은 바로 인간소외 현상을 극복하고 인간이 제 모습을 다시 찾게 돌보아 주는 교육을 전인교육이라고 규정하고 있다. 그는 인간성을 회복하는 관점에서 전인교육 7대 원리로서 노작교육, 생활교육, 독서교육, 인간화교육, 대화교육, 각성교육, 그리고 의식화교육을 제시하고 있다. 여기에서는 전인교육의 유형별 7대 원리라고 규정하고 이를 살펴보고자 한다(김정환, 1997).

1) 노작교육의 원리

독일의 케르센슈타이너(Georg Kerschensteiner, 1854~1932)가 노작교육의 주창자이다. 원래 페스탈로치가 빈민층 자녀들을 대상으로 창안한 "일하면서 배우고 배우면서 일한다"(arbeitend lernen und lernend arbeiten)는 학습 원리를 케르센슈타이너가 교육의 일반적 원리, 특히 전인교육에서 가장 귀중한 원리 가운데 하나로 발전시킨 것이다.

이 노작교육의 원리는 정신적 활동과 육체적 활동의 조화로운 통일을 통해, 지적 교과 내용에는 경험적인 뒷받침을 안겨주고, 거꾸로 실기 교과에는 이론적인 뒷받침을 안겨 줌으로써, 학습 내용의 이해가 자신의 체험으로 와 닿게 하자는 것이다.

노작교육에서 노리는 가장 귀한 것을 구체적으로 살펴보자. 첫째는 '도덕교육'이다. 노작이라는 수공적·단체적 작업으로 근면, 인내, 주의, 자제, 희생, 봉사, 근로애 등과 같은 덕성을 체험한다. 둘째는 '문화교육'이다. 문화를 구성하고 있는 가장 귀한 것을 동시에 체험시킨다. 그래서 인격 도야, 시민 도야, 직업 도야가 하나 되게 이끈다. 셋째는 '전인교육'이다. 특히 현대 교육에서는 사고, 감정, 행위, 페스탈로치의 표현으로는 머리, 가슴, 손이 따로 놀기 쉽다. 이 셋을 조화롭게 키워 교육이 인간 능력의 조화로운 계발에 특히 힘써야 함을 이름이다.

2) 생활교육의 원리

생활교육의 주창자는 미국의 듀이(John Dewey, 1859~1952)다. 교육은 어린이 각자의 삶을 위한 것(education for life)이지 결코 국가나 사회를 위한 것일 수 없다는 원리이다. 한 마디로 생활교육이라 하지만 그 속에는 여러 가지 뜻이 담겨 있다. 첫째는 현재의 삶 자체를 귀하게 여기는 '경험 교육'이다. 어린이가 각자의 생활 소재로 배우고, 그 속에서 날마다 새로운 경험을 하고, 그래서 삶이 매일 새로워지는 교육이다. 다시 말하면, 경험을 새로이 하는 삶의 과정 자체가 교육이다. 이것 이외의 미리 정해진 교육 목적 따위는 있을 수 없다.

둘째는 '흥미교육'이다. 어린이 각자 흥미와 욕구가 다 다르다. 각자가 자기 적성과 처지에 알맞은 교육으로 학습을 즐겁고 뜻있게, "나는 지금 내 문제를 나를 위해 하고 있다"고 하는 학습의 주체가 되어야 한다. 이런 뜻에서는 이 생활교육의 원리를 각자의 활동을 중시하는 활동 교수법과, 각자가 자기 문제를 해결하는 방법을 찾아내는 문제해결 학습방법의 두 가지로 크게 요약할 수도 있다.

셋째는 사회성 함양의 '도덕교육'이다. 이것이 그의 대표작인 『민주주의와 교육』의 최종 결론이었다. 학교 생활 자체가 사회와 이어지고 모둠 학습 등을 살려 학습 과정이 협동 정신 육성과 이어지고 모든 교과가 넓은 의미로는 도덕교육과 이어져야 한다는 것이다.

3) 독서교육의 원리

독서교육의 주창자는 미국의 헛친스(Robert Hutchins, 1899~1977)다. 독서는 옛날부터 교육에서도 아주 중시한 것 가운데 하나인데, 현대에 와서 실용 교육에 비해 교양 교육이 소홀히 다루어지면서 이것이 현저하게 뒤로 처졌다. 그래서 특히 고전 작품 – 즉 그가 말한 '위대한 책'(great books) – 을 100권 추려서, 읽기 9개년 계획을 세워 이것을 철저하게 읽고 토론하고 비판하면서 교양을 넓힘과 아울러 인류의 문화와 미래에 대한 전망을 갖게 하자는 인문 교육을 이름이다. 이것은 같은 미국에서의 듀이의 아동 중심적 생활교육의 반발로 제창되었음을 우리는 주목해야 한다.

독서교육이 특히 노리는 것이 무엇인가. 첫째는 '교양교육'의 중시다. 그는 현대교육의 세속주의, 과학주의, 회의주의, 물질주의를 비판하고 진정한 교육은 전문적 직업인이나 기능인을 양성하는 데 있지 않고 넓은 교양을 갖춘, 그러므로 역설적으로는 경제적 측면에서는 비실용적 인간을 기르는 일이라 했다. 둘째는 '인문교육'이다. '위대한 책'들은 거의 역사, 철학, 문학, 예술, 고전어 교육과 이어진다. 셋째는 '인격교육'이다. 독서를 통해 시대의 과제와 씨름하고 위대한 인격들과 '위대한 대화

(great conversation)'를 나누어, 인생, 자연, 우주, 역사, 종교의 근본 문제를 생각하며 참다운 삶에 대한 자세를 가다듬는다.

4) 인간화 교육의 원리

인간화 교육의 주창자는 프랑스의 마리탱(Jacques Maritain, 1882~1973)이다. 교육의 목적은 인격의 존엄성을 일깨워 주는 데 있고, 모든 교과 과정은 이 인격을 고루 키워주는 것이 되어야 하며, 그래서 진정한 교육은 진인적 휴머니즘을 위한 전인적 인격주의 '교육(integral education for integral humanism)', 줄여서 '전인을 위한 전인교육'이라는 것이다.

이 논리의 핵심은 이렇다. 첫째는 가치 감각 도야다. 진·선·미 등의 가치에 대한 감각을 키워 내서 이 현대의 비인간화 현상을 극복하자 한다. 둘째는 교양교육 중시다. 이것은 위의 헛친스의 논리와 같이 때문에 다시 부연할 필요가 없다. 비실용적 교양으로 인격을 도야하자는 주장을 하는 교육 철학파를 우리는 '영원주의'라 하는데, 이 마리탱과 허친스가 그 대표적 제창자다. 영원주의의 '영원'이란 표현은, 교육의 목적은 예나 지금이나 영원히 변하지 않은 인격 도야 단 하나라는 뜻이다. 셋째는 진리 감각 도야다. 이 말은 가톨릭 교육 철학을 대표하는 그의 사상 체계에서는 종교 감각 도야라고 바꾸어도 좋다. 성경에 "진리가 너희를 자유롭게 할 것이다"(요한복음 8장 33절)라든가 "진리를 거슬러서는 아무것도 할 수 없고…"(고린도

후서 13장 8절)라는 말씀이 있다. 진 · 선 · 미 같은 가치도 우리 말로는 '거룩함'이라 하는 성(聖)의 경지에 이르거나 그 뒷받침이 있어야 진정하게 그 힘을 나타낸다.

5) 대화교육의 원리

대화교육의 주창자는 이스라엘의 부버(Martin Buber, 1878~1965)다. '나와 너'라는 인격적 두 주체가 서로 만나 대화를 통해서 서로를 이해하고 서로 성장하고 그래서 드디어는 하나의 진리에 포근하게 안기게 되는 과정, 바로 이것이 진정한 교육이라는 생각이다.

여기에서 '만남(encounter)'과 '대화(dialogue)'는 동의어다. 교육은 이렇게 올바른 관계의 정립에서부터 시작되어야 함을 이름이다. 이 같은 부버의 철학에 근거한 교육 사상에서 강조되는 것은 무엇인가. 첫째는 인격적 관계의 정립이다. 이 세상의 모든 관계는 '나-너'라는 인격적 관계와 '나-그것'이라는 물질적 관계 둘밖에 없다. '나-너'는 서로 온 존재로 대함을, '나-그것'은 서로 부분만으로 대함을 이름이다. 이 중에서 교육적 관계는 서로 목적이 되고, 서로 변하고, 서로 돕고, 서로 사랑하는 인격적 관계가 생명이다. 둘째는 대화를 통한 창조성 계발이다. 대화에 세 가지 형식이 있다. 상대방을 객관적으로 인정해 주는 승인 형식, 상대방 속에 서로를 찾는 협동 형식, 그러나 가장 귀한 것은 상대방의 입장에서 생각해 주는 우정 형식이다. 셋째는 전인(the person as a whole)교육이다. 교사가 먼저 자신의 삶과 운명을 학생에게 드러내, 학생의 삶과 교사의 삶이 하나의 운명적인 공동체적 삶에 속하는 것임을 밝혀야 한다.

6) 각성교육의 원리

각성교육의 주창자는 독일의 슈프랑어(Eduard Spranger, 1882~1963)다. 교육은 성장을 도와주는 성장 조성, 전통과 문화를 계승·발전시키는 문화 번식, 그리고 인간 각자의 내면세계를 일깨워 주는 각성의 세 가지 단층으로 이루어지는데, 키움, 이어감, 깨어남 중에서 가장 중요한 것이 깨어남을 도와주는 각성 작용(Erweckung, awake)이라 한다.

이 각성적 교육관에서 가장 중시되는 것은 무엇인가. 첫째는 내면적 세계 각성이다. 교육에 향토 교육의 원리, 노작교육의 원리, 협동 사회적 원리 그리고 내면적 세계 각성의 원리가 있다. 이 가운데에서 가장 귀중한 것이 삶의 의미를 음미하고 더 높은 가치를 지향하며 삶의 엄숙함에 조용히 외경하는 정신적, 종교적, 양심적 각성을 통틀어 말하는 내면적 세계 각성의 원리다. 둘째는 인격적 자아 각성이다. 자아의식, 자아 존중, 자아비판, 책임 의식, 사랑 등의 감각을 부추겨 한 사람 한 사람의 인격을 일깨워 주는 교육이다. 셋째는 문화적 책임 각성이다. 양심에서 우러나와 문화에 대한 책임을 느끼는 정신적 엘

리트 감각, 다면적 능력, 윤리적인 삶을 배양하는 인격적 결단, 그리고 자신의 삶과 공동체의 이상을 분리될 수 없는 하나의 삶으로 자리매김하는 종교적 감각으로 이 문화적 책임은 수행된다.

7) 의식화 교육의 원리

의식화 교육의 주창자는 브라질의 프레이리(Paulo Freire, 1921~1987)다. 주인 의식으로 눈 뜬 민중이 오욕의 역사를 청산하고 자신의 피억압 상황으로 전락시킨 정치와 문화의 틀을 점검하고, 이를 개혁함으로써 그 틀에서의 해방을 이룩하고자 하고, 민중과 그 자녀의 의식을 고양시켜 주는 비판적 교육(education for critical consciousness)이다. 몇백 년 동안 유럽의 정치, 문화, 경제적 지배 아래 있던 남미의 나라들이 그 피식민의 틀에서 벗어나고자 모색한 해방 신학의 절대적 영향 아래서 역시 남미에서 발전한 교육 이론이다. 우리나라에서는 한때 해방 신학(민중 신학)과 비판 교육(민중 교육)을 싸잡아 용공이단이라고 매도하고 그 문헌들을 출판, 판매 금지한 어리석음을 범한 적도 있었다.

의식화 교육에서 중시하는 것은 무엇인가. 첫째는 소위 '제도권 교육' 비판이다. 공교육이라는 미명으로 민중을 지배의 수단으로 무력화시키고 지배자에 순종하게 길들인다는 것이다. 둘째는 민중의 삶과 이어지지 않는 단편적 지식을 머릿속에 주입하기에 급급한 '은행식' 교육 방식 극복이다. 셋째는 상황 중심 교과 과정 운영이다. 민중의 삶을 망가뜨리고 있는 여러 국면의 상황을 학습에, 토론에, 답사에 반영하여 그 상황을 극복하게 짜 나간다는 것이다.

3. 전인교육의 특성별 5대 원리

인간의 다양한 측면들이 조화롭게 발달한 전인을 양성하는 전인교육을 실현하기 위한 방향으로는 통합교육, 조화교육, 관계성교육, 체험교육, 그리고 인간성교육 등이 제기된다. 통합교육을 통한 전인교육은 인간의 다양한 측면의 통합, 교과 간의 통합, 그리고 지식과 실제와의 통합 등으로 실시될 수 있다. 조화교육을 통한 전인교육은 지 · 정 · 의 또는 지 · 덕 · 체의 조화, 개별학습과 집단학습의 조화, 분석적 사고와 직관적 사고의 조화, 내용과 과정의 조화, 그리고 학문과 삶의 조화 등으로 실행될 수 있다. 관계성 교육을 통한 전인교육은 자아와 자아, 타자, 자연, 지역사회, 세계 및 우주와의 관계를 고려하는 교육 등으로 실천될 수 있다. 체험교육을 통한 전인교육은 진리 체험, 덕 체험, 노동 체험, 직업 체험, 세계 체험 등으로 전개될 수 있다. 마지막으로 인간성 교육을 통한 전인교육은 인간존중, 개개인의 차이와 다름의 수용, 교사의 모범, 교사와 학생의 인간적인 관계 등으로 진행될 수 있다.

이와 같은 전인교육의 실천 방향에서 통합성, 균형성, 관계성, 체험성, 그리고 인간성 등과 같은 전인교육의 원리를 개방형 자율학교를 운영하는 기준점으로 활용할 것을 제안하고 있다(오영재 외, 2006). 여기에서는 오영재 외(2006)의 전인교육의 원리를 전인교육의 특성별 5대 원리로 규정하고 간단히 살펴보고자 한다.

1) 통합성(전체성, wholeness, intergration)의 원리

학생을 전인으로 길러주기 위해서 전인교육은 통합적이어야 한다. 통합적이라는 것은 각각의 요소들이 서로 분리되고 파편화되어 있는 것이 아니라 서로 유기적으로 연계되어 있으며, 전체적으로 파악할 때, 올바로 인식될 수 있다는 것이다. 이러한 통합성의 원리에 따라 전인교육은 다음과 같은 방식으로 이루어진다. 첫째, 전인교육은 인간의 모든 측면들, 즉 지성, 정서, 신체, 행동, 창의성, 심미성 등을 서로 일관적인 방식 하에서 통합한다. 인간을 통합적이고 전체적인 존재로 보고 그러한 교육방식을 추구한다.

둘째, 전인교육은 서로 다른 교과들을 통합한다. 교과와 교과 간의 명확한 구획을 짓는 것이 아니라, 모든 교과에 걸쳐 통합이 이루어진다는 것이다. 이것은 유사한 교과간의 통합이라는 관점을 넘어서는 것이다. 역사와 지리, 수학과 물리, 미술과 음악 등을 통합하는 수준을 넘어선다는 것이다.

셋째, 전인교육은 교과를 삶의 상황이나 환경과 통합한다. 우리가 배우는 교과를 우리의 삶과 연계 지을 수 있어야 한다는 것이다(Nasr, 1994: 33-34). 모든 교과가 죽은 지식, 실생활과 관련성이 없는 단편적인 지식을 담은 교과로 남아있는 것이 아니라 우리의 실생활과 관련된 살아있는 교과가 되어야 한다. 우리가 학교에서 배우는 내용들은 무의미한 것이 아니라 우리의 삶에 영향을 미치는 살아있는 교육이 되어야 한다는 것이다. 현재 우리 교육의 문제점은 학교에서 배우는 것이 시험을 볼 때 이외에는 우리의 실생활에 의미를 주지 못하고 있고, 우리의 삶과 연관성이 적다는 데 있다. 하지만 전인교육은 학교에서 배운 지식이 실생활에 적용해 볼 수 있게 되고, 우리가 배우는 것이 시험을 볼 때 이외에는 우리의 실생활에 의미를 주지 못하고 있고, 우리의 삶과 연관성이 적다는 데 있다. 하지만 전인교육은 학교에서 배운 지식이 실생활에 적용해 볼 수 있게 되고, 우리가 배우는 것이 우리의 삶에 영향을 미친다.

2) 균형성(balance)의 원리

전인교육은 균형과 조화를 추구한다. 전인교육은 인지적, 정의적, 행동적 측면 등 인간의 어느 한 측면만이 아니라 모든 측면들을 균형 있게 발달시키는 데 관심이 있다. 이러한 다양한 측면들을 균형 있고 조화롭게 발달시키기 위해서, 어느 교과를 가르치든지 간에, 그 모든 측면을 발달시킬 수 있는 방식이 고려되어야 한다. 또한 전인교육에서 균형을 이루어야 하는 것으로서, 개별학습과 집단학습, 분석적 사고와 직관적 사고, 내용과 과정, 그리고 학습과 평가 사이에서 균형을 찾아야 한다.

전인교육은 개인 간의 경쟁을 주로 중시하였던 것을 비판하면서, 집단에서의 협력의 방법을 강조한다. 내용과 과정의 균형은 지금까지의 교육과정이 내용을 암기하는 데 중심을 두었지만, 급속히 변화하는 세계에서는 학습하는 방법을 학습하는 것이 특정한 정보를 학습하는 것만큼 중요하다는 것이다.

또한 전인교육은 이성적이고 논리적인 사고만이 아니라 직관적인 사고도 중요한 것으로 인식하며, 이 양자가 결합되면 학생의 사고력이 온전하게 된다고 본다(Miller, 1999: 46-47; Miller, 2000: 30-33). 이와 같은 입장에서 브루너도 논리과학적인 사고양식 이외에 서사적인 사고양식의 필요성을 제기한다. 그는 논리과학적인 사고양식은 엄격한 분석과 논리적인 증거, 건전한 논증을 이끄는데 반해서, 서사적인 사고양식은 좋은 이야기, 마음을 사로잡는 드라마, 반드시 진리인 것은 아니지만 믿을 수 있는 역사적인 설명들을 이끈다고 지적한다(Bruner, 1986: 13). 우리는 서사적인 사고양식에 의해서 인간의 의도와 믿음, 가치를 이해할 수 있게 되고, 상황과 맥락 속에서 타인을 이해할 수 있게 되는 것이다.

또한 지식과 상상력사이의 균형을 찾아야 한다. 전인교육은 지식을 구성적이고 불확실한 것으로 보며, 지식의 의미를 만들고 해석할 수 있는 것으로 본다. 이러한 과정에는 상상력이 요구되는 것이다. 그리하여 지식과 상상력을 결합함으로써 우리는 지식에 활기를 불어넣게 된다.

또한 학습과 평가의 균형이 요구되는데, 우리는 학습과정 자체보다는 아이들이 배운 것을 평가하는 데 더 관심을 보였었다. 교육과정이 시험위주로 이루어질 때, 학습은 기계적이 되고 아이들은 그 배움을 자기 것으로 내면화하지 못하게 될 것이다. (Miller, 1999: 46-47; Miller, 2000: 30-33).

그 외에도 개방형 자율학교에서는 학문과 직업 사이에 균형을 찾고자 한다. 달리 말해서 학생들이 학교에서 배우는 내용은 단지 지식 그 자체를 위한 지식으로 남아있지 않다는 것이다. 학생들이 배우는 지식은 학생들의 진로, 생활, 삶과 연계된다. 그리하여 개방형 자율학교에서 학생들은 일과 직업에 대한 올바른 지식, 가치관, 태도를 형성할 기회를 갖게 되어야 한다는 것이다.

이와 같이 전인교육은 균형을 추구하며 우리가 지금까지 소홀히 다루었던 것들, 직관, 협력, 상상력, 감정, 삶 등에 대해서 관심을 갖도록 한다. 그런데 우리는 균형을 찾는다는 것이 모든 면에 완벽한 인간을 양성하는 것으로 생각할 필요는 없다. 우리가 추구해야 하는 전인은 어떤 특정한 측면만이 아니라 모든 측면들이 조화롭게 발달한 인간이며, 이 인간은 어떤 객관적인 기준을 달성해야 하는 완벽한 인간이 아니다. 학생들은 교육을 통해서 인간의 여러 측면들을 발달시킬 권리를 갖고 있다. 인간능력과 잠재력은 우리가 교육을 하는 데 있어 하나의 형식이다. 이러한 형식의 내용은 각각의 개인에 따라서 달라질 수 있다. 모든 사람이 잠재적인 능력이 있는 것은 사실이나, 모든 사람의 잠재적인 능력이 동일한 것은 아니다(고미숙, 2005: 34). 우리가 인간의 다양한 측면들을 발달시키기 위해서, 동일한 객관적인 기준을 설정하고 모든 사람을 그 기준에 맞추려고 할 때, 오히려 그 교육은 인간을 비인간화시키게 될 것이다. 우리가 인간의 모든 측면들을 균형 있고 조화롭게 발달시켜야 하는 것은 본래 그러한 측면들이 상호 관련되어 있기 때문이며, 이를 토대로 교육할 때, 인간에게 풍부한 삶을 제공할 수 있을 것이다.

3) 관계성(relationship)의 원리

관계성(relationship)의 의미는 자아와 자아의 관계, 자아와 타자의 관계, 인간과 자연의 관계, 자아와 공동체 및 세계와의 관계, 자아와 우주의 관계 등을 내포하는 것이다. 인간 각자를 홀로 고립된 존재로 보는 것이 아니라 상호의존적인 존재, 공존하는 존재로 보는 것이다.

관계성의 원리를 따르는 전인교육은 첫째, 자아와 자아의 관계를 통해서 자신을 지속적으로 성찰할 수 있도록 해주어야 한다. 즉, 자기 지식을 갖도록 해줄 수 있는 방식이 요구된다는 것이다. 자신에 대해 왜곡된 앎을 갖고 있으면, 타인과 올바른 관계를 맺을 수 없게 된다. 그렇기 때문에, 자기 자신으로부터 한 발자국 떨어져서 자신을 객관화하고, 자신에 대한 성찰을 통해서 자신의 존재에 대한 깊은 이해에 도달할 수 있어야 한다. 자아와 자아와의 관계를 맺도록 하는 방식은 자기지식과 더불어, 긍정적인 자아상, 자아가치감, 자아존중감을 갖추도록 해야 한다(Aloni, 2002: 156).

둘째, 전인은 자아의 잠재력 발달이 타자와의 관계를 통해서 이루어진다. 그렇기 때문에, 개별적인 학습만을 중시하는 것이 아니라 집단학습, 협동학습과 같은 방식들의 사용을 강조한다. 이러한 방식들의 옹호는 지식이라는 것이 고정되고 객관적인 것이 아니라 대인 간의 관계를 통해서 형성된다는 것을 인정하는 것이다. 벨렌키 외(Belenky et al., 1986: 100~123)는 분리된 앎(separate knowing)과 관계적인 앎(connected knowing)을 구분한다. 그들에 의하면, 이러한 앎은 인식주체와 인식의 대상 사이의 관계의 종류를 언급한다. 분리된 앎이 비인격적인 규칙을 지향하는 반면, 관계적인 앎은 관계를 지향한다. 분리된 앎은 비판적인 사고가 핵심이 되며, 이성에 귀를 기울이는 경향이 있다. 그렇기 때문에 분리된 인식주체는 비인격적이며, 감정과 개인적인 믿음을 배제한다. 이와 반대로 관계적인 앎은 가장 신뢰로운 지식이 개인적인 경험으로부터 온다는 주관주의자의 확신에 기초한다. 관계적인 인식주체는 지식이 경험으로부터 오기 때문에, 타자의 아이디어를 이해하기 위해서 그 아이디어를 이끌었던 경험을 공유하려고 한다. 관계적인 인식주체는 감정이입을 통해 경험적인 기초를 확장하고 대리적인 경험을 습득하며, 자신의 지식을 확장시키게 된다. 그들의 목적은 판단을 하게 하는 것이 아니라 이해하는 것이다(Belenky et al., 1986: 100-123). 전인교육은 관계적인 앎 역시 중요한 앎의 방식으로 인정하고 있기 때문에, 학생들 사이의 관계를 통해 지식을 형성하도록 하는 방식을 고려한다.

셋째, 인간과 자연의 관계는 자연을 인간이 소유하고 이용하기 위한 하나의 대상으로서 간주하는 것이 아니라 인간은 자연과 조화를 이루어야 하는 관계라는 것이다. 그리하여 전인교육은 생태학적인 관점을 지지한다. 전인교육은 자연을 통해서 많은 것을 배우고, 환경교육 역시 강조하게 된다.

넷째, 인간은 지역사회, 세계, 우주와의 관계 역시 고려할 수 있어야 한다. 전인은 세계에서 이루어지는 일들이 자신과 아무런 상관이 없는 것처럼 이해하는 것이 아니라 세계, 우주 속에서의 자신을 이해하고, 이 모든 것들이 서로 얽혀있다는 것을 깨닫는다. 그리하여 전인교육은 타문화에 대한 이해와 참여를 강조한다.

4) 체험성의 원리

학생들은 자신의 몸을 통한 경험에 의해서 진리를 습득하고, 또 교과를 통해 습득된 진리는 자신의 체험이 된다. 체험성의 원리는 우리가 배우는 것들이 단지 이론으로 그치는 것이 아니라 자신의 삶을 성장하도록 하며, 인간의 성장이 또 다시 자신의 이해력에도 영향을 미치게 된다. 체험성의 원리는 이론과 실제의 겸비, 지식의 체득 및 내면화를 제안한다. 전인교육을 위해서 학습자들은 능동적으로 진리를 탐구하는 존재로 인식되고, 학생들이 체험할 수 있도록 교육과정 자료가 제시되어야 한다. 문제해결학습, 탐구학습, 토론식 수업, 현장학습 등과 같은 능동적이고 활동적인 교육방식이 학생들에게 학습내용을 자기의 것으로 체득할 수 있는 기회를 줄 것이다.

또한 체험성의 원리는 노작교육과 연계될 수 있다. 노작교육은 본래 페스탈로치(Pestalozzi)가 빈민 자녀들을 대상으로 창안한 '일하면서 배우고 배우면서 일 한다'는 학습 원리에 근거한 것이다. 노작교육의 원리는 정신적 활동과 육체적 활동의 조화로운 통일을 통해서 학습내용에 대한 이해가 자신의 체험으로 와 닿게 하자는 것이다. 또한 노작교육을 통해 도덕교육이 이루어질 수 있다. 노작이라는 수공적 · 단체적 작업을 통해서 근면, 인내, 봉사 등 같은 덕성을 체험하게 된다는 것이다(김정환, 1997: 106-107). 그리하여 전인교육의 원리로서 체험성은 지식과 실천의 분리, 앎과 행위의 분리, 학습과 노동의 분리가 문제라는 것을 인식하고 이들의 통합에 근거한다.

5) 인간성(인간됨 또는 인간화)의 원리

전인교육은 인간 존중에 기반하여 학생 개개인에게 관심을 기울이고 인간화를 추구한다. 즉, 인간을 수단으로 여기지 않고 하나의 목적으로 여기며, 어떤 외적인 결과보다는 과정을 중시하고, 학생 개개인에게 관심을 기울이고 배려한다는 것이다. 세상에 있는 모든 인간은 독특한 존재이다. 전인교육은 인간 개개인의 독특한 가치를 인정하고 차이와 다름을 수용한다. 즉 전인교육은 모든 학생들을 획일적인 가치하에 놓는 것이 아니라 개개인의 다름을 인정하는 속에서, 그 각각의 사람의 최대한의 잠재력 발달을 도우려고 한다.

전인지향 학교에서는 학생들의 인간성 함양을 위해서 교사의 모범과 인간적인 태도, 교사와 학생의 인격적인 관계를 중시할 뿐만 아니라 이를 위해 생활지도를 매우 중요한 것으로 인식한다. 생활지도는 교육과정과 학교 운영 전반에 걸쳐 이루어지며, 올바른 생활지도는 학생들의 인간적인 성장과 발달만이 아니라 학습과 지성의 성장 역시 자극시킬 수 있다.

CHAPTER 05

전인교육과 교육목적

1. 교육목적의 관련 개념

여러 사회적인 활동과 마찬가지로 교육은 어떤 목적을 가지고 이루어내려고 하는 활동을 말한다. 교육목적을 다루고 있는 물음으로는 왜 교육을 하는가? 무엇을 위해서 교육을 하는가? 무엇을 얻으려고 교육을 하는가? 무엇 때문에 교육을 하는가? 등과 같다. 이러한 물음에 대해서는 여러 수준에서 다양한 답이 나올 수 있다. 예컨대, 홍익인간의 육성, 인격도야, 인성함양, 민주시민 양성, 광합성 원리의 이해, 인수분해 문제 풀이 등과 같다. 이들은 여러 수준을 나타내지만 목적의식을 담고 있는 점에서 공통점을 찾을 수 있다. 교육목적과 관련된 대표적인 용어로는 교육이념, 교육목적, 그리고 교육목표에 대하여 살펴보고자 한다.

1) 교육이념

이념은 모든 인간 활동을 총괄하는 최고의 이상 또는 최고의 선을 뜻한다. 유교의 인(仁), 불교의 자비, 기독교의 사랑도 최고의 선으로서 인간이념이자 사회이념이다. 우리 헌법에 규정한 자유민주와 민주공화가 국가이념이며 정치이념이다. 우리 교육기본법에 규정한 홍익인간, 민주주의, 인류공영 등이 한국교육의 모든 것을 지향하는 교육이념이다. 교육이념은 교육목적을 도출한 원천이 되고 교육성과에 대한 이상적인 관념을 말한다. 쉽게 말하면, 교육이념은 교육이 지향할 바를 의미하고 교육이 나아갈 길을 구성하는 데 필요한 예견적 계획 및 구상에 대한 아주 기본적이고 포괄적이며 보편적인 진술이다. 한편, 교육을 통해 성취하려고 하는 구체적인 지향점과 함께 미래성과 가치성을 보다 강조한 것을 교육이상(理想)이라 하여 교육이념과 교육이상을 개념적으로 구분해서 사용할 때도 있다(변창진 외, 1996).

2) 교육목적

목적은 실현하고자 하는 일이나 나아가는 방향을 나타내는 개념이다. 또한 목적은 가고자 하는 방향을 일반적인 수준에서 제시한다. 그리고 그러한 방향성을 추상적인 수준으로 진술한다. 그래서 목적은 방향성이라는 범주 내에서 어느 정도의 개연성과 융통성을 발휘하고, 미래에 자신이 달성하고 싶은 이상적인 모습인 비전(vision)에 가까운 개념이다.

교육학에서 사용되고 있는 교육목적은 교육을 통해 성취하려고 하는 궁극적인 가치나 지향점을 의미한다. 또한 교육목적은 교육의 사명, 기능, 또는 역할과 같은 의미로 사용된다. 교육의 목적을 인격함양, 문화계승, 사회개조, 국가발전, 민족갱생이라고 할 때에도 그런 일이 교육이 할 수 있는 기능이고 역할이고 사명이라는 뜻이다(정범모, 2009).

교육목적은 교육현장에서 교육을 실천하는 방향을 제시하는 중요한 지표임에 틀림없다. 그러나 교사가 교육목적을 교실에서 구체적으로 실천하기는 어렵다. 교육목적은 일반적이고 너무 추상적으로 진술되어 있기 때문이다. 교사가 직접 인격을 함양하거나, 문화를 계승하거나, 사회를 개조할 수 없다. 그래서 교육목적을 좀 더 구체적 수준으로 진술하는 교육목표가 요구된다.

3) 교육목표

목표는 달성하고자 하는 바를 아주 구체적인 수준에서 설정된다. 목표는 관찰할 수 있고, 측정할 수 있게 구체적으로 진술되어야 한다. 목표는 일단 설정되면 이를 달성하기 위한 합리적인 방법이나 수단을 동원하여 효율적이고 효과적으로 달성해야 한다. 따라서 목표는 달성되어야 하는 구체적인 지향점을 의미한다. 그래서 목표는 그저 하고 싶은 것이 아니라 '해야만 되는 것'이 무엇인가에 더 초점을 맞추어야 한다. 이러한 점에서 목표는 반드시 달성해야 하는 구체적인 추진 과제를 명시적으로 진술해 놓은 미션(mission)에 가까운 개념이다.

교육학에서 사용되는 교육목표는 교사가 학생을 직접 가르쳐서 달성하고자 하는 학생 자신의 어떤 학습성과를 말한다(정범모, 2009). 여기서 학습성과는 어떤 행동의 변화를 뜻한다. 따라서 교육목표는 교사가 기르고자 하는 변화를 이루고자 하는 행동특성으로 규정되어야 한다. 교육목표에는 학습목표, 수업목표, 평가목표 등이 있다. 예컨대, 학생이 더하기 · 빼기 · 곱하기 · 나누기를 계산하기, 지렛대의 원리를 설명하기, 사회적 문제에 대한 논설문을 쓰기 등이 교육목표의 예시이다. 이러한 구체적인 교육목표 달성의 결과인 학습성과가 쌓이고 쌓이면서, 그것이 인격함양, 문화계승, 사회개조라는 교육의 기능이나 사명으로서의 교육목적에 이어지고, 나아가 홍익인간과 자유민주주의의 창달이라는 교육이념에로 이어지게 한다는 것이다.

2. 교육목적의 기본 조건

교육이념, 교육목적, 교육목표 등이 갖추어야 할 기본조건 가운데 가장 중요한 것은 소망성과 실현성, 추상성과 구체성,

그리고 공시성과 책무성 등으로 열거된다(변창진 외, 1996).

1) 소망성과 실현성

교육목적의 첫 번째 기본 조건은 소망성(desirability)과 실현성(feasibility)이다. 소망성은 교육을 통해 가르치고 배울 필요가 있다고 생각하는 또는 교육을 통해 이룩하기를 바라고 원하는 가치나 이상을 의미한다. 개별 학생들은 자기가 배우기를 바라는 것이 있을 것이고, 부모 입장에서도 자녀에게 가르치고 싶은 지식이나 기술이 있을 것이다. 또한 사회나 국가에서도 미래 사회에 요구되는 인재를 기르기 위해 가르치고자 하는 학습경험이 있을 것이다. 따라서 교육현장에서는 교육이해 당사자들의 소망성이 높은 것을 교육목적이나 교육목표로 설정해야 한다.

우리가 아무리 바람직하고 소망스러운 내용을 교육목표로 설정하더라도, 학생들의 발달수준, 교육기간, 교육시설, 교육방법 등과 같은 요건들이 갖추지 못할 경우에는 그러한 교육목표는 현실적으로 달성하기 어렵다. 실현성은 주어진 교육여건이나 상황에서 교육목표가 교육을 통해 현실적으로 달성가능한 정도를 의미한다. 그래서 실현성은 실현 가능성이라고도 한다.

일반적으로 교육목적이나 교육목표에는 소망성과 실현성이라는 두 가지 요소가 포함되어 있다. 대체로 소망성이 높으면 실현성이 낮고, 이와 반대로 실현성이 높으면 소망성은 낮아진다. 따라서 교육목표를 설정할 경우에 소망성을 최대한 반영해야 하지만, 소망성만 앞세우고 도달하기 어려운 목표를 세우는 것은 무모한 것이므로 현실적인 측면을 충분히 감안하여 실현 가능성을 고려해야 할 것이다.

2) 추상성과 구체성

교육목적의 또 다른 기본조건에는 추상성(abstractness)과 구체성(concreteness)이 있다. 추상성은 직접 경험하거나 지각할 수 있는 일정한 형태나 성질을 갖추고 있지 않은 상태를 말하며, 일반성이나 포괄성이 높은 상태를 의미한다. 교육목적, 교육이념, 교육이상과 같은 용어는 교육의 지향점을 아주 추상적으로 그리고 포괄적으로 표현할 때 사용되고 있다. 교육목적을 추상적으로 진술할 경우 일반성과 포괄성이 높아서 시대적 변화에 따라 교육적 요구가 바뀌어도 교육목적을 새로 진술하지 않고 기존의 교육목적을 해석만 달리하면 얼마든지 새로운 요구를 수용할 수 있는 장점이 있다. 그러나 추상적인 교육목적은 지나치게 다의적이고 묵시적이어서 혼란을 일으키기 쉽고 교육이 이루어지는 실제 장면에 활용하기 어렵다는 단점이 있다.

구체성은 직접 경험하거나 지각할 수 있는 일정한 형태나 성질을 갖추고 있는 상태를 말한다. 이는 분명하게 드러내 보이는 명시성과 분명하고 자세하게 나타내는 명세성이 높은 상태를 의미한다. 교육목표, 학습목표, 수업목표, 평가목표 등과 같은 용어는 교육의 지향점을 구체적으로 상세하게 진술할 때 사용되고 있다. 교육목표를 구체적으로 진술하면 명시성과 구체성이 높아서 분명하고 정확하지만, 포괄성이 낮아 잡다할 정도로 많은 목표를 제시해야 하는 단점이 있다.

따라서 교육의 목적은 학습목표, 수업목표, 평가목표 등과 같이 명시적으로 진술하여 구체성이 높다고 해서 반드시 좋다고 할 수 없고, 교육이념, 교육이상, 교육목적처럼 추상적으로 진술되었다고 하여 쓸모없는 것도 아니다. 즉, 교육의 실천적인 과정에는 일반성과 포괄성이 높은 교육이념을 비롯하여 교육이상, 교육목적, 교육목표도 반드시 있어야 하고 명시성과 구체성이 높은 학습목표, 수업목표, 평가목표도 필요하다.

3) 공시성과 책무성

교육목적의 마지막 기본 조건으로 공시성(publicity)과 책무성(accountability)을 들 수 있다. 공시성은 교육목적이 공공적 성질과 기능을 갖게끔 문서로 작성되어 공개되어야 하는 특성을 의미한다. 교육을 담당하는 사람과 교육을 받는 사람은 반드시 자신의 목적을 먼저 확인하고 목적을 향하여 꾸준히 나아가야 한다. 그렇게 하려면 교육을 계획하고 실시하기 전에 교육목적을 설정해서 명시적으로 진술하고 공개해야 한다.

교육목적이 공시되면 교사는 교육목적을 더 구체적으로 진술한 교육목표를 가르쳐야 할 의무가 있고, 학습자는 교육목표에 진술된 것을 학습해야 한다. 교사가 목표에 진술된 대로 가르쳐야 하는 책임을 교육에 있어서 학교 또는 교사의 책무성이라 한다. 책무성이란 학교는 학생 또는 학부모들이 납부한 교육세와 등록금으로 운영되고 교사는 그 재원에서 월급을 받고 있기 때문에 그 대가로 일정 수준의 양과 질에 해당하는 교육내용을 학생에게 가르칠 의무와 책임이 있다는 것을 의미한다. 그러한 책임한계를 명시한 것이 바로 교육목표이다.

학교와 교사 수준에서 확정되어 진술된 교육목표는 교육의 책무성을 명시하고 공시적인 기능을 갖게 된다. 그래서 교육목표에 진술되어 있는 대로 교육성과가 획득되도록 교육이 실시되어야 한다. 따라서 교육목적의 공시성과 책무성은 소망성과 실현성만큼 아주 중요한 의미를 지니고 있다.

3 교육목적의 유형

교육목적은 크게 두 가지 유형, 외재적 목적과 내재적 목적으로 구분된다. 이홍우(1984)는 외재적 목적과 내재적 목적에 가치중립적 목적을 추가하여 세 가지로 분류하고 있다. 그는 타일러의 교육목적을 가치중립적 목적이라고 규정하고 있다. 외재적 목적과 내재적 목적은 둘다 교육이 추구해야 할 가치를 보여주고 있는 반면에, 타일러의 교육목적은 가치를 포함하고 있지 않다고 해석한다. 타일러가 말하는 교육목적은 교육내용이며 교육의 목적은 타일러 이론의 다른 부분에 취급되어 있다고 주장한다. 다시 말하면 타일러의 교육목적의 원천에서 가치문제를 다루고 있다는 것이다. 타일러는 교육목적의 원천을 일차적으로 학습자, 사회, 교과로 규정하고, 여기서 나오는 목적을 다시 철학과 학습심리학이라는 체로 거르게 한다고 주장한다. 학습심리학에서는 도출된 목적을 달성할 가능성이 있는지를 검토하고, 철학에서는 주로 그 목적들이 가치가 있는지를 김도하게 된나. 여기서는 교육목적의 유형을 외재적 목적과 내재적 목적으로 구분하여 살펴보고자 한다.

1) 외재적 목적

외재적 목적은 교육이 어떤 다른 목적을 위한 수단이 된다는 것을 말한다. 교육은 그 자체의 가치, 즉 목적가치 또는 내재가치는 없고, 다만 어떤 외재적인 목적을 위한 수단 가치밖에 없는 경우를 뜻한다. 이 경우에 교육은 그 목적에 대하여 수단-목적의 관계로 연결되어 있다. 여기서 갑과 을이라는 두 개의 사항이 수단과 목적의 관계로 연결되어 있다는 말은 갑과 을이 의미상(개념적으로 또는 논리적으로) 별개의 것이라는 가정을 할 때 성립한다는 것이다. 예컨대 교육을 개인의 발전과 나라의 발전을 위한 일이라고 규정하는 것은 교육을 개인발전, 국가발전의 수단이라고 보는 사고방식을 반영한다. 교육과 국가발전은 의미상 별개의 것이라는 가정을 나타내고 있다. 사실 국가발전의 경우에는 그것과 교육이 의미상 별개의 것이라는 가정은 성립한다고 볼 수 있지만, 교육이 국가발전의 의미의 한 부분을 이루고 있다고 볼 수 없다.

국가발전과 교육은 의미상 별개의 것이라고 해서 양자 사이에 어떤 관련이 없다는 것은 아니다. 그 사이에는 사실적 관련이 있다. 여기서 사실적 관련이라는 것은 의미상의 관련에 대비되는 개념으로서, 두 가지 사항 사이의 관련 유무가 사실적 또는 경험적 증거에 의하여 확인되어야 하는 그런 관련을 뜻한다. 교육과 국가발전은 의미상 별개의 것임을 간접적으로 시사하고 있다. 교육의 목적이 국가발전에 있다고 하는 주장은 교육과 국가발전과의 사실적 관련을 기초로 해서, 교육과 의미상 관련이 없는 국가발전에 교육을 가장 효과적으로 직결시키려는 의도를 나타내고 있다. 그래서 만약 현재의 교육이 국가발전을 실현하는 데에 별로 도움이 되지 않는 것으로 생각되는 요소가 있으면 그것은 국가발전에 더 효과적으로 기여할 수 있도록 재조정되어야 한다는 것이다.

예컨대 국가발전과 같이 교육과 수단-목적의 관계로 연결되어 있는 목적을 외재적 목적이라 부른다. 국가발전은 교육의 바깥에 있다는 뜻이고, 바깥에 있다는 것은 국가발전은 교육과 의미상 별개의 것이라는 뜻이다. 교육과 국가발전의 관련은 사실적 관련이라는 의미이다. 이러한 외재적 목적이라는 용어는 이와 대조되는 교육의 안에 있는 또 다른 교육의 내재적 목적을 시사하고 있다.

2) 내재적 목적

교육의 내재적 목적은 모든 면에서 외재적 목적과 대조된다. 교육의 내재적 목적과 교육과의 관련은 사실적인 것이 아니라 논리적인 것이다. 내재적 목적은 교육활동의 의미의 한 부분을 이루고 있으며, 우리가 그것을 내재적 목적이라고 부르는 것은 그것이 교육 안에 들어 있기 때문이다. 교육의 외재적 목적을 찾을 때에는 교육의 바깥에 있는 교육과 수단-목적의 관계로 연결되어 있는 것이 무엇인가를 찾아야 하는 반면에, 교육의 내재적 목적을 찾을 때에는 교육의 안을 들여다보고 그것이 무엇을 하고자 하는가, 그 활동의 의미가 무엇인가를 알아내야 한다. 이때 교육의 의미를 나타내는 말(교육의 내재적 목적)과 교육 사이에는 논리적 관련이 있는 것으로 생각된다.

내재적 목적이라는 것은 현재 가르치고 있는 교육내용의 의미를 드러내어 말하는 것에 불과하다. 교사가 교육내용을 가르치는 동안에 하는 일이 바로 그 의미를 실현하는 것이라고 하면, 그 의미는 교사가 그 교육내용을 학생들에게 어떤 말로 표현해야 하는가를 지시하고, 이 점에서 그것은 교육의 실제를 이끄는 기준이 될 수 있다. 교육의 내재적 목적을 달성하기 위하여 교사가 해야 할 일은 바로 현재 가르치고 있는 교육내용을 잘 가르치는 일이며, 여기서 잘 가르친다는 것은 바로 그 교육내용의 의미가 충분히 살아나도록 가르친다는 뜻이다(이홍우, 1984).

교육의 내재적 목적은 학생들에게 배우는 것의 쓸모를 강조하기 전에 우선 배우는 것 자체의 재미, 흥미, 희한함, 황홀함 등에 눈뜨게 해야 한다는 것을 뜻한다. 어떤 학습활동의 외재적인 목적을 인정한다 해도, 동시에 그 학습활동이 그 자체로서도 그 재미, 뜻, 보람 등 내재적 가치를 학생이 느낄 수 있게 해야 한다는 말이다. 교육에서 학생의 학습동기, 학습흥미를 강조하는 것도 같은 이유에서다(정범모, 2009).

일반적으로 교사가 내재적 목적을 모르고도 잘 가르치는 경우가 있다. 교사가 잘 가르치는 것이 무엇인가라는 생각을 하게 되면, 교사는 자기가 가르치고 있는 내용의 의미와 성격을 나름대로 반성하게 된다. 교사는 외재적 목적에 합치하도록 가르치는 것이 잘 가르치는 것이라는 식의 대답을 할 가능성이 있다. 그러나 외재적 목적은 교사의 교육활동에 어떤 영향을 미치지 않든가, 만약 미친다면 교육활동을 교육이 아닌 것으로 바꾸어 버리게 된다. 교사가 교육내용의 의미에 관해서 생각해 보는 것은 그런 외재적 목적에 현혹되지 않도록 교육내용의 의미를 실현하는 일에 전념하도록 하는 데 필요하다. 따라서 교사는 여러 종류의 외재적 목적의 유혹으로부터 벗어나서 교육내용의 의미를 실현하는 내재적 목적에 집중해야 한다.

4 전인교육의 목적과 사례

1) 교육기본법과 전인교육

우리나라의 교육법은 1949년 12월 31일 법률 제81호로 공포되어 시행되어 오다가, 1997년 12월 13일 법률 제5437호로 교육기본법, 초·중등교육법, 고등교육법 등 법률로 새롭게 제정 공포되었다. 교육법 제1조에는 교육이념과 동법 제2조에 교육방침이 구분되어 제시되어 있었다. 그러나 교육기본법에서는 교육방침은 삭제되었고, 제2조 교육이념과 제9조 학교교육 두 조항에서 교육목적과 전인교육에 대한 내용이 포함되어 있다. 먼저 교육기본법 제2조에는 교육이념이 다음과 같이 명시되어 있다.

> "교육은 홍익인간(弘益人間)의 이념 아래 모든 국민으로 하여금 인격을 도야(陶冶)하고 자주적 생활능력과 민주시민으로서 필요한 자질을 갖추게 함으로써 인간다운 삶을 영위하게 하고 민주국가의 발전과 인류공영(人類共榮)의 이상을 실현하는 데에 이바지하게 함을 목적으로 한다."

제2조에서는 홍익인간을 교육이념으로 설정하고 있다. 또한 교육이념 아래 인격 도야, 자주적 생활능력, 민주 시민 자질 함양이라는 개인 차원의 본질적 목적이 제시되어 있다. 이어서 국

가 수준에서 민주국가 발전에 봉사하는 수단적 목적이 명시되어 있다. 마지막으로 인류 차원의 인류공영의 이상 실현에 기여하는 궁극적 목적이 포괄적으로 진술되어 있다.

또한 교육기본법 제9조 학교교육에는 다음과 같은 4가지 조항이 제시되어 있다.

① 유아교육 · 초등교육 · 중등교육 및 고등교육을 하기 위하여 학교를 둔다.

② 학교는 공공성을 가지며, 학생의 교육 외에 학술 및 문화적 전통의 유지 · 발전과 주민의 평생교육을 위하여 노력하여야 한다.

③ 학교교육은 학생의 창의력 계발 및 인성(人性) 함양을 포함한 전인적(全人的) 교육을 중시하여 이루어져야 한다.

④ 학교의 종류와 학교의 설립 · 경영 등 학교교육에 관한 기본적인 사항은 따로 법률로 정한다.

위의 제9조 제3항에 나타난 바와 같이 학교교육은 학생의 창의력 계발과 인성 함양을 포함한 전인적 교육을 중시하여 시행되어야 함을 명시하고 있다. 최관경(1983)은 교육목적 준거 모형에서 교육목적은 지적 도야(지), 도덕적 도야(덕), 신체적 도야(체), 심미적 도야(예), 종교적 도야(성), 직업적 도야(기)를 조화적으로 실시하여 문화유산을 전수하고 인격을 완성하여 자아를 실현하는 참된 전인교육을 함으로써, 바람직한 시민을 양성하고 사회의 발전을 가져오게 하며, 궁극적으로 개인의 행복과 이상사회 건설에 이바지함에 있다고 주장하고 있다. 그는 문화유산의 전수, 개개인의 인격완성, 자아실현을 돕는 전인교육이 교육의 본질적 목적이고 각급학교에서 이러한 참된 전인교육을 실시함으로써 사회가 요청하는 바람직한 시민을 양성하는 동시에 사회의 안정과 국가의 발전을 가져오게 하는 것이 교육의 수단적 목적이며, 더 나아가 개개인의 행복을 최대로 증진하고 인류의 염원인 영원한 세계평화와 복지가 충만한 이상사회의 건설에 이바지하는 것이 교육의 궁극적 목적이라고 주장한다.

2) 국가 교육과정의 인간상과 전인교육

우리나라 국가 교육과정은 1946년 교수요목 제정위원회에서 처음으로 제정된 이래 현행 2015 개정 교육과정이 시행되기까지 여러 차례 개정되었다. 국가 교육과정의 변천과정을 살펴보면 전인교육을 지향하는 홍익인간의 교육이념 아래 교육에서 추구하고 길러야 할 인간상은 국가 교육과정에서 직접 또는 간접적으로 제시되고 있다(김진규, 2015). 국가 교육과정에 교육적 인간상을 구체적으로 명문화한 시기는 바로 4차 교육과정기(1981~1987)이었다. 4차 교육과정기 이전에는 국가 교육과정에 교육적 인간상이라는 용어를 구체적으로 명시하지 않았다. 정미라(1995)는 해방 이후부터 1990년까지를 세 가지 시기, 교육기반 구축기(1945~1960), 양적 교육발전기(1963~1973), 질적 교육성장기(1963~1973)로 구분하고, 전인교육의 관점에서 본

교육적 인간상을 분석하고 있다. 교육기반 구축기에 해당되는 교수요목기(1946~1954)와 1차 교육과정기(1954~1963)에서 강조된 교육적 인간상은 민주공민상으로 규정하였다. 이 시기에는 개인의 자아실현보다는 국가에 유용한 시민의 양성에 중요한 의미를 부여하고 있다는 점에서 국가적 인물이 이상적 인간상으로 대두되어 민주공민상이 강조되었다. 또한 양적 교육발전기에 해당되는 2차 교육과정기(1963~1973)와 3차 교육과정기(1973~1981)에서 강조된 교육적 인간상은 국가와 민족을 지향하는 한국인상이었다. 이 시기에는 보편적인 민주공민상과는 달리, 철저한 국가의식과 민족주체성을 갖추고 국가 발전에 이바지하는 한국인상이 교육적 인간상으로 부각되었다(정미라, 1995).

4차 교육과정기(1981~1987)에서 처음으로 명시된 교육적 인간상은 건강한 사람, 심미적인 사람, 능력 있는 사람, 도덕적인 사람, 자주적인 사람이었다. 5차 교육과정기(1987~1992)의 교육적 인간상은 건강한 사람, 자주적인 사람, 창조적인 사람, 도덕적인 사람이었으며, 4차 교육과정기의 능력 있는 사람이 창조적인 사람으로 대체되었다. 6차 교육과정기(1992~1997)의 교육적 인간상은 건강한 사람, 자주적인 사람, 창의적인 사람, 도덕적인 사람이었으며, 5차 교육과정기의 창조적인 사람이 창의적인 사람으로 바뀐 것에 불과하였다.

7차 교육과정기(1997~2007)의 교육적 인간상은 개성을 추구하는 사람, 창의적인 능력을 발휘하는 사람, 진로를 개척하는 사람, 새로운 가치를 창조하는 사람, 공동체의 발전에 공헌하는 사람이었다. 이 시기에는 전인교육을 구체적으로 실현하는 관점에서 인성교육이 독자적인 개념으로 명시된 시기로 간주하고 있다(조난심, 2004). 이 시기에는 사회정서적 인성교육 접근을 강조하면서 인성과 도덕성에 사회성과 정서 등을 포함시키고 있다. 2007 개정 교육과정기(2007~2009)에서는 7차 교육과정에서 제시된 교육적 인간상을 그대로 사용하였다. 다만 사회정서적 인성교육 접근을 유지하면서 인지, 정서, 행동이 통합된 인격의 형성에 초점을 둔 점이 다소 다른 정도였다. 2009 개정 교육과정기(2009~2015)의 교육적 인간상은 개성의 발달과 진로를 개척하는 사람, 창의성을 발휘하는 사람, 품격 있는 삶을 영위하는 사람, 공동체 발전에 참여하는 사람이었다. 이 시기에는 교과 교육과정에 인성요소가 강화되었고, 인성을 도덕적 차원에 국한하지 않고 개인, 타인, 사회의 다양한 차원과 관련되는 것으로 바라보고, 관계성을 인성교육의 중요한 가치로 다루며, 학교교육 전반을 통한 인성교육을 추구하고 있는 것으로 나타났다(강현석 외, 2016). 현행 2015 개정 교육과정기(2015~현재)의 교육적 인간상은 자주적인 사람, 창의적인 사람, 교양 있는 사람, 더불어 사는 사람이었다. 이 시기에는 인성교육진흥법이 제정되어 법제적 차원에서도 인성교육을 강화하는 노력이 이루어졌다.

국가 교육과정의 총론에서 제시된 교육에서 '추구하는 교육적 인간상'과 인성교육을 포함한 전인교육의 주요 특징을 요약 · 정리하면 다음 〈표 5-1〉과 같다(강완식 · 윤길근, 2020).

〈표 5-1〉 국가 교육과정의 인간상과 전인교육의 특징

구분	인간상	전인(인성)교육 접근
1차 교육과정	• 민주 공민상	• 교육적 인간상을 포괄적으로 제시 • 덕목 전달 인성교육 접근
2·3차 교육과정	• 국가와 민족을 지향하는 한국인상	• 교육적 인간상을 포괄적으로 제시 • 행동적 인성교육 접근
4차 교육과정	• 건강한 사람, 심미적인 사람, 능력 있는 사람, 도덕적인 사람, 자주적인 사람	• 교육적 인간상이 구체적으로 제시됨 • 인지능력 발달적 인성교육 접근
5차 교육과정	• 건강한 사람, 자주적인 사람, 창조적인 사람, 도덕적인 사람	• 국민체력 육성 요청 • 도덕적 인간 육성으로 선진문화 시민 강조
6차 교육과정	• 건강한 사람, 자주적인 사람, 창의적인 사람, 도덕적인 사람	• 몸과 마음이 모두 건강한 사람 • 창의성을 가지고 실천하는 사람
7차 교육과정	• 개성을 추구하는 사람, 창의적인 능력을 발휘하는 사람, 진로를 개척하는 사람, 새로운 가치를 창조하는 사람, 공동체의 발전에 공헌하는 사람	• 인성교육의 개념을 명시적으로 제시 • 사회정서적 인성교육 접근
2007 개정 시기	• 개성을 추구하는 사람, 창의적인 능력을 발휘하는 사람, 진로를 개척하는 사람, 새로운 가치를 창조하는 사람, 공동체의 발전에 공헌하는 사람	• 인지, 정서, 행동이 통합된 인격의 형성
2009 개정 시기	• 개성의 발달과 진로를 개척하는 사람, 창의성을 발휘하는 사람, 품격 있는 삶을 영위하는 사람, 공동체 발전에 참여하는 사람	• 교과교육과정에 인성요소 강화 • 학교교육 전반을 통한 인성교육
2015 개정 시기	• 자주적인 사람, 창의적인 사람, 교양 있는 사람, 더불어 사는 사람	• 인성교육진흥법 제정 • 역량기반 인성교육

3) 전인교육 목적의 불일치 문제

교육의 목적은 인간이 지닌 가능성을 현실적으로 실현하는 자아실현에 두고 있다. 그래서 교육의 목적은 각 개인이 최대한 넓게, 높게, 깊게 그 가능성을 실현함을 도와주고 거기에 필요한 여러 인간적 특성과 능력들을 기르는 데 있다. 또한 전인은 지, 정, 의, 체가 어우러져 삶을 살아가는 존재이기도 하다. 우리 교육은 어떤 형태로든지 전인을 길러야 한다는 점에 모두 동의하고 있다. 이러한 전인교육의 목적은 크게 두 가지로 구분된다(정범모, 2009). 하나는 모든 학생의 기본적인 전인성을 함양하는 일이다. 다른 하나는 다양한 경험 속에서 학생 개개인의 특수한 재능과 적성을 발견하고 계발하는 일이다.

전인교육이 추구하는 목적은 교육법이나 국가교육 과정에 잘 표현되어 있다. 그러나 학교 실제에서는 그 교육목적이 달리 해석되고 목적의식이 다른 방향으로 실천되고 있다. 한국교육의 현실은 경쟁위주 사회에서 치열한 입시경쟁에서 살아나야 한다. 모든 교육이해 당사자들이 출세 지향적 사고에 매몰되어 있는 실정이다. 그래서 교사와 학생과 부모 사이에 생기는 목적의식의 괴리 현상이 심각한 수준이다. 학생들이 좋아하는 자유학기제 활동이 부모에게는 입시경쟁 시험에서 필요한 성적 향상과는 거리가 먼 한가한 활동으로 비쳐질 수도 있다.

4) 전인교육 목적의 사례

(1) 전인학교의 사례

전인학교는 2004년 10월에 첫 출범한 이후 제도교육권 내에서 전인교육을 시행하고자 학교법인 전인학원을 설립했으며, 대사회적인 전인교육 네트워크 형성을 구성하고 관리해 나가는 시민활동 단체, 각 분야 전문가들과 교사, 학부모들로 구성되었다(민영주, 2005). 전인학교에서 추구하는 전인교육의 목적은 인간 가치를 구현하는 것이다. 인간 가치의 구현은 전인화(全人化)에서 출발한다. 전인화란 전인이 되어가는 과정이자 전인됨을 의미한다. 이 표현 속에는 이미 전인의 가능성을 담고 있으면서 전인이 된다는 개념을 가지고 있는 것이다(민영주, 2005). 인간 존재 가치를 구현하는 과정은 다르게 표현하면 '삶을 수행하고, 삶을 생산하고, 삶을 창조하는 과정'이라고 설명할 수 있다. 전인교육에서 바라는 인간상은 삶을 수행하는 인간, 삶을 생산하는 인간, 나아가 삶을 창조하는 인간이라고 이야기할 수 있다.

인간은 존엄한 존재이므로 스스로 의문을 일으키고 더 나은 삶으로 나아가고자 추구하는 존재이다. 그러므로 인간은 목적을 설정하고 스스로 설정한 목적 가치를 달성하고자 끊임없이 노력할 수 있다. 삶을 수행한다는 것은 자기를 계발하는 것이며, 진정한 자기계발은 예와 존엄을 바탕을 셀프리더십이 발휘될 때 가능하다. 삶을 생산하는 인간은 자신의 삶을 추구하고 수행하는 단계에서 한발 더 나아가 삶을 통해 가치를 생산하는 인간이다. 세상은 서로를 살리는 관계의 질서로 짜여 있다는 사실에 눈을 뜨고 자신만이 아니라 더불어 살아가는 생활을 통해 주위를 보람되게 할 수 있다. 삶을 창조하는 인간은 기존 삶의 질서 외에 새로운 삶의 양태나 문화를 창조해 나갈 수 있는 유형으로, 인간으로서 최고의 가치를 구현하는 모습이다. 현재 삶의 모습에 만족하지 않고 더 나은 세계를 꿈꾸며 자신감을 가지고 새로운 가능성에 도전하고, 끊임없이 시각지평과 인식시평, 책임지평을 열어간다.

인간 가치의 구현은 전인화에서 출발한다. 전인은 삶을 수행하고 생산하고 창조하는 과정을 통해 끊임없이 전인성을 계발하고 더욱 참되어가는 인간이라고 말할 수 있다. 전인교육은 이러한 전인의 삶을 살 수 있도록 인간답게 살아갈 자질과 능력을 길러주는 데 중점을 둔다. 학생이 자신의 삶을 성공으로 이끌 수 있도록, 앞으로 어떤 삶을 살고자 하는가에 대한 가치관을 세워주고, 세상을 바라보는 인식지평을 넓혀주며, 또한 적극적이고 진취적으로 자신의 삶을 열어갈 도전정신과 자신감을 길러준다. 그리고 이를 뒷받침할 자질과 능력을 '앎'이 아니라 '됨'으로 갖추어나갈 수 있도록 훈련한다.

전인교육은 전인교육의 주체인 학생, 교사, 학부모 모두가 스스로 성공하고 더불어 성공하며, 이 사회와 세계를 성공으로 이끌어 나간다는 기본 정신을 가지고 있다. 스스로 삶을 책임있게 경영하는 전인들이 사는 사회는 자연스럽게 더불어 잘 사는 전인사회의 바탕이 될 것이다. 자신의 삶을 성공으로 이끌고 이웃의 삶을 성공으로 이끌며 사회의 삶을 성공으로 이끌어갈 수 있는 3Life적인 삶(당신이 행복하면 내가 행복하고 세상이 행복하다는 의미), 그리고 삶의 세 손가락 원칙에 따라 삶을 성공으로 이끌어가는 실천이 전인교육의 목표이자 과정이다. 전인교육의 목적과 목표를 그림으로 나타내면 다음 [그림 5-1]과 같다(민영주, 2005).

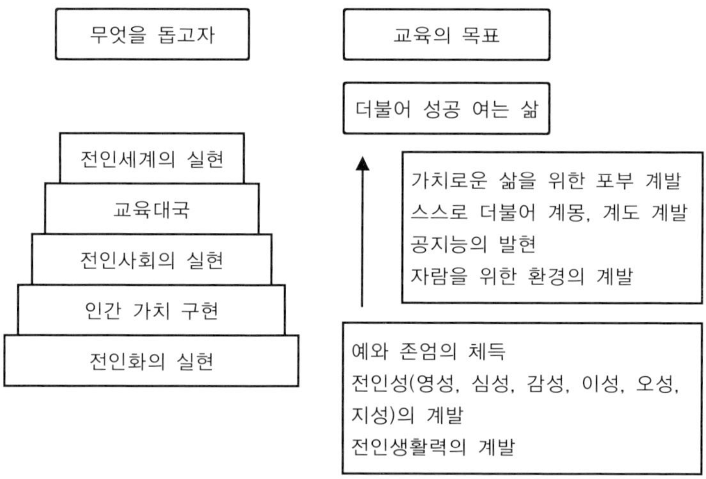

[그림 5-1] 전인교육의 목적과 목표

인간 가치를 구현하는 인간으로 성장하도록 돕는 전인교육이야말로 최고의 가치를 생산하는 산업으로, 미래 사회를 주도하는 가치자본이 될 것이다. 이러한 전인교육의 실천을 바탕으로 우리나라가 교육대국, 나아가 세상을 이끄는 국가로 성장할 것이라고 전망한다(민영주, 2005).

(2) 홀리스틱 교육의 사례

홀리스틱 교육은 이성 중심 교육의 요소주의적 접근의 한계를 비판하는 성찰과 대안으로 인간 내외적 실제의 전일성(wholeness)을 강조하는 교육이다. 홀리스틱은 홀리즘(holism)의 형용사형으로서 전 연관적인 관계를 강조하는 개념의 단어이다. 홀리즘은 전체를 뜻하는 그리스어의 홀로스(holos)를 어원으로 하며, 전체, 완전체, 통일체, 건강, 치유라는 의미를 갖고 있다. 이러한 홀리즘은 세상을 단순한 부분의 합을 넘어서 낱낱으로 떼어놓을 수 없는 전일성으로 보는 사상체계인 시스템적 시각이다(김재희, 1994). 홀리스틱적 시각과 동의어로 사용되는 것은 생태학적 시각, 맥락적 시각(Clark, 1990b), 영성적 시각(Miller, 1993), 환경적 시각(Clark, 1990a), 시스템적 시각(Clark, 1997), 유기체적 시각(Gang, 1990), 진화적 시각, 통합적 시각 등이다(명지원, 2016).

홀리스틱 교육의 특징은 다섯 가지로 요약된다(Miller, 1991). 첫째, 홀리스틱 교육은 전인적 발달을 돕는다. 즉 학생들은 지성적, 정서적, 사회적, 신체적, 창의적, 직관적, 미적, 영혼의 잠재적 발달가능성을 지니고 있으며, 홀리스틱 교육은 이를 성장시키는 데 관심이 있다. 둘째, 홀리스틱 교육은 학습자 간의 관계성, 어린이와 성인과의 관계성을 중시한다. 셋째, 홀리스틱 교육은 좁은 의미의 기초적인 기술이 아닌 삶의 의미를 탐구하는 생활경험과 지구의 전체적 관점, 지구상의 삶, 지구공동체적 맥락을 중시한다. 넷째, 홀리스틱 교육은 학습자 자신의 삶의 문화적, 도덕적, 정치적 맥락을 비판적으로 접근할 수 있으며, 단지 기존 문화를 복사, 전달하는 존재가 아니다. 다섯째, 홀리스틱 교육은 영적 지식을 강조한다. 영성은 우주의 생명체, 무생명체 모두에 존재하는 통일성, 전체성인 것이며, 모든 것을 연계시켜 준다.

홀리스틱 교육은 지덕체, 지영체의 조화롭고 균형진 발달을 전제한다는 점에서 전인교육이다. 홀리스틱 교육은 학생들에게 나부터 우주에 이르기까지의 큰 그림을 그리는 일을 수업의 기조로 삼고 있어서 기존의 전인교육보다 더 포괄적인 교육의 개념을 담고 있다(명지원, 2018). 홀리스틱 교육은 학생의 내면세계와 외면세계의 균형과 조화를 추구하는 데 교육목적을 두고 있다. 또한 홀리스틱 교육은 학생을 지성, 정서, 사회, 창의 또는 직관, 미적, 영적 잠재가능성을 도와 전인으로 성장시키는 데 관심이 있다. 특히 홀리스틱 교육의 목표는 인간의 지적 능력의 향상에만 두지 않고 정의적 요소와 인간의 의식 변화, 태도 변화, 사고방식의 형성에 관심을 가지는 것과 동시에, 몸과 마음, 그리고 영성의 조화롭고 균형진 발달을 통한 건강하고 행복한 삶이 전인교육의 실제적 목적이라 할 수 있다(명지원, 2018).

CHAPTER 06

전인교육과 교육과정

1. 전인교육 과정의 의미

일반적으로 교육의 구성요소는 교육의 목적과 목표, 교육과정, 그리고 방법으로 구분된다. 목적과 목표는 교육을 하는 이유나 방향을 제시한다. 교육과정은 교육의 내용을 나타내며, 방법은 가르치는 방법을 나타낸다. 이러한 세 가지 구성요소들은 교사의 계획적이고 의도적인 노력을 통해서 합쳐지게 된다. 교사들은 교육의 세 가지 구성요소들을 통합시키고자 계속해서 의식적으로 노력한다. 전인교육에서도 우선 교육의 목적과 목표가 먼저 설정된다. 이는 교육의 방향감과 지향점을 제시하는 역할을 담당한다. 다음으로 목적과 목표를 성취하기 위해 적합한 일련의 활동인 교육과정을 선정하게 된다. 이러한 목표와 교육과정은 목표를 달성하기 위해 사용되는 방법에 영향을 미치게 된다. 목적과 목표는 교육과정과 수업에서 공통적으로 일관성 있게 강조되어야 한다.

일반적으로 교육내용으로서 여러 가지 문화 요인들을 담는 큰 그릇이 바로 교육과정 또는 교과과정이다. 교육과정과 교과과정을 혼용하고 있지만, 교과과정은 여러 교과와 거기에서 다루는 교육내용을 배열하는 것을 말한다. 이에 반해 교육과정은 학교의 계획 하에 학생들이 겪는 모든 학습경험 전체를 뜻한다. 그래서 교과과정은 학습의 내용이고 교육과정은 학습의 내용과 그것을 다루는 활동의 계획을 포함하고 있다는 점에서 구별된다. 교과과정보다는 교육과정이 더 포괄적인 개념이어서 교육과정에는 교과활동, 창의적 체험활동, 그리고 교수학습 활동 등에 관한 계획을 포함하고 있다.

전인교육을 실천하기 위한 교육과정은 전인교육의 의미와 취지가 제대로 실현되는 방향으로 구성되어야 할 것이다. 그러나 학교 현장에서는 교육과정 구성과 운영 단계에서부터 전인성이 훼손되기 시작한다. 정범모(2004)는 이러한 현상을 전인성의 희석과정이라고 설명하고 있다. 교육과정 계획상 교과구조는 인문, 사회, 자연, 예능, 체육 등에 넓게 걸쳐 있다. 문제는, 특히 중등학교의 교육 운영 실제에서는 국 · 영 · 수만 관심의 대종이고, 사회 · 자연은 소홀해지고, 예능 · 기술 · 체육은 안 해도 되는 과목 정도로 천시당하고 있다는 사실이다. 입시의 압력 때문이라고 하지만, 그 왜곡이 너무 심한 것이 현실이다. 또한 교과과정에서는 특별활동(현행 창의적 체험활동)이 계획되어 있지만, 한국의 학교, 특히 각기의 적성을 발견하고 그 기초를 탐색해야 하는 중 · 고등학교엔 실질적으로 과외활동에 관한 관심도 계획도 시설도 예산도 지도교사도 아예 없거나 빈약하다는 현실은 전인교육에 치명타다. 아이들은 다양한 문화활동 속에서 전인적 경험을 해볼 기회가 학교에는 별로 없다.

전인교육과정의 편성과 운영은 전인교육의 기본원리에 입각해서 실천되어야 한다. 특히 4장에서 논의한 전인교육 실천의 기본원리 가운데 전인교육과정의 편성과 운영에서는 통합성의 원리와 균형성의 원리가 강조되어야 한다. 먼저 통합성은 교육의 각 구성요소들이 서로 분리되어 있는 것이 아니라 서로 유기적으로 연계되어 있으며 전체적으로 파악할 때, 올바르게 인식된다는 특성을 의미한다.

전인교육은 세 가지 수준에서 교육과정을 통합한다(Nasr, 1994; 강선보 외 역, 2001). 첫째, 전인교육은 서로 다른 교과들을 통합한다. 역사와 지리, 언어와 문학, 화학과 생물 등과 같이 유사한 교과끼리 통합하는 수준에 그치지 않고, 모든 교과에 걸쳐 특정한 학습자료를 언어적, 문학적, 예술적, 사회적, 경제적, 지리적 등의 관점에서 통합이 이루어진다. 둘째, 전인교육은 교과를 삶의 상황이나 환경과 통합한다. 우리가 배우는 교과를 우리의 삶과 연계 지을 수 있어야 한다는 것이다. 모든 교과가 죽은 지식이 아니라, 실생활과 관련된 살아있는 교과가 되어야 한다. 셋째, 전인교육은 내용을 가르치는 데 있어서 목적과 방법을 통합한다. 어느 교과든지 교과의 목적은 교과 바

같에 따로 있는 것이 아니라, 교과 과정 안에 일부로서 통합되거나 교과를 교수하고 학습하는 데 사용되는 방법의 일부로서 통합된다. 전인교육은 목적, 내용, 방법이 서로서로 얽혀 있어서 분리할 수 없다. 이것들은 하나하나가 전체의 중요한 부분으로 작용하고 있다.

전인교육은 균형과 조화를 추구한다. 전인교육에서 균형은 여러 측면의 내용을 적절한 비중으로 조화롭게 담아내야 한다는 것을 말한다. 균형은 특정한 내용이나 경험이 지나치게 편성되는 것을 방지하기 위해서 필요하다. 그래서 인간발달의 인지적, 정의적, 심동적 측면 중 어느 한 측면만을 강조하거나 발달시키는 것이 아니라, 모든 측면들이 조화롭고 균형있게 성장할 수 있도록 편성되어야 한다. 예컨대, 지 · 정 · 의의 조화, 개별학습과 집단학습의 조화, 분석적 사고와 직관적 사고의 조화, 내용과 과정의 조화, 학문과 삶의 조화 등이 고려되어야 한다.

2. 전인교육을 위한 통합 교육과정

1) 통합교육과정과 전인교육

통합교육과정은 교과목들을 분리시키는 경계가 없어지고 개별적으로 구분되는 교과목들이 사라지는 교육과정 조직을 위한 하나의 접근법으로 정의된다. 통합교육과정의 장점은 교육과정 조직의 다양성, 기억보다는 개념화에 대한 관심, 학생의 자율성, 문제해결에 대한 관심, 대인기술의 발달 등이다(김재복, 2001). 또한 통합교육과정이란 교과영역에 구애됨 없이 교과들을 횡단하여 일정한 기준에 따라 학습내용 및 경험을 선정, 조직하려는 교육과정이다. 교육내용이 통합되면 개개인의 인격도 통합되며 사회도 통합된다(서울대학교 교육연구소, 1995).

교육과정이 교육 설계도라면 통합교육과정은 통합교육의 설계도이다. 통합교육과정은 교육 본래의 목적인 전인교육과 평생교육 및 살아 있는 교수학습과정을 지향한다(박영만 · 송민영, 2003). 통합교육과정은 통합적 사고를 포함한 전인교육을 지향하며, 전인교육이야말로 특기 · 적성교육이나 창의성 교육 등으로 가는 대로이자 지름길이다.

우리나라에서는 통합교과라는 공식적 명칭이 4차 교육과정부터 등장하며 전인교육, 통합된 인격의 완성 등을 교육목표로 하고 있다. 슬기로운 생활은 사회교과와 자연교과를 통합했고, 즐거운 생활은 체육 · 미술 · 음악의 세 교과를 통합하였다. 바른 생활은 도덕교과에 해당한다. 7차 교육과정에서는 3대 통합교과들인 바른 생활, 슬기로운 생활, 즐거운 생활이 어떤 교과들을 통합하고 있는지를 구분해 주던 경계선도 사라졌다. 7차 교육과정에서 초등학교 저학년 통합교과는 단순히 교과와 교과 간의 통합이 아니라 생활, 활동, 주제에 의한 통합을 지향한다. 이와 같이 교과 간의 경계선이 완전히 사라진 이유는 다음과 같다.

슬기로운 생활은 사회와 자연은 물론이요, 윤리나 음악에도 필요하기 때문이다. 또한 소크라테스에 있어서 최고의 지식은 선(善)을 아는 것으로, 여기에서 지식(슬기로운 생활)과 선(바른 생활)은 분리되어 있지 않다. 유학에서도 궁리(학문)하는 목적이 성인성덕성성(成仁成德成聖)에 있었다. 즉, 선을 아는 슬기와 선을 행하는 바른 생활이 서로 연결되어 있는 것이다(박영만 · 송민영, 2003).

따라서 전인교육의 기본원리 가운데 통합성은 인간 행동의 모든 측면을 통합하고, 교과를 통합하고, 학습내용을 실제 삶에 적용할 수 있도록 통합해야 하는 특성을 의미한다. 또한 과학교육자들이 통합과 연계를 강조하고 있는 과학-공학-사회(Science-Technology-Society: STS) 프로그램이나 영재교육에서 STEAM(Science, Technology, Engineering, Arts, Mathematics) 교육과 같은 다학문적 접근, 더 나아가 간학문적 통합과 초학문적 통합 등과 같은 다양한 통합교육과정이 등장하고 있는 것도 전인교육의 실천과 밀접한 관련이 있다고 판단된다.

2) 통합교육과정의 유형

통합의 유형에는 공시적 통합(synchronic integration)과 통시적 통합(diachronic integration)이 있다. 공시적 통합은 학생의 삶, 환경, 그리고 교과를 유기적으로 통합한다. 통시적 통합은 평생 동안의 교육을 유기적으로 통합한다(박영만 · 송민영, 2003). 교육과정 통합의 개념은 교육과정 조직의 기반을 분과적인 학문이나 교과에 두는 것을 벗어나자는 취지로 출발했다. 즉 교과의 구분을 고려함이 없이 실생활의 문제나 쟁점을 중심으로 교육과정을 조직하려는 탈학문적 또는 초학문적(transdisciplinary) 접근이었다. 그러나 최근에 사용되고 있는 통합은 학문이나 교과에 기반한 다학문적(multidisciplinary) 접근이나 간학문적(interdisciplinary) 접근이 사용되고 있다. 여기에서는 다학문적 통합, 간학문적 통합, 그리고 초학문적 통합으로 구분하여 살펴보고자 한다(소경희, 2017).

(1) 다학문적 통합

다학문적 통합은 동일 주제를 여러 교과에서 각 교과의 내용과 기능을 통해 다룰 수 있도록 교육과정을 조직하는 것이다. 따라서 이 접근에서 교육과정 계획은 개별 교과들의 정체성을 인정하고, 이들 교과에서 숙달되어야 할 중요한 내용과 기능을 확인하는 것으로 시작된다. 이후 다루어져야 할 주제가 어떤 하나의 교과로부터 추출되어 정해지며, 개별 교과들이 이 주제에 대해 어떤 공헌을 할 수 있는지가 탐색된다. 이 접근에서는 동일 주제를 여러 교과에서 가르치긴 하나, 이 접근의 주된 관심은 각 교과의 내용과 기능을 숙달하는 데에 있는 것으로, 주제에 대한 학습은 사실상 부차적인 것이다.

(2) 간학문적 통합

간학문적 통합은 여러 교과에 걸친 공통적인 주제나 개념, 기능을 밝히고 이를 중심으로 교육과정을 조직하는 것이다. 따라서 이 접근에서 교육과정 계획은 여러 교과에 걸쳐 학습되어야 할 중요성이 크다고 간주되는 주제나 개념 또는 기능을 밝히는 것으로 시작한다. 주제, 개념, 기능이 밝혀지고 나면, 여러 교과에서 관련 내용이 추출되고 이러한 내용은 선정된 주제, 개념, 기능 중심의 공통 학습을 위한 것으로 묶인다. 이 접근에서는 다학문적 접근과는 달리 개별 교과의 내용과 기능의 습득보다는 간학문적인 주제, 개념, 기능의 습득이 더 강조된다.

(3) 초학문적 통합

초학문적 통합은 교과 간의 구분은 염두에 두지 않고 문제나 쟁점을 중심으로 교육과정을 조직하는 것이다. 교육과정 계획은 주제와 그 주제를 탐색하는 데 활용될 활동과 관련된 빅 아이디어나 개념을 규명하는 것으로 시작한다. 이 접근에서는 주제 선정이 매우 중요한 것으로 학생들이 교사의 도움을 받아 실생활의 문제나 쟁점 중심으로 주제를 선정한다. 주제가 선정되면 교사와 학생들은 함께 그 주제를 탐구하는 데 필요한 개념과 활동을 결정한다. 이 접근에서는 주제 탐구를 위해 필요한 지식 간의 관련을 찾고 종합하는 데 있어 학생들에게 많은 책임감이 부여되며 교사들은 촉진자의 역할을 한다. 수업시간이 고정되어 있기보다는 학생들이 시작한 탐구에 필요한 특정

내용을 공부할 때까지 확보된다.

이상에서 제시한 교육과정 통합의 세 가지 유형을 비교해 보면 다음 〈표 6-1〉과 같다(소경희, 2017).

〈표 6-1〉 교육과정 통합의 세 가지 유형 비교

	다학문적 통합	간학문적 통합	초학문적 통합
조직의 구심점	특정 교과로부터 추출된 주제	여러 교과에 걸쳐 강조될 필요가 있는 중요한 주제나 개념, 또는 기능	개인적/사회적 의미가 있는 문제나 쟁점 중심의 주제
내용 조직	- 개별 교과의 정체성 유지 - 개별 교과의 내용을 통해 선정된 주제를 다룸 - 교과내용이 미리 정해진 계열에 따라 다루어짐	- 교과 간 엄격한 경계가 무너짐 - 선정된 주제/개념/기능 중심으로 여러 교과의 관련 내용을 묶음 - 교과 내용의 학습은 미리 정해진 계열을 따를 필요가 없음	- 교과 간의 경계기 사라짐 - 주제와 그 주제를 탐색하는 데 활용될 활동과 관련된 빅 아이디어나 개념 규명 - 주제 탐구에 적절한 방식으로 지식을 계열화하여 활용
학습의 주된 목적	개별 교과의 내용과 기능 습득	간학문적인 주제/개념/기능 습득	문제나 쟁점 중심의 주제 탐구
수업시간	정해진 교과 시간	블록 타임 활용하여 교과 간 공통 수업시간 확보	주제에 따라 다양함
교사의 역할	담당 교과 티칭	공동 계획자 팀티칭	공동 계획자 촉진자
학생의 역할	수용자/행위자	행위자	공동 계획자 탐구자

3. 전인교육 과정 편성과 운영 사례

1) 홀리스틱 학교의 전인교육 과정

캐나다 토론토 대학교의 밀러(Miller) 교수와 뜻을 같이 하는 시민들과 함께 설립한 이퀴녹스 홀리스틱 대안학교(Equinox Holistic Alternative School: EHAS)의 교육과정 편성과 운영 사례를 살펴보고자 한다(명지원, 2015; EHAS, 2020).

이 학교 홈페이지에는 나로부터 우주까지의 연계(connections)를 강조하는 홀리스틱 교육을 추구하고 있음을 밝히고 있다. 홀리스틱 교육과정은 크게 홀리스틱 연계 관점, 초등 저학년 교육과정, 그리고 초등 고학년과 중학교 교육과정으로 구분되어 있다(EHAS, 2020).

(1) 홀리스틱 연계 관점

EHAS는 강력한 학습공동체의 구축을 토대로 홀리스틱 교육과정, 즉 지역사회 공동체, 지구, 영혼, 교과목, 몸과 마음 등을 연계시키고 학생들의 직관과 탐구 능력을 개발하는 것을 목표로 삼고 있다.

① 지역사회 공동체와의 연계

EHAS는 학생의 관계성 향상을 위한 강력한 협동학습 프로그램을 제공하여 언어, 몸과 마음과 타인과의 일체감 형성에 주력한다. 또한 공동체를 지역사회와 글로벌 공동체로 확장하여 어려운 사회의 문제를 해결하는 기술을 습득하고, 적극 행동에 나서 평등하고 정의로운 세상을 만드는 것을 목표로 한다.

또한 사회과를 통해 사회문제에 대한 다양한 시각과 안목, 그리고 공감능력을 길러 사회 정의(justice)에 대한 인식 능력을 기르고, 그러한 시각을 지역사회와 글로벌 문제로까지 확대한다. 이를 위해 문학을 동원하고, 교사는 아동의 생활과 경험과 연결하여 역할극, 영혼을 자각하게 하는 질문 등을 제공한다. 고학년(6~8학년) 때는 사회정의에 대한 인식에서 사회정의 실천으로 초점을 맞추고 있다. 저학년의 경우 협력적이고 응집력 있는 공동체를 구축하는 일을 돕고, 프로젝트 학습활동을 통하여 지역사회와 글로벌 공동체에서 사회적 행동과 사회정의 실천에 매진한다.

② 지구(earth)와의 연계

EHAS는 모든 학년을 통해 아동의 삶과 지구는 깊고 넓은 차원에서 연계되어 있으며, 환경보호에 대한 지속가능한 선택을 하고 실천에 적극 참여할 책임이 있음을 교육한다. 저학년의 경우 지역 생태서식지로서 Leslie Spit과 Humber River 등 환경보호지역 등 학교와 지역 정원과 농업 프로그램을 통해 땅과의 강한 연계 의식에 눈뜨게 하고, 연중 지역 정원과 유기농 농장을 방문해 유기적 협력관계를 형성한다. 지역 식물, 철새와 연어 등 야생 생태와 관련한 이야기를 듣는다. 1학년에서는 야외 과학교육과정을 운영하고, 3학년에는 정원과 농업 프로그램을 통해 토양을 배운다. 씨앗을 심을 때 씨앗을 심는 간격을 통해 수학의 셈하기를 학습한다.

3~6학년 학생들은 땅과 우리가 사용하는 천연 자원의 관계에 대하여 학습하는데, 예컨대 3학년에서 시작하는 옷감 단원은 캐나다 초기 개척자들이 모직을 만드는 방법을 배우고, 이를 고대 문명에 대한 학습과 연결시켜 아마와 같은 천연재료로부터 천을 만드는 방법을 직접 경험하게 한다. 옷감 단원의 마지막은 지속가능한 옷감에 초점을 맞춘다. 7학년은 연중 환경보호 행동 실천 프로젝트를 선택하고, 그들이 취한 조직, 그들의 공헌 활동, 향후 무엇을 할 계획인지를 기록한다. 목적은 아동이 환경을 개선하는 조그만 행동일지라도 그러한 행동들을 찾아내는 데 있다. 학생은 지속가능한 교통수단과 좀 더 지속가능한 교통수단을 증진시킬 수 있는 행동에 초점을 맞춘다.

③ 내면적 삶과 연계

홀리스틱 교육과정은 학생에게 지금 여기에서의 삶에 의미와 목적을 주는 생생하고도 신비로운 에너지를 제공하는 내면적인 삶과 연계시킨다. 스토리텔링을 통해서 학생 내면적 삶과의 연계를 촉진시킨다. 스토리텔링은 학생의 상상력을 자극하고, 전세계의 신화, 전설, 민속 이야기, 현자들의 이야기, 요정 이야기, 역사 등을 통하여 다양한 문화유산과 대대로 내려오는 옛 지식 등과 연계시킨다.

교실 수업과 각종 학습동아리에서 매일 반복되는 노래, 시 낭송, 명상, 시각화 연습, 춤, 율동 등은 학생들을 그들의 영혼과 연계시킨다. 학교 차원의 축제와 각종 의식 행사 등은 학생들에게 연대 의식을 촉진시키고, 학교라는 안식처에 함께 있다는 연대의 감정을 느끼게 한다.

④ 몸과 마음의 연계

홀리스틱 교육과정은 몸과 마음의 자연스러운 연계를 강조한다. 전체 교육과정을 통하여 학생에게 자신의 몸과 정서의 연계를 탐색하도록 권장하고, 자신의 몸 전체에 대한 감각을 발달시키도록 권장한다. 최고의 우선순위는 행동에 있어서 건강하고 긍정적인 소통과 마음챙김 명상에 두고 있다. 마음챙김 명상과 호흡에 중점을 둔 학생들은 한 번에 한 가지 과제를 천천히 수행하도록 권장한다.

교실에서 몸과 마음의 연계를 자극하기 위해 사용되는 기법에는 드라마, 창의적 율동, 춤, 공연, 역할극, 요가, 명상 등이 있다.

⑤ 교과 간의 연계

대안학교에서 교과 간의 연계를 위하여 통합교육과정을 운영한다. 교과 간의 연계는 초학문적(transdiciplinary) 교수학습에 강하게 초점을 맞추면서 다양한 수준에서 이루어진다. 여러 교과들이 광범위한 주제로 통합될 경우에 교과 간의 연계가 이루어진다. 보통 교사들은 오전 수업에서 교과 간의 연계시간을 운영한다.

학기는 10~12주 단위로 나누어지고, 3~4주 수업블록으로 세분된다. 한 교과가 수업블록에 초점을 두고, 여러 다른 교과가 학습주제에 통합되어 운영된다. 예컨대 저학년의 경우 수학 교과에 스토리, 시, 수학저널 등이 통합되어 운영된다. 고학년의 경우 수학과 영어 교과는 과학, 사회과, 지리나 역사 블록과 통합된다. 한 교과를 지속적으로 학습함으로써 그 교과에 대한 이해를 깊게 한다.

⑥ 직관과 탐구의 연계

탐구기반 접근은 교사가 학생의 직관을 개발하는 하나의 방법이다. 교사들은 교실, 운동장, 또는 자연 환경에서 탐구하는 활동을 제공한다. 교사는 학생에게 개방적 질문을 하여 학생들이 스스로 발견하고 예측하는 탐구활동을 수행한다. 예컨대 교사는 학생들에게 양치류 식물은 어디에서 자랄까? 그리고 양치류 식물은 왜 그곳에서 자랄까? 등과 같은 개방형 질문을 하고 탐구심을 자극한다. 학생은 그들이 탐구한 것을 그림, 보고서, 여러 형태 매체, 음악 등과 같은 방식 가운데 하나를 선택해서 보고한다. 또한 교사는 학생들에게 재활용품, 전선, 진흙, 페인트, 다른 재료 등을 제공한다.

따라서 홀리스틱 교육은 학생의 내외, 학교 내외의 연계를 통하여 관계성을 기르고, 나를 비롯하여 온 우주를 아우르는 연계의 교육을 강조한다. 이러한 통합교육과정과 학습공동체의 구축은 가장 강력하고도 이상적인 전인교육을 실현할 조건을 갖추고 있다고 판단된다.

(2) 초등 저학년 교육과정

초등 저학년 학생들은 생물과 자연과의 연계를 발달시킨다. 대표적인 예시에는 누에가 나방으로 변태하는 과정, 매년 새의 이동, 훔버(Humber) 강의 연어 이동, 병아리 부화, 그리고 식물의 성장 과정 등의 관찰이 있다. 상상력이 있는 자연 이야기는 학생들이 관찰하는 현상에 대한 이미지를 형성하도록 도와준다. 생물을 가르치기 위해 학생들에게 원주민의 이야기와 노래를 들려준다.

교사들은 재미있고 상상력을 일으키는 이야기를 통해 수학 개념을 가르친다. 아동들은 『왕과 네 명의 도깨비들』이라는 이야기로 덧셈, 뺄셈, 곱셈, 나눗셈을 배운다. 아동들은 자리값을 배울 때 그 이야기를 다시 찾아보고 『교활한 장난꾸러기』라는 책에서 그 장면을 보여준다. 아동들은 음악, 율동, 게임, 실습 활동을 통해 수학 스킬을 연습한다.

일상생활에서 수학 활동은 수학 스킬을 아동의 생활과 연계시킨다. 아동의 생활 예시는 돈을 가르치기 위해 교실에 가게를 운영하는 것이다. 3학년 학생들은 환경적으로 지속가능한 재활용 재료로 주거공간을 짓는다. 이러한 프로젝트는 학생들이 이전 학기에 배웠던 수학과 과학 스킬을 활용한 최고 수준에 도달한 것이다.

음악, 미술, 드라마, 그리고 시 등은 언어교과(Language Art) 수업을 풍부하고 생동감 있게 한다. 음성학과 단어해독 스킬은 상상력을 발휘하는 이야기를 통해 가르친다. 학교는 토론토 교육청의 문해 균형 접근방식을 준수한다. 다양한 문화권의 현자들의 이야기는 학생들에게 사회정의 관련 주제를 가르치는 데 도움을 준다. 아동들에게 사회적 관계를 더 깊이 있게 이해시키기 위해 우화와 마술가 이야기를 들려주기도 한다.

(3) 초등 고학년과 중학교 교육과정

초등 고학년 학생과 중학생들은 하나의 성장하는 독립적 존재로 간주한다. 좀 더 많은 프로젝트 기반 학습활동에로 점진적으로 이동하는 시기이다. 예컨대 6학년의 기업경영 체험 프로그램을 보면, 학생들은 기업경영의 실무를 학습하기 위해 지방기업체에서 소집단으로 참여한다. 학생들은 실제적 학습 상황에서 백분율, 비율, 그리고 기타 수학 스킬을 학습한다. 또한 그들은 기업경영과 관련된 사회정의 이슈와 공정한 무역에 관해 학습한다.

초등 고학년 학생들은 사회과, 환경과학, 지리와 역사 교과를 통합수업 단원으로 배운다. 예컨대 4학년 학생들은 땅에 관한 원주민들의 이야기를 통해 캐나다의 지리를 학습한다. 그들은 토지권리, 자연 자원, 환경과 지속가능성 등에 관한 사회정의 이슈에 관해 학습한다. 또한 그들은 원주민들이 과거와 현재 토지에서 살아가고 생활하는 다양한 방식에 관해 학습한다. 6학년 학생들이 캐나다 역사를 공부할 때 이러한 주제에 대해 더 심층적으로 다시 공부하게 된다.

7학년과 8학년 교육프로그램은 훨씬 더 학생 중심 교육과정이다. 학생들은 역사적 시뮬레이션으로 역사를 공부한다. 그들은 역사적 사건을 다시 되돌아보기 위해 한 학급이나 소집단으로 활동한다. 또한 학생들은 자신의 조상들에 관해 학습한다. '조상의 날'에 학생들은 조상들 중의 한 사람으로 분장해서 학교에 등교한다. 조상의 날은 캐나다의 역사를 공부하고 역사 이야기를 하는 환상적인 날이다.

학생들은 지역사회에서 참여하는 방법을 학습하고 프로젝트 기반 학습활동을 통해 환경에 대하여 학습한다. 7학년 학생들은 환경행동 프로젝트의 일환으로 지역 환경단체에 가입해서, 학생들이 어떤 환경 운동에 참여하고, 그들이 얼마나 기여했는지, 그리고 미래에 그들이 무엇을 할 것인가에 대해 기록한다. 8학년 학생들은 한 학년 동안 독자적으로 수행할 프로젝트를 선택한다. 학생들은 학교 공동체 안에서 그 프로젝트를 지도하는 멘토를 선정한다. 그 프로젝트는 특정 교과 안에서도 수행할 수 있다.

이 시기에 가장 각광을 받고 있는 활동은 7학년 연극이다. 7학년 학생들은 학교 인근에 사는 전문 배우들의 도움으로 학급 연극을 기획하고 연출한다. 이 연극으로 학교 기금을 마련한다. 8학년 학생들은 연중 2회 학교차원의 커피하우스 행사를 조직하고 운영한다.

학교는 7~8학년 학생들을 위한 프랑스어 집중 프로그램을 운영한다. 이 프로그램은 모든 7~8학년 학생들에게 3개월 과정으로 2년마다 한 번씩 개설한다. 모든 수업은 하루에 반나절 동안 프랑스어로 진행한다. 7~8학년의 캐나다 역사 수업 단원은 이 프로그램에 통합되어 운영된다. 이 프로그램의 최고 활동은 프랑스어 사용지역인 퀘벡으로 수학여행 가는 것이다.

2) 전인학교의 전인교육 과정

전인학교에서 수행하고 있는 전인교육 과정은 일반 학교교육이 추구하는 교육의 목적, 목표, 내용 등에서 전혀 다른 특징을 지니고 있다. 전인교육 과정에는 생명, 생활, 진화 등과 같은 전인화 과정의 기본원리가 적용되고, 생명 자람과 생활 자람을 돕기 위한 모든 과정을 활용하고 있다(길병휘, 2006). 전인교육 과정의 주요 내용은 학생뿐만 아니라 여러 교육이해당사들이 스스로 그리고 더불어 삶을 성공으로 이끌어 가는 데 필요한 조건들에 초점을 둔다. 여기에서는 전인교육연구소와 전인교육실천연대가 함께 추구해 온 전인교육 프로그램의 편성 원리와 전인교육의 교과의 구성에 대하여 소개하고자 한다(민영주, 2005).

(1) 전인교육 과정 편성의 원리

전인교육의 범주는 학생뿐만 아니라 학부모, 교사, 사회가 포함된다. 따라서 학교수업의 중심이 되는 학생과 교사, 학부모, 사회를 위한 여러 전인화 프로그램이 전인교육의 중심 내용이 된다. 전인교육 과정의 주요 내용은 학생, 학부모, 교사 등 각 주체들이 스스로, 그리고 더불어 삶을 성공으로 이끌어 가는 데 필요한 조건들에 중점을 둔다. 성공으로 가는 과정은 계몽, 계도, 계발의 과정으로 나누어 볼 수 있다. 계몽은 자신의 잘못된 인식과 가치관을 스스로 일깨우는 과정이고, 계도는 그러한 인식의 바탕 위에서 올바른 생활습관으로 교정하고 자신을 바르게 다스리며 이끄는 과정이며, 계발은 더욱 진보, 진화할 수 있도록 추구하고 창조하는 과정이다. 이 과정에는 전인교육의 원리를 살펴본 바와 같이 자아, 의식, 생명체계, 두뇌, 생활, 꿈과 포부의 설계 등 여러 조건에 대해 계몽, 계도, 계발이 진행된다.

여기에서는 전인학교에서 학생을 중심으로 이루어지는 전인교육을 중심으로 살펴본다. 전인교육과정의 편성 원리를 표로 제시하면 다음 〈표 6-2〉와 같다(민영주, 2005).

〈표 6-2〉 전인교육 과정의 편성 원리

		계몽	계도	계발	성공
스스로	학생	자아, 의식체계, 생명체계, 두뇌, 사고체계, 생활 습관, 꿈과 포부의 설계, 인간관계 등 다양한 측면에서 '생명, 생활, 진화' 의 원리를 적용한다.			
	교사				
	학부모				
더불어	학교				
	가정				
	사회				

(2) 전인교육 교과의 구성

전인교육에서는 모든 교과 수업들이 '전인학' 수업의 바탕 위에서 이루어진다. 전인학은 보통의 과목 구분의 관점에서 본다면 윤리와 철학 분야에 해당되며, 학생들의 참된 가치관과 정체성에 대한 교육을 포함한다. 전인교육의 주요 영역은 더불어 사는 삶에 필수적인 자질과 능력을 함양하는 관계학 수업이다. 관계학에서는 서로의 소통을 돕는 외국어 영역과 토론 수업, 관계를 다스려 나가는 정치 등을 공부한다. 이러한 바탕 위에서 여러 교과 수업들이 펼쳐지는데, 전인교육 교과에서는 세상에 있는 지식을 찾고, 발견하고, 조직하며, 또 새롭게 열어갈 수 있는 힘을 계발하는 데 중점을 둔다. 따라서 대부분의 수업은 여러 교과 영역을 포괄적으로 다루는 프로젝트 수업의 방식으로 진행된다.

전인교육 교과의 구성 영역, 중점 내용, 그리고 과목 예시는 다음 〈표 6-3〉과 같다(민영주, 2005).

〈표 6-3〉 전인교육 교과의 구성 영역별 중점 내용

영역	중점 내용	과목 예시
전인학 기초	예, 존엄, 정체성, 삶에 대한 기획과 설계	예학, 전인명상, 포부 설계
생명과 생활	온전한 생명체계 생활습관 다스리기 자기 경영	생명의 신비, 생명계발, 생활체육, 옮과 마디맺음, 의식주 공양, 시간관리, 전인 위생환경
심성 인성	건전한 가치관 내일을 여는 도전정신 조화로운 마음	가치학, 철학, 심리
언어와 교류	언어를 통한 마음의 교류	우리말과 글, 영어, 제2외국어, 한문, 기호학
문예 예술	정서적 풍요로움 자기 표현력	시, 음악, 미술, 연극, 사진, 퍼포먼스
관계와 사회	'더불어'와 '살림'의 관계에 대한 인식의 확장	정치, 경제, 사회, 지구환경, 생태, 리더십
발달과 진화	정치력, 주도력, 조화로움 생명과 세계의 진화에 대한 이해 내일을 열어가기 위한 역사	우주, 역사, 생명의 진화
이치 탐구	세계가 이루어져 있는 이치에 대한 이해, 탐구의 마음과 자세, 논리적 전개	수리, 논리, 물리, 화학

교과 수업의 전개 과정에서는 전인교육의 가치관이 적용되므로 전인교육의 모든 교과에는 전인학 수업의 원칙이 공통적으로 적용된다. 예를 들어 언어능력 부분에서 전인 영어의 관심은 '영어를 어떻게 쓸 것인가?'하는 점이다. 언어는 단순히 의사소통을 하기 위한 것만은 아니다. 언어라고 하는 것을 도구로 삼아 마음을 실을 수가 있으며, 언어를 통해 마음의 교류가 일어날 때 우리는 언어를 적절히 쓰고 있다고 할 수 있다. 이러한 방식으로 각 교과에는 전인학의 독특한 관점이 들어가게 된

다. 경제를 공부할 때는 돈을 어떻게 쓸지, 어떻게 더 많은 부가 가치를 창조해낼지 찾아보는 전인학적 관심을 적용하며, 경영에서는 자기의 삶을 어떻게 경영할 것인가를 추구하는 것이 포함된다(민영주, 2005).

3) 이우학교의 전인교육 과정

이우학교는 2003년 9월 경기도 성남시에 중학교와 고등학교를 개교하였다. 이우학교는 21세기의 더불어 사는 삶을 실천하는 인간교육을 표방한다. 또한 이우학교에서는 더불어 사는 사람, 자주적이고 자율적인 사람, 창조적인 지성인, 그리고 머리 · 가슴 · 손발이 조화롭게 발달된 사람 등과 같은 바람직한 인간상을 제시하고 있다. 중학교의 교육과정은 ① 학생들의 다양한 재능과 잠재력을 발산할 기회 확대 필요, ② 협업과 연대를 통한 공동체성과 사회적 책무성 재강화의 요구, ③ 자아 이해능력 증진을 통한 미래 목표 설정 과정의 강화, ④ 교과 장벽을 넘어 통합적인 사고와 실천의 요구, ⑤ 자기주도능력의 신장, ⑥ 교과 수업 축소 요구 등의 필요성에 근거하여 편성되었다(김양분 외, 2010).

(1) 중학교 교육과정 운영 목적

중학교 교육과정 운영 목적은 다음과 같다(김양분 외, 2010).

① 학생 스스로 교육과정을 조직하고 운영할 수 있는 교육과

정을 일부 도입하여 창의성과 자기주도성 향상

② 모둠 활동 중심으로 교육과정을 운영함으로써 협업의 개념을 익히고 이를 통해 사회성과 공공성 함양

③ 자아존중감 향상과 자기이해능력의 향상을 통해 자아정체성 수립 강화

④ 블록제 수업을 통한 학생 주도 활동 수업의 활성화

⑤ 교과 통합을 통한 통섭적 사고 확대와 교사 연구력 및 협업 능력 향상

⑥ 교실을 벗어난 다양한 수업형태를 개발하고 전인적이고 종합적인 수업구조 구축

⑦ 교과교육의 축소, 창의적 체험활동의 강화를 통한 학생중심 교육의 다양화 기반 구축

(2) 교육과정 편성 및 운영 특징

중학교 교육과정 편성과 운영의 특징은 다음 8가지로 요약될 수 있다(김양분 외, 2010).

① 교과 수업시간 감축

② 창의적 체험활동의 확대 및 운영 강화

③ 범교과 학습 운영 계획

④ 자기주도적 학습 운영 계획

⑤ 교과전일제 운영 계획

⑥ 블록제 시행

⑦ 분기집중 이수제 실시

⑧ 생활나눔 시간 운영

(3) 수업 이외의 교육활동

중학교 1학년부터 자기주도 탐구과제를 부여함으로써 학생들의 자율적이고 능동적인 탐구활동을 촉진하고, 다양한 학습동아리 활동을 장려하고 있다. 3학년에는 졸업작품이라는 교과를 편성 · 운영하여 장시간 자기주도적인 탐구를 수행하여 완성도 높은 결과물을 내도록 독려하고 있다(김양분 외, 2010).

① 자기주도 탐구 과제

중학생은 매년 여름과 겨울방학 전에 자기주도 탐구 과제를 선정하고, 방학 기간에 멘토의 안내와 지원 아래 탐구 과제를 수행하여 개학 직후 보고서나 포트폴리오, 작품 등을 제출한다. 또한 연주, 합창, 영상물 등을 과제로 선정한 학생은 선생님과 친구들 앞에서 발표회를 개최한다.

② 졸업 작품

졸업 작품은 학생 스스로 탐구 주제를 정하고 탐구 계획과 과정을 스스로 만들어가는 자기주도 탐구학습의 꽃이다. 이는 비교적 장시간 동안 수행해야 하는 과제이다. 학생들은 다소 중압감을 느끼기도 하지만 자신의 흥미와 소질을 발견하고 자기주도적으로 탐구하는 즐거움을 가질 수 있다.

③ 학습동아리 운영

학습동아리 활동은 사교육에 대한 보완책으로 실시되고 있다. 학습동아리는 학생 스스로, 친구와 선배와 함께 학습하는 능력을 길러주기 위해 운영되고 있다. 선배와의 동아리는 교과 진도와 관련한 복습 차원으로 진행되고, 교사와의 동아리는 교과 내용과 관련한 개인별 심화문제 풀이 방식으로 진행된다. 학습동아리 활동을 진행한 후에는 활동보고서를 제출한다.

이상 이우학교를 통해서 본 전인교육에 대한 중요한 시사점은 다음과 같다. 학생 성장의 출발점은 학생들의 '정체성 찾기'와 '함께하는 배움'에 있으며, 학생 성장의 도약점은 '교사-학생 간의 인간적 관계'에 있다. 또한 교무실이 살아 있는 학교, 교장이 교사, 학생, 학부모와 권한 나눔을 하는 학교는 오히려 강해진다는 것이다. 이는 전인적 발달을 지원하는 좋은 학교가 되기 위한 중요한 요소 중의 하나라고 본다(김양분 외, 2010).

CHAPTER 07

전인교육과 교육방법

1. 전인교육 방법의 의미

학교 현장 교사들은 특정한 교과에서 학습자의 인간성을 존중하고, 그러한 인간성이 골고루 발달되고 조화로운 인간을 기르며, 학습자의 자율성을 보장하는 전인교육을 실천하고자 노력하고 있다. 전인교육의 목표를 달성하기 위해서는 구체적으로 가르쳐야 할 내용을 선정하고 그러한 내용을 어떤 방법이나 전달체제를 동원할 것인가의 문제가 논의된다. 이러한 문제는 어떻게 가르치느냐라는 물음에 대한 대답을 찾는 일이다. 이와 관련된 용어에는 교육방법, 교수법, 교수학습방법, 수업방법, 학습지도법 등이 있다. 이들은 다소 다른 의미를 지니고 있지만, 모두 목표를 달성하기 위한 수단으로서 방법을 다루고 있다는 점에서 유사한 용도로 사용되고 있다.

일반적으로 목표달성을 위한 방법이 내포하고 있는 범위는 매우 넓다. 교수 또는 수업방법은 수업을 조직하고 실행하는 모든 수단으로서 수업계획, 준비, 학생과의 상호작용, 자료의 관리, 평가 그리고 성적관리 등이 모두 포함된다(이희도, 1980). 이러한 수업 방법이 하나의 방법으로서 성립하려면 몇 가지 조건이 있다. Berliner와 Gage(1976)는 방법이 갖추어야 할 조건으로 반복성, 적용성, 그리고 활용성을 들고 있다. 반복성이란 하나의 교수방법이라 할 때에는 특정한 교사 활동이 일정 시간 동안 반복되어야 한다는 의미이나. 적용성이란 특정한 수업행동이 어느 한 교과에만 적용되고 다른 교과에는 적용되지 않는 것이 아니라 모든 교과에 걸쳐 이루어질 때 하나의 특정한 수업방법이라 할 수 있다. 그리고 활용성이란 그 방법을 모든 교사가 활용할 수 있어야 한다는 의미이다.

전인교육의 목표를 달성하기 위해서는 학교 현장에서 교수학습 방법을 원활하게 전개하기 위한 기본 여건이 마련되어야 한다. 먼저 학교문화 풍토를 개방적인 분위기로 만들어야 하고, 특히 교사가 허용적 태도를 가지고 있어야 하며, 개별 학습자의 창의적 사고를 자극하는 풍부한 학습환경이 마련되어야 하며, 학교 구성원들 간의 역동적 인간관계가 형성 · 유지 · 고양될 수 있어야 하고, 실제 수업과정에서 통합된 교육과정이 융통성 있고 자유롭게 전개되도록 만들어야 할 것이다(윤팔중, 1981).

전인교육에서 표방하고 있는 인간의 자율성을 보장하는 교육이 전개되기 위해서 무엇보다도 학교사회 문화적 풍토와 더불어 물적 환경과 인적 환경의 중요성을 강조하고 있다. 특히 교사의 역할이 전인교육의 성패를 결정하는 가장 핵심적인 요소임을 시사하고 있다.

전인교육 방법의 기본 여건과 더불어 전인교육 방법의 기본적인 특성이 무엇인가를 살펴보아야 한다. 여기에서는 전인교육 방법의 특성으로서 목표지향성, 다양성, 융통성, 그리고 개별성 등을 논의한다.

첫째, 전인교육 방법은 목표지향성을 갖고 있다. 전인교육 방법은 전인교육의 목표를 달성할 수 있어야 한다. 목표와 방법은 상호의존적 관계를 지니고 있다. 따라서 어떤 방법의 효율성은 목표달성도라는 기준에 비추어 평가된다. 또한 목표는 그를 달성시켜 줄 최선의 수단인 방법을 요구하게 된다. 그래서 성취하고자 하는 목표에 따라 방법이 다를 수 있다. 그리고 방법이 지니고 있는 성질 때문에 어떤 방법은 특정 목표를 달성하는 데 더 효과적일 수 있다.

둘째, 전인교육 방법은 다양성을 지니고 있다. 전인교육은 지, 덕, 정, 체 등의 다양한 측면의 균형되고 조화로운 발달을 꾀하고 있어서 어느 특정한 방법으로 모든 측면을 성공적으로 기르기는 어렵다. 모든 교과, 모든 학습활동, 그리고 모든 주제를 효과적으로 가르칠 수 있는 만병통치약과 같은 교수방법은 이 세상에 없다는 의미이다. 따라서 수업목표에 따라 가장 효과적인 최적한 방법을 동원해야 한다. 또한 최적한 방법을 찾아야 하고 전인교육 목표를 달성하기 위해서는 다양한 수업방법을 동원해야 한다.

셋째, 전인교육 방법은 융통성을 발휘해야 한다. 전인교육의 실제에서는 학습자의 특성이나 학습환경에 따라 교수방법이 융통성 있게 달리 적용할 수 있어야 한다. 한 시간의 수업과정에서 특정 교수방법을 고수하는 것이 아니라, 학습주제나 학습목표에 따라 최적한 다른 방법을 융통성 있게 적용해야 하고, 다른 수업기법의 장점을 융합하여 적용할 수 있어야 한다. 물론 기존의 수업방법을 학습과제의 특성과 상황에 따라 융통성 있게 변용할 수 있어야 한다.

넷째, 전인교육 방법은 개별성을 유지해야 한다. 전인교육의 목표를 성공적으로 달성하기 위해서는 무엇보다도 학습자 개인의 특성을 고려한 최적한 방법이 동원되어야 한다. 교육방법에서 가장 핵심적인 문제는 잘못 배우고 덜 배운 내용을 시정하고 교정하는 기회, 즉 학습결손을 보충하는 기회를 학습자에게 개별적으로 제공하는 것이다. 학습자의 개별적 특성에 대한 관심과 더불어 개별적 특성에 최적한 교수방법에 대한 과학적 검증이 요구된다. 그러한 근거에 바탕을 둔 개별적인 처방이 이루어져야 할 것이다.

2. 전인교육 방법의 원리

전인교육 방법의 기본원리를 탐색하는 데 도움을 주는 대표적인 수업원리로는 전인교육방법의 기본원리(정원식, 1979), 목표별 수업원리(김순택, 1978), 홀리스틱 교육의 교수학습원리(명지원, 2018), 그리고 인성교육의 수업원리(이성흠, 2018) 등이 있다. 전인교육을 성공적으로 실천하기 위한 전인교육 방법의 기본원리를 살펴보고자 한다.

1) 전인교육 방법의 기본원리

정원식(1979)은 모든 개인의 자아실현을 돕는 것이 전인교육이라고 규정하고, 자아실현을 도울 수 있는 방법에 관련된 기본원리를 제안한다. 자아실현이라는 결과로 나타나는 특성이 다양하고 그 특성의 성질이 서로 다르기 때문에 어느 하나의 방법만으로 불가능하다는 것을 이해하기는 쉽다. 또 인간교육에서 달성하려고 하는 여러 가지 특성을 습득하는 것은 지식영역의 학습과 같은 일반적인 학습원리로는 불가능하다 것도 이해할 수 있다. 그래서 전인교육 방법의 원리로는 관계의 원리, 자율의 원리, 그리고 전 교과의 원리 등 세 가지 기본원리를 제시하고자 한다(정원식. 1979).

(1) 관계의 원리

개인의 자아실현을 도울 수 있는 방법의 기본이 되는 것은 교사와 학생의 진정한 인간관계이다. 이점에서 전인교육은 교사와 학생의 참된 만남에 의하여 가능하다고 할 것이다. 성숙한 인간과 그 교사를 모방하고 따르려고 하는 학생 사이에 인간적인 접촉과 대화가 있을 때 비로소 한 인간으로서의 성숙이 기대될 수 있는 것이다. 오늘날 교육공학의 발달은 많은 지식과 정보를 교사 없이 효과적으로 학습시킬 수 있는 학습기계와 컴퓨터 프로그램을 발전시키고 있나. 그러나 이와 같은 교육공학적 방법에 의하여 인간적인 성숙이 가능하지 못한 까닭은 바로 인격이 있는 사람과의 만남이 결여되기 때문이다.

그러면 어떤 인간관계가 형성되어야 하는가? 인간관계를 통하여 학생에게 어떤 교육적인 영향을 미치기 위해서는 적어도 몇 가지의 조건이 충족되어야 한다. 무엇보다도 교사-학생 간의 관계는 기본적인 신뢰감으로 형성되어 있어야 한다. 서로 믿을 수 있고 마음속 깊이 있는 생각과 감정을 털어놓을 수 있는 믿음이 있을 때 진정한 교사와 학생의 만남이 성립된다. 학생의 처지에서 볼 때 교사가 자기를 도와주려고 한다는 느낌을 가질 수 있을 때 두 사람의 관계는 단순한 인간관계를 넘어 교육적인 관계로 발전하게 된다.

뿐만 아니라 교사-학생의 관계는 지적인 정보를 교환하거나 사무적인 처리를 하는 통상적인 관계에 머무르지 않고 서로 감정이 교류되는 정적(情的)이며 깊이 있는 관계가 되어야 한다.

두 사람의 대화는 지적 내용의 대화에 한정되지 않고 서로 부드러운 감정을 느낄 수 있는 대화가 되어야 한다는 조건이다. 이러한 관계를 상담심리학에서는 감정이입적 관계라고 한다.

또 하나의 조건은 교사가 학생의 현실을 무조건 수용하는 관계가 되어야 한다는 점이다. 학생을 일단 무비판적으로 받아들이는 교사의 태도가 요망되는 것이다. 학생이 어떤 잘못을 저질렀을 때 그것을 탓하기에 앞서 그러한 잘못이 있었다는 현실을 있는 그대로 수용하고 그것을 자신이 뉘우치고 시정하도록 이끌어가는 관계이다. 이러한 조건이 충족되는 관계는 학생에게 어떤 영향을 미칠 수 있는 힘을 발휘하게 된다.

(2) 자율의 원리

학생들의 인간적인 성숙은 지시나 명령에 의해서 가능한 것이 아니다. 그것은 기본적으로 본인의 자율적인 결단에 의해서 성취되는 것이다. 여기에서 바로 자율성의 원리가 등장하게 된다. 이와 같은 원리에 입각하여 전인교육은 학생들의 인간적인 성숙과 자아를 실현시키는 교육이 아니라 스스로 성숙하고 스스로 자아를 실현하도록 돕는 교육이라고 할 것이다. 자아를 실현하는 최종적인 책임은 학생에게 있으며 학생의 자율적 판단과 결단을 필요로 한다.

인간적인 성숙을 위해서는 일상생활에서 당면하는 여러 가지 문제를 자율적으로 해결해 보는 경험이 필요하기 때문에 교사는 학생들의 일상적인 문제를 해결해 주는 것이 아니라 학생들 스스로가 자신의 문제를 해결해 가는 과정을 중시하게 된다. 성숙한 인간은 자기의 행동에 대하여 스스로 책임지고 자신의 문제를 누구에게 의존하지 않고 자율적으로 해결할 수 있는 자율인이 되는 것을 의미하기 때문에 자율적인 문제해결의 경험은 자율인으로 발달하기 위하여 반드시 거쳐야 할 과정이다. 만일 그들의 경험이 타율적인 규제와 억압 속에서만 이루어진다면 그들에게서 자율적인 태도와 능력을 기대하기 어렵게 된다.

자율의 경험은 이른바 점진적(漸進的) 접근에 의하여 주어지는 것이 원칙이다. 연령이 높아짐에 따라 비례적으로 자율의 경험이 증대되어야 한다는 것이다. 초등학교 때보다는 중학교 때에 보다 많은 자율적 경험이 주어지고 중학교 때보다는 고등학교 때에 더욱더 많은 자율적 경험이 주어져야 할 것이다. 그럼에도 우리의 현실은 그러하지 못하다는 것이 일반적인 견해이다. 어쩌면 우리의 현실은 원칙과 정반대의 경향마저 있다고 할 것이다. 이러한 상황 속에서 자발적이고 자율적으로 행동하여 자신의 생각을 마음껏 넓혀 볼 수 있는 성숙한 인간이 길러질 수 없다는 것은 너무나 명백한 일이다.

(3) 전 교과의 원리

전인교육을 지향하는 인간교육은 학교교육에 있어서 특정 교과에 한정되는 것이 아니다. 또한 학교의 특정 교과 활동에만 의존할 수 있는 것도 아니다. 모름지기 전(全) 교과의 활동을 통해서 각 교과의 특수한 상황에 의거하여 동일한 목표를 추구할 때 전인교육의 목표는 달성될 수 있는 것이다. 이것을 전 교과의 원리라고 할 수 있다.

이와 같은 방법론적인 원리에 비추어 볼 때 우리의 교육현실은 너무나 거리가 있다는 것이 일반적인 견해이다. 각 교과의 수업은 그 수업을 통하여 정해진 지식과 정보를 제공하고 필요한 기능을 학습하는 일에 그칠 뿐 학생들의 인간적인 성숙에 크게 기여하지 못하고 있는 실정이다. 그러므로 각 교과의 활동은 그것이 전인교육의 일환으로 주어지는 활동이 될 수 있도록 새로운 전환이 있어야 할 것이다.

전인교육을 실천하기 위하여 특히 두 가지의 노력이 요망된다. 첫째는 모든 교과활동에서 전인교육의 기능과 책임을 의식하고 그러한 기능을 교과수업의 중요한 부분으로 받아들이는 것이다. 인간교육은 생활지도 담당 교사가 수행해야 할 일이지 교과수업과는 관계가 없다는 일반적인 통념에서 벗어나야 할 것이다. 각 교과 담당교사가 교과의 지식을 전수하기 이전에 사람을 만들어야겠다는 투철한 의식만 있다면 전인교육은 충분히 가능할 수 있다는 관점이다.

둘째는 각 교과활동에 있어서 각 교과마다 정해진 정의적(情意的) 목표를 달성하기 위해 노력하는 일이다. 각 교과의 수업을 통해서 달성해야 할 특정의 태도와 가치관이 있다. 이러한 교과의 정의적 목표가 적절하게 달성되면, 그것은 상당한 정도로 학생들의 인간적인 성숙에 기여하는 결과가 될 것이다. 문제는 전인교육을 위하여 요망되는 목표가 없는 것이 아니라,

그러한 목표가 교과수업에서 무시되는 경향이 농후하다는 데에 있는 것이다.

2) 전인교육을 위한 목표별 수업원리

좋은 수업은 교육과정에서 명시하고 있는 목표를 학생들이 성취할 수 있도록 하는 수업으로 정의된다(김순택, 1978). 수업과 교육과정에서 공통적으로 지향하고 있는 것이 바로 목표이다. 학교학습에서 진행되는 수업은 구체적으로 다루어지고 있는 목표에 초점을 맞추어야 한다. 수업에서 다루어지고 있는 학습과제를 내용적 차원에서 교과로 구분하는 것과 달리 학습조건이나 학습과정의 차이에 따라 분류하고 공통적인 수업원리를 찾으려는 접근방법이 있다. 대표적인 학자가 바로 블룸(Bloom)과 가네(Gagné)이다. 특히 가네는 학교학습의 과제를 정보와 지식 영역, 지적 기능 영역, 인지전략 영역, 태도 영역, 그리고 운동기능 영역 등 5가지 영역으로 구분하고 있다. 그는 각 영역별로 최적한 학습조건, 즉 수업원리가 있다고 주장한다. 김순택(1978)은 각 영역별 최적의 수업원리를 목표별 수업원리라고 규정하고 있다. 여기에서는 목표별 수업원리를 전인교육을 실현하기 위한 방법의 원리로 다루고자 한다.

(1) 정보와 지식의 영역: 선행조직자의 제시 원리

정보와 지식은 사물의 이름, 사실, 사건, 또는 이들이 체계적으로 조직화된 것을 말한다. 이러한 학습은 국어 교과에도 있고, 수학 교과에도 있으며, 음악 교과에도 있다. 예컨대, 국어 교과에서 책상, 나무, 비행기 등과 같은 구체적 사물을 학습하는가 하면, 수학 교과에서 삼각자, 각도기, 사각형 등과 같은 사물의 이름을 학습하게 되고, 음악 교과에서도 가야금, 피아노, 오르간 등과 같은 사물의 이름을 학습하게 된다.

각 교과에서 나타나는 수많은 정보나 지식을 가르치고자 할 때는 먼저 학생에게 이들 정보나 지식의 덩어리를 포함하는 전체적 개념 또는 조직구조를 제시한 후, 부분적인 요소 정보나 요소 지식을 난이도 순에 따라 차례로 제시하는 방식을 채택하는 수업원리가 효과적이다. 여기서 전체적 개념이나 조직구조는 선행조직자(advanced organizer)라는 용어로 표현된다. 따라서 정보와 지식을 가르치고자 할 경우 선행조직자 제시의 수업원리가 가장 효과적이라고 주장한다.

(2) 지적 기능 영역: 학습위계의 활용 원리

지적 기능은 개념이나 원리의 학습은 물론 다소 복잡한 문제해결학습을 포괄해서 가리킨다. 어떤 개념이나 원리를 단순히 언어적으로 진술하는 정도라면 정보나 지식수준으로 이해하는 것이 되지만, 개념이나 원리를 대화나 문장 속에서 정확하게 사용할 수 있거나 이를 이용해서 어떤 문제를 풀 수 있을 때 지적 기능의 수준에 이르렀다고 한다.

지적 기능의 학습을 위해서는 특정 지적 기능을 선행해서 미리 학습해야 할 요소 기능을 먼저 성취한 후에, 다음에 학습해야 할 요소 기능을 학습하면 더 쉽게 성취할 수 있다. 지적 기능의 학습과제의 이러한 특징을 학습위계라고 규정한다. 지적 기능의 영역은 위계적 순서가 명백한 과제를 포함하고 있다. 따라서 지적 기능의 영역을 가르치기 위해서는 학습위계를 활용하는 수업원리가 가장 효과적이다.

(3) 인지전략 영역: 새로운 연습 기회 제공 원리

인지전략은 개인의 사고, 학습, 기억 등의 행동을 지배하는 내적 행동을 말한다. 인지전략은 사고전략이며, 학습방법이고, 기억전략이다. 인지전략의 학습은 학교학습에서 대단히 중요한 비중을 차지한다. 어떤 의미에서 인지전략의 개발이나 증진이 학교교육의 궁극적 목표에 해당한다고 할 수 있다.

인지전략의 수업을 위해서는 가능한 한 지적 기능과 정보를 소유하도록 하는 동시에 이전에 접촉한 적이 없는 새로운 문제를 해결해 보는 연습의 기회를 되도록 많이 제공해야 한다. 학습방법이나 사고방법의 훈련을 위한 연습을 통해 새로운 장면에 대한 적응능력이 전이현상을 일으키게 될 것이다.

(4) 태도 영역: 모범 인물의 활용 원리

태도는 어떤 대상, 사건, 인물을 선택하도록 하는 개인의 내재적 상태로 정의된다. 이 정의에 따르면, 태도는 선택 행위로 나타나는 것을 시사한다. 태도는 선택 행동을 보이는 내재적 상태로 규정되는 특징을 보인다. 개인이 행하는 선택 행동을 일반화해서 그의 태도를 규정하게 된다. 학교에서 가르치는 태도에는 교과학습에 대한 태도, 학교공부에 대한 태도, 교사에 대한 태도, 사회 및 국가에 대한 태도, 부모에 대한 태도 등이 있다. 이들 태도를 기르는 데 긍정적인 방향의 생각이나 감정만 가지게 하는 것이 아니라 긍정적인 방향으로 행동하도록 하는 것이 태도 수업의 목적이다.

태도를 가르칠 경우, 태도에 대한 개념적 지식, 태도의 대상에 대한 다양한 정보의 제공과 더불어 긍정적 태도를 소유하고 있는 모범 인물의 시범행동의 제시가 효과적이다. 직접적인 보상 경험을 하지 않을지라도 간접적 대리 경험을 통해 바람직한 행동을 하도록 하는 방법이 권장되어야 할 것이다.

(5) 운동기능 영역: 반복 연습의 원리

운동기능은 학교학습에서 가장 쉽게 관찰할 수 있는 능력으로서 근육 운동을 수반하는 신체적 운동기능을 말한다. 가장 단순한 수준은 자극에 대한 신체적 반응의 연결이며, 점차 이 연결이 연쇄 현상을 일으켜 운동연쇄적 반응을 보이게 되고, 마지막으로 어떤 형태의 운동 또는 운동기능을 형성하게 된다.

운동기능의 수업을 위해서는 기르려는 목표 운동기능의 하위적 기능을 연마시킴과 아울러 해당 운동기능을 적절한 계열에 따라 반복 연습하면서 교정해 주는 것이 효과적이다. 운동선수들의 피나는 노력, 이른바 정신력을 강조하는 것은 바로 운동기능의 연습에 크게 의존하고 있기 때문이다.

위에서 살펴본 바와 같이 다섯 가지 학습과제 영역에 각각 가장 효과적인 수업원리가 존재하고 있다는 것을 제시하고 있다. 이러한 학습과제 영역이 바로 목표 영역으로 간주할 수 있다. 각 목표별로 가장 효과적인 수업원리가 존재한다는 사실을 알 수 있다. 그래서 목표별 수업원리는 어느 특정한 수업방법이 모든 목표 영역에 두루 효과적인 성과를 올릴 수 없다는 기본 가정에서 출발하고 있다.

전인교육을 실현하기 위해서는 어느 특정한 수업원리에 의존해서는 안 될 것이다. 전인교육의 목표를 달성하기 위해서는 각 학습과제 영역 또는 목표별로 최적한 수업원리를 동원해야 한다. 또한 각 학습목표별로 최적한 수업원리가 무엇인가를 확인하고 적용해야 할 것이다.

3) 홀리스틱 교육의 교수학습원리

캐나다 토론토 대학교의 Miller 교수와 뜻을 같이 하는 시민들과 함께 설립한 이퀴녹스 홀리스틱 대안학교(Equinox Holistic Alternative School: EHAS)의 교육과정에서 제시하고 있는 홀리스틱 교육의 7대 교수학습원리를 살펴보고자 한다(명지원, 2018; EHAS, 2020).

(1) 이야기기반 원리

이야기기반(narrative-based) 원리는 이야기를 통한 스토리텔링으로 진행하는 홀리스틱 학교의 기본적인 생활양식이자 원리이다. 아동은 상상력을 자극하는 이야기에 본질적으로 끌리는 특성을 가지고 있어서 학습의 개념을 형성하는 데 이야기는 매우 유용하다. 홀리스틱 학교에서는 스토리텔링을 통하여 아동의 상상력을 자극하고 수학, 과학, 사회, 지리 등 모든 과목에서 신화, 전설, 민간설화, 동화, 세계역사 이야기를 활용하며, 고학년으로 올라가면서는 역할극이나 연극을 통해 스토리텔링의 기술을 접목하여 조상들의 삶이나 사건 등에 대하여 학습한다.

(2) 예술기반 원리

예술기반(art-based) 원리는 아동을 그들의 손과 가슴으로 예술 학습과정에 참여시키는 원리이다. 예술은 여러 교과를 통합하도록 도와주기 때문에 오전 수업시간에 중점적으로 실시한다. 대표적인 예시로는 이야기를 극화하기, 과학수업에서 식물 그리기, 수학수업에서 리듬에 따라 박수치기, 퀼트 작업으로 분수 배우기 등이다. 또한 각 교과에서 나름대로 예술 활동으로 가르친다. 모든 학년에서 교사들은 칠하고 그리는 방법을 학생들에게 보여준다. 모든 교육과정에 드라마가 통합되고, 5학년과 7학년 학생들은 전문 연극교육을 받고 학급연극을 공연한다.

(3) 경험기반 원리

경험기반(experience-based) 원리는 아동에게 경험과 탐색을 통해 학습하도록 하는 원리이다. 초등 저학년 시기에는 수학과 과학 수업은 많은 부분 교실 바깥에서 실습과 체험 학습을 통해 배운다. 예컨대, 식물의 종(種)이나 곤충 개체수를 수집함으로써 자료 관리 방법을 배운다. 고학년 학생들은 실제 생활 학습활동을 통해서 추상적 개념을 학습한다. 예컨대 5학년 학생들은 학급에서 미니 국회를 구성하기도 한다.

(4) 탐구기반 원리

탐구기반(inquiry-based) 원리는 홀리스틱 교육과정의 '직관과 탐구 연계' 항목에 포함되어 있다. 홀리스틱 학교에서는 직관을 발달시키는 기법으로 심상화(visualization)와 은유(metaphor)를 사용한다. 심상화는 학급의 응집력을 촉진시키고, 아동들에게 흥미를 유발하게 하고, 창의적 글쓰기를 도와준다. 은유는 아동들에게 개념과 교과 간의 연계를 도와준다. 또한 은유는 아동에게 패턴을 보여주고, 탐구심을 유발하여 창의적 과정을 자극하도록 도와준다.

(5) 협력기반 원리

다음은 협력기반(cooperative-based) 원리이다. 탐구와 문제기반 모형은 학생들에게 소집단으로 협력해서 문제를 해결하는 것이다. 학생들은 그들이 주도하거나 교사가 배정하는 과제를 소집단으로 수행한다. 유치원 탐구활동 프로그램은 학생들의 협력학습의 기초를 마련하도록 도와준다.

(6) 교사주도 원리

여섯째 원리는 교사주도(teacher-led)이다. 홀리스틱 학교는 교사주도 활동과 학생주도 활동 사이의 균형을 유지하는 것을 목표로 삼고 있다. 학생의 자율성을 기반으로 하는 수업과 교사 주도의 교육활동도 중시한다. 교사의 지도로 수학, 과학, 언어, 데생, 음악, 프랑스어 등을 통해 새로운 개념과 기술을 학습한다.

(7) 프로젝트 기반 원리

소규모 프로젝트 기반(project-based) 학습은 유치원에서 시작한다. 학생들은 수학과 과학 수업시간에 예술적 매체를 통하여 스프링클러의 작동 원리를 기록하여 탐구한다. 3학년에는 학급 전체가 참여하는 프로젝트, 예컨대 주택을 설계하고 건축하는 프로젝트를 수행한다. 프로젝트는 여러 가지 개념과 스킬을 실제 학습활동에서 통합하도록 도와준다.

위에서 살펴본 홀리스틱 학교에서 학교교육과정의 기반이 되는 교수학습원리는 전인교육의 목표를 달성하기 위한 방법에 여러 가지 시사점을 제공한다. 먼저 학생주도 학습활동과 교사주도 교육활동이 서로 균형을 유지하는 데 관심을 집중하고 있다. 다음으로 스토리텔링 기법을 통하여 아동들의 상상력을 자극하고 여러 교과를 자연스럽게 통합하여 운영하는 수업기법을 동원하고 있다. 그리고 소규모 프로젝트와 대규모 프로젝트를 다양하게 경험함으로써 실제 생활 장면에서 자연스럽게 적응할 수 있는 다양한 학습기회를 제공하고 있다.

4) 인성교육의 수업 원리

1장에서 언급한 바와 같이, 인성교육은 인간교육을 위한 필수적인 과정으로서 인간다운 인간, 완전히 조화된 인간, 바람직한 인성을 지닌 인간을 대상으로 하고 있다는 점에서 전인교육의 개념과 거의 동일한 개념으로 간주할 수 있다. 다만 전인교육은 인성교육이라는 개념보다 더 넓은 교양, 그 중에서도 문화 소양을 갖추고 그것을 즐길 수 있게 돕는 문화적 교양교육에 더 가깝다. 이러한 점에서 인성교육에서 논의하고 있는 인성교육 수업원리도 전인교육 수업원리로 충분히 활용가능하다고 본다. 이러한 의미에서 인성을 지식 습관과 도덕적 습관의 종합체(Ryan & Bohlin, 1999)로 정의하고 인성교육을 실천하기 위한 수업원리를 제시하면 다음과 같다(김재춘 외, 2012; 이성흠, 2018).

(1) 지적, 정의적, 행동적 요소 균형 원리

인성교육은 도덕적 가치에 대한 지식과 행동, 그리고 지식과 행동을 매개하는 동기요소까지도 고려하는 수업이 필요하다.

바람직한 인성은 인지적 요소로서 '선한 것을 알고(knowing the good)', 정의적 요소로서 '선한 것을 사랑하며(loving the good)', 행동적 요소로서 '선한 것을 행하는(doing the good)' 것과 같은 종합적 요소를 실천함으로써 형성된다(Ryan & Bohlin, 1999). 구체적으로 인지적 요소는 도덕적 각성(moral alertness), 덕과 특정상황에서 덕이 요구하는 것에 대한 이해, 상대방의 관점 이해하기, 도덕적 추론, 사려 깊은 의사결정, 도덕적 자기지식(moral self-knowledge) 등이 포함되며, 정의적 요소는 마음(heart)의 습관요소로서 도덕적 판단과 도덕적 행위 사이의 가교역할을 하는 양심(conscience), 자아존중(self-respect), 공감(empathy), 선한 것을 사랑하기, 겸손(humanity) 등이며, 마지막으로 행동적 요소는 의사소통, 협동, 갈등해결 등과 같은 도덕적 능력(moral competence), 판단과 에너지를 가동시키는 자기통제와 인내심과 같은 도덕적 의지(moral will), 도덕적으로 상황에 반응하려는 신뢰로운 내적 성향과 같은 도덕적 습관(moral habit)을 포함한다(Lickona, 2011: 24-25). 이와 같이 인성교육의 세 가지 요소는 인성교육의 목표가 되며, 궁극적으로 학생 개개인의 도덕적 양심으로 행동하는 자유인으로 좋은 사람(good person)이 되고, 사회적으로는 좋은 학교(good school)를 만들고, 궁극적으로는 좋은 사회(good society)를 건설하는 데 필수적이다.

(2) 학교교육 전체 과정에서 운영 원리

학교교육의 전체 과정에서 인성덕목과 가치를 직·간접적으로 다루는 인성교육의 수업원리이다. 학교에서 인성교육은 지적, 정서적, 사회적, 윤리적 측면에서 총체적 발달을 목적으로 한다. 이와 같은 이유 때문에 인성교육은 공식적 교육과정과 잠재적 교육과정에 종합적으로 상호 연계되어 실천되는 것이 효과적이다. 인성교육은 교실, 운동장, 식당, 도서관, 복도 등 학교생활의 전체 과정에서 이루어져야 한다. 특히, 학교생활에서 교사가 학생의 인성발달에 영향을 주는 주요 측면은 다음의 세 가지로 요약된다(김재춘 외, 2012).

첫째, 학생들과 상호작용하는 방식이다. 교사와 학생의 상호작용은 수단으로서가 아니라 그 자체로서 목표가 될 때와 교사가 학생들에게 존경과 신뢰를 받는 관계를 형성함으로써 인성교육에 긍정적인 영향을 줄 수 있다. 둘째, 교사의 수업방식이 인성교육에 영향을 미친다. 교사는 교육과정의 내용적 측면에서 경험의 폭을 넓히고 깊이를 깊게 하고, 학생들이 학습참여기회를 증진시킴으로써 인성교육에 영향을 미칠 수 있다. 셋째, 교사의 학급경영방식이 인성교육에 영향을 준다. 독단적인 학급경영 방식은 학생들에게 당혹감과 소요를 일으키고, 학생들이 비록 교사의 강압적인 지시에 순응하더라도 분노, 공포, 기타 부정적 감정을 가져오게 된다. 또한, 학교생활에서 과제 미제출 등과 같은 일탈행동을 보일 때, 교사의 직접적인 질책은 학생에게 부정적인 행위나 언어적 맞대응을 불러일으킴으로서 교사권위의 추락과 교사-학생 상호간 언어적 공격이 나타날 수 있다. 따라서 학생의 일탈행위는 개인적 차원의 접근보다는 과제지향적 차원으로 접근하는 전략이 인성교육에 도움이 될 수 있다.

(3) 교과교육과 연계된 통합 원리

인성덕목을 중심으로 교과교육과 연계된 통합적 인성교육 수업원리이다. 학교교육에서 인성교육에 영향을 주는 교육과정은 도덕, 윤리 등과 같은 일부 특정 교과가 제공하는 경험뿐만 아니라 학교에서 학생들이 얻는 모든 경험이다. 따라서 인성교육은 인성덕목과 가치가 다양한 교과와 연계되어 실천됨으로써 효과적 결과를 보장할 수 있다. 일반적으로 인간의 도덕적 행위는 상황특수성(situation-specific)이기 때문에 특정 상황에서는 올바른 행위를 하지만 다른 상황에서는 다른 행동을 할 수 있다. 따라서 도덕적 행위의 상황특수성은 훌륭한 인성은 어떤 일회적 접근을 통해 육성될 수 있는 통일된 특징이 아니라 것을 의미한다. 이러한 맥락에서 기본적으로 인성교육은 확률의 원리에 기초하며, 점진적이고, 다양하며, 몸에 익숙해지도록 하는 습관형성을 위한 수업방법이 다양한 교과를 통하여 종합적으로 적용되면 보다 많은 학생들의 인성을 적절하게 형성할 가능성이 높아진다(김재춘 외, 2012).

(4) 교사의 인격 모델 역할 원리

교사가 스스로 인성교육을 위한 인격의 모델 역할을 하는 수업원리이다. 학교교육에서 교사와 학생은 의사소통의 당사자로서 교육적 상호작용을 통하여 여러 가지 측면에서 학생들의 인성교육에 직접적인 영향을 미친다. 따라서 인성교육에서 교사의 모델역할은 중요하다. 즉, 교사가 학교생활에서 반복적으로 사용하는 언어, 행동, 태도, 상호작용 방식 등은 직·간접적으로 인성적인 요소를 전달하게 되고 학생들은 이들을 지각하고 내면화하게 된다. 이와 같은 관점에서 학생들에게 가장 효과적인 인성교육의 방법 가운데 하나가 교사가 규칙을 따르고 인성적 덕목을 실천하는 모델이 되는 것이 중요하다. 또한, 학생들은 부모와 교사들의 삶을 관찰하면서 도덕적 삶에서의 기본적 가정, 욕망, 가치를 풍부하게 발견하면서 좋은 습관을 기를 수 있다.

(5) 학습공동체 구축과 파트너십 형성 원리

학습공동체로서 학부모, 지역사회, 자원과 인사들과 인성교육을 위한 파트너십을 형성하는 수업원리이다. 학생의 인성교육에 대한 일차적인 책임은 부모와 보호자가 진다. 부모를 포함하여 가족구성원과 친척은 인성교육의 최전선에 있는 일차적인 자원이다. 따라서 학부모가 학교의 인성교육에 수업 파트너로 참여하게 되면 가정에서의 인성교육의 중요성을 재인식시키는 동시에 학교에서의 인성교육에 기여할 수 있다. 실제로 학부모와의 협력적 관계를 형성하여 인성교육에 성공한 방법론으로는 학교의 인성교육 정책에 협조하는 계약하기, 가정-학교 뉴스레터 발간을 통한 가정에서 봉사활동, 인성관련 문학작품 읽고 독후감 발표 기회제공, 학부모 워크숍을 통한 자녀 훈육법 연수 및 가치기반 문학프로그램을 활용한 교육법 소개하기, 교사와 함께 인성교육 수업하기, 학생들의 학예회 참여하기, 주말가족모임을 통한 밥상머리 교육 등이다(김재춘 외, 2012).

3. 전인교육 수업(교수·학습) 방법

전인교육을 실천하기 위해서는 학교교육과정에서 선정된 내용을 어떻게 가르치느냐에 따라 학생들의 전인적 성장과 발달에 영향을 미치게 된다. 교사들은 교육과정에서 선정된 내용을 가르치는 과정에서 교사와 학생의 상호작용이 민주적이고 도덕적으로 진행되어 학생의 전인적 발달에 긍정적으로 영향을 미칠 수 있어야 한다. 전인교육과 유사한 인간교육과 인성교육 분야의 교수학습 방법을 토대로 전인교육의 교수학습 방법에 대한 접근방법을 논의하고자 한다.

정세구(1987)는 인간교육의 지도방법 모형을 크게 주입식 지도방법, 탐구식 지도방법, 그리고 직접적 경험 방법으로 구분하고 있다. 주입식 지도방법에는 강의법과 시청각매체 활용법이 있다. 탐구식 지도방법에는 토의법, 문답법, 가치지 활용법, 역할놀이, 시뮬레이션 등이 있고, 직접적 경험 방법에는 생활훈련, 운동훈련, 현장견학 등이 있다. 김재춘 외(2012)는 인성교육의 수업 접근을 1900~1960년대에는 실천중심의 행동적 접근, 1960년 이후 1970년대까지는 토론중심의 인지적 접근, 그리고 1980년대 이후에는 통합적 접근으로 구분하고 있다. 이성흠(2018)은 인성교육의 교수학습방법을 교사주도의 덕목전수 행동적 접근, 학생주도 토론중심의 인지적 접근, 그리고 체험중심의 통합적 접근으로 구분하고 있다. 덕목전수 행동적 접근에는 강의법과 스토리텔링법을, 토론중심의 인지적 접근에는 토의법과 역할놀이법을, 그리고 체험중심의 통합적 접근에는 현장학습법과 참여체험학습법을 포함하고 있다. 여기에서는 이성흠(2018)의 분류기준을 참고하여 교수자 중심의 설명적 접근, 학습자 중심의 탐구적 접근, 그리고 현장체험 중심의 통합적 접근으로 구분하여 살펴보고자 한다.

1) 교수자 중심의 설명적 접근

학교교육에서 가장 전통적으로 사용된 교사주도 또는 교수자 중심의 설명식 접근은 수업의 과정에서 교사가 바람직한 학습 내용을 직접 제시하면서 강조하여 가르침으로써 학생들로 하여금 이를 수용하여 내면화하고 행동변화에 중점을 두는 수업방법이다.

이러한 교수자 중심의 설명적 접근의 교수·학습방법으로는 강의법, 스토리텔링법, 시청각자료활용법, 모형제시법, 독서법 등이 있다(이성흠, 2018). 다음에서 강의·설명법과 스토리텔링법에 대하여 약술한다.

(1) 강의법

강의법(講義法)은 가장 보편화된 수업방식으로 한 사람의 교수자가 다수의 학습자에게 학습내용을 직접 언어로 전달하는 의사소통의 형태로 이루어진다. 수업내용이 특정 분야의 체계적인 지식에 대한 내용으로 구성되어 있을 때 자주 사용하는 강의법은 교육에 대한 전통적인 입장을 가진 사람들이 자주 사용한다. 교사가 그 방면에 대하여 많이 알고 있으며, 짧은 시간에 학생에게 많은 양의 지식을 전달하려고 할 때, 강의법이 효과적이다. 강의법은 설명식 수업방법이라고도 한다. 수업에서 교사는 학습내용을 서술(narration), 기술(description), 설화(telling) 등의 형태로 정보를 제시하고, 학생은 이것을 수동적으로 받아들인다. 강의법은 교사가 학습내용을 설명하고, 학생은 그것을 받아들이는 방식이기 때문에 교사의 권위가 없으면, 학생은 수업내용을 이해하고 받아들이기 어렵다. 이와 같은 이유 때문에 교사는 권위적이기 쉽다. 또한, 강의법은 학생의 참여도가 낮고, 학생 개인의 흥미와 능력을 고려할 수 없으며, 사고력 훈련을 위한 교육내용에는 부적절하다.

(2) 스토리텔링법

스토리텔링(storytelling)은 단어, 이미지, 소리를 통하여 이야기를 전달하는 것으로, 인물, 사건, 배경을 갖추어 특정 내용을 전달하는 글쓰기와 말하기 행위로서 활용되는 수업방법이다. 스토리텔링은 원래 문학이나 영화, 교육학 등에서 활용되던 방법이었다. 흔히 서사학이나 문학 · 영화에서 쓰이는 내러티브 혹은 플롯 개념과 동일한 개념으로 혼용되어 쓰이기도 하지만, 시간과 공간에서 발생하는 인과 관계로 엮어진 실제 혹은 허구적 사건들의 연결을 의미하는 내러티브나 플롯의 개념과는 구분된다.

오늘날 우리 일상생활에서 스토리텔링은 여러 가지로 유익하고 설득력 있는 수단으로 이용되고 있다. 인류가 등장한 이래 스토리텔링은 인간끼리의 의사소통에서 늘 중심적인 역할을 해왔기 때문이다. 스토리텔링은 인간의 현실적 삶을 이해하고, 감성을 높이고, 다양한 삶의 모습을 이미지와 동영상 자료를 통하여 표현함으로써 교육효과를 극대화시킬 수도 있을 것이다. 특히 최근 들어 스토리텔링은 현대 조직 사회에서 효과적인 커뮤니케이션 방법으로 활용되기도 한다. 현재 미국에서는 교육, 비즈니스, 대인관계 등 여러 분야에서 응용되고 있다. 이때 이야기는 특정 부류를 표적으로 해야 효과가 크며 내용은 듣는 이의 흥미를 자극하며 새로운 것을 이해할 수 있는 계기를 마련해 주어야 한다.

인성교육을 위한 스토리텔링의 서술 방식은 인성덕목과 연계되어 전달되는 교육내용이 개인의 삶에 밀착된 것처럼 느껴져 이야기를 읽거나 듣는 사람이 인물에 감정이입할 수 있도록 구성되어야 한다. 따라서 스토리텔링은 다양한 인물과 삶에 대한 공감적 이해를 바탕으로 삶의 깊은 인식에 도달할 수 있도록 사건 관련 내용을 구성함으로써 정서적 감응능력을 신장시킬 뿐만 아니라 감성과 이성적 사유를 인성덕목과 연계하는 사고와 표현 능력을 향상시킴으로써 덕목 체화에 노력하여야 할 것이다.

2) 학습자 중심의 탐구적 접근

학습자 중심의 탐구적 접근은 학생들이 스스로 합리적으로 주장할 수 있는 가치판단과 의사결정을 내리도록 도와주면서 학습내용에 대한 이해를 깊게 하면서 학생들의 판단 능력과 합리적인 의사결정 능력을 향상시키는 학생중심의 수업방법이다(이성흠, 2018). 이와 같은 탐구적 접근 수업방법에는 토의 토론법, 역할놀이법, 하브루타 방법 등이 있다.

(1) 토의·토론법

토의법(討議法)은 교사와 학생이 공동으로 참여하는 민주적인 교육방법이다. 의사소통의 유형은 학습자가 교사를 포함하여 다수의 동료학생과 의사소통한다. 여러 교과영역에서 자주 사용되며, 이 방법은 학습자가 혼자의 힘으로 문제를 해결할 수 없는 경우, 서로 의견을 교환하고 집단사고에 의하여 문제를 해결하는 수업방법이다(윤영선, 1996). 토의법을 활용할 경우에는 학습문제는 분명해야 한다. 학습문제 해결을 위한 토의 목적을 교사가 설정할 수도 있지만, 교사와 학생이 협력하거나 학생들이 결정할 수도 있다. 토의 목적과 내용은 어느 정도 구체적이어야 하고 실행가능성이 있어야 한다. 토의 내용은 모든 학생들이 관심을 가지는 사회적으로 의미 있는 문제일 경우, 학생을 수업에 적극적으로 참여시킬 수 있고 수업이 성공적일 수 있다. 토의법은 교수·학습과정을 통하여 문제해결과정을 배우는 것이 교육목적이기 때문에 의견차가 있더라도 상호 간의 의견을 존중하고 최선의 결론에 도달할 수 있도록 수업을 진행해야 한다. 토의법에서 교사는 토론과정에서 의견대립이 커지거나 소극적인 경우를 제외하고는 토론에 참여하지 않는 것이 바람직하다.

(2) 역할놀이법

역할놀이법은 학생들에게 어떤 상황이나 장면에 처해보게 하거나 특정의 역할을 실행해 보도록 함으로써 자신이나 타인이 지니고 있는 가치관 또는 신념을 깊이 있고 명확하게 이해시키고 도덕적 사고력과 판단능력을 향상시키는 방법이다. 역할놀이는 자신이나 타인들이 현재와 같이 행동하는 이유를 이해하는 데 도움을 준다. 특히 자신과 다른 사람들의 역할을 실연하는 과정에서 학생들은 인간 행동의 다양성과 유사성을 배우고 이것을 실제장면에 적용할 수 있게 된다.

이 수업모형에서는 개인의 성장과 사회적 상호작용을 모두 강조하고 있다. 그리고 이 모형은 사회과나 문학에 적용하는 것이 바람직하고, 초등학교 3학년에서부터 중학교 2학년 학생들에게 적용하면 효과적이다. 역할놀이 수업모형에서는 교사는 결단이 필요한 대인상황을 제시할 필요가 있다. 물론 이러한 상황은 아동에게도 흥미가 있어야 하며 또한 아동의 경험세계에 속하는 것이어야 한다. 역할놀이법을 선정함에 있어서 교사는 개인치료요법으로 사용되는 심리극(psycho-drama)이나 드라마(drama)와는 성격이 다르다는 전제에서 대인관계에서 발생하는 문제 해결을 위한 논의나 활동에 집중할 필요가 있다.

(3) 하브루타 방법

하브루타는 보통 두 명이 짝을 지어 프렌드십(friendship), 파트너십으로 공부하는 방법을 말한다(전성수, 2018). 하브루타는 학생들이 짝을 지어 얼굴과 얼굴을 맞대고 앉아서 서로 가르치고 배우는 논쟁 수업방법이다. 하브루타는 유대인 사회에서 원래 토론을 함께하는 짝, 즉 파트너 자체를 일컫는 말이었다. 그러던 것이 짝을 지어 질문하고 토론하는 교육방법을 일컫는 말로 확대된 것이다.

하브루타 공부는 대화와 토론과 논쟁이다. 그 한 가운데는 질문법이 자리 잡고 있다. 질문은 하브루타 학습의 핵심이다. 질문은 학생이 스스로 만들어야 한다. 학생들이 주어진 본문을 읽고 공부하면서 생기는 의문들을 질문으로 만들어야 한다. 유대인들은 아이의 질문을 받고 정답을 알려주거나 설명하는 것이 아니라 다시 질문한다. 예컨대 너의 생각은 어떠니 또는 왜 그렇게 생각하니 등과 같은 질문을 자주 사용한다.

질문 중심 하브루타 수업은 질문 만들기, 짝토론, 모둠토론, 발표, 쉬우르 과정을 거치는 수업모형으로 다양한 변형이 가능한 수업방법이다. 여기에서 쉬우르(shiur)는 예시바(유대인 탈무드 교육기관)에서 짝끼리 탈무드 논쟁을 한 내용을 랍비가 전체 학생과 질문과 토론을 통해 나누는 시간을 말한다. 하브루타 수업의 쉬우르 단계에서 교사는 주로 설명하기보다는 질문을 해서 학생들의 사고를 자극하고, 학생들에게 답이 나올 수 있도록 이끌어 준다. 학생들이 뽑은 질문, 학생들이 해결하지 못한 질문을 듣고, 그것에 대해 다시 질문하여 학생들이 자유롭게 생각한 것을 이야기하도록 이끈다.

3) 현장체험 중심의 통합적 접근

전인교육 또는 인성교육은 덕목이나 행동을 피상적으로 이해하거나 암기 위주에서 벗어나 보다 바람직한 인성실천과 건전한 덕성을 지닌 교양 있는 인간을 육성할 수 있는 방법을 모색하여야 한다. 체험중심 통합적 전인 또는 인성교육은 학교교육을 통하여 학생의 삶의 가치를 찾고 품격 높은 인간으로 성장할 수 있도록 하는 체험적이고 직접적이고 참여적인 방법, 여러 가지 생활 예절 및 기초질서를 몸소 행하고 실천하는 가운데 민주시민으로 바르게 생활하는 방법을 몸으로 습득하는 방법, 실생활과 연계된 실천중심의 학습이 이루어지도록 하는 방향으로 이루어져야 한다. 체험중심 통합적 전인 또는 인성교육은 직접적인 실천과 행동, 구체적인 체험을 통한 교육의 실행이라는 방법적 변화로의 요청에 부응한다는 점에서 중요한 의미를 갖는다(이성흠, 2018). 통합적 접근에는 프로젝트 학습법, 현장학습법, 참여체험 학습법, 그리고 하나로 수업모형에 대하여 간단히 살펴보고자 한다.

(1) 프로젝트 학습법

프로젝트 학습법은 아동이 학습의 전 과정에 주도적으로 참여하며, 아동이 선정한 문제를 중심으로 학습이 진행되며, 학습에 대한 아동의 책임을 강조하는 방법을 말한다. Parker와 Dewey가 전통적인 학교교육을 탈피한 통합적이고 학습자 활동중심의 프로젝트 형식을 도입하였다. Dewey의 영향을 받은 Kilpatrick이 1919년에 프로젝트에 의한 학습활동을 체계화하였다.

프로젝트 학습은 학습자들이 실 세계와 관련성이 있는 실제적인 문제해결에 참여하여 결과물을 창조하는 과정을 통해 새로운 지식과 기술의 습득을 강조하는 교수학습 방법이다. 또한 프로젝트 학습은 자연스럽고 실제와 같은 방식으로 학습자에 의해 그들의 생각을 표출시켜 수행하는 교수학습활동이라고 말할 수 있다. 프로젝트 학습을 통해 학습자들은 지식기반 사회를 살아가는 데 적합한 능력을 신장시킬 수 있으며, 문제해결 능력과 함께 팀워크, 시간관리, 테크놀로지 활용, 정보처리 능력을 신장시킬 수 있다(이신동 외, 2012).

프로젝트 학습 단계는 목적의 단계, 계획의 단계, 실행의 단계, 그리고 평가의 단계로 구분된다. 프로젝트 학습의 교육적 가치는 문제해결력의 신장, 탐구활동과 표현능력 신장, 체험적 학습기회 제공, 책임감의 신장, 협동심과 사회적 기술의 증진 등을 열거할 수 있다.

(2) 현장학습법

현장학습법은 교실 내 · 외의 생활과정에서 인성함양과 관련되는 덕목을 중심으로 직접 탐구하고 구체적으로 체험하게 함으로써 인성 덕목에 대한 이해와 가치관을 심화하고 건전한 인성적 태도와 실천력을 함양하고자 하는 교수 · 학습방법이다. 현장학습법에는 관찰, 견학, 답사, 조사, 면접, 자료 수집 및 분석, 사례 연구, 실험법, 역사적 연구, 보고회, 발표회 등이 있다.

현장학습법을 인성교육 현장에 적용하기 위해서는 준비 및 계획 단계, 관찰 · 견학 · 조사 · 실험 등의 실천 단계, 정리 · 보고 · 논의 단계, 그리고 평가 · 발전의 단계를 거쳐 진행된다. 첫째, 준비 계획 단계에서는 학습의 목표와 다루고자 하는 인성 덕목을 선정하고, 구체적으로 관찰, 견학, 조사, 실험, 사례

연구 등과 관련된 세부적인 방법과 구체적인 교수 · 학습 환경과 교수 · 학습에 사용되는 준비물, 자료 등을 준비한다. 둘째, 현장학습의 실천 단계에서는 학습목표와 관련되는 학습문제를 제기하고 이를 주관화, 공통화, 초점화하면서 학습동기를 불러일으키면서 관찰이나 견학 등과 같은 구체적인 교수 · 학습방법을 이용하여 구체적인 현장학습을 전개한다. 셋째, 정리 단계에서는 교수 · 학습 과정에서 발표논의된 것을 요약 · 정리하고 일반화를 이끌어 내면서 자기반성을 거쳐 태도와 행동으로 체화되어 습관화로 발전되도록 유도한다. 마지막으로 탐구과정과 활동, 결과에 대한 평가를 하면서 보다 발전된 인성 덕목 실천을 위한 노력과 다짐을 하도록 하는 것도 필요하다. 따라서 현장학습법을 통한 인성교육에서 무엇보다도 중요한 것은 습득된 자료나 산출된 결과를 놓고 분석, 정리한 후 반드시 논의의 과정을 거침으로써 인성 덕목의 체화와 실천을 위한 경험의 교류와 일반화를 유도하고 덕목 함양에 대한 자각과 내면화를 깊게 하도록 해야 할 것이다.

(3) 참여체험 학습법

참여체험 학습법은 학생들이 인성함양을 위한 학교 내 · 외의 다양한 체험활동에 참여하면서 직접적인 실천과 체험활동을 통하여 건전한 가치관, 공동체 의식, 바람직한 민주적 생활양식 등을 학습하게 하는 기법으로 개인적 실천체험활동이나 집단형태로 이루어질 수 있다. 이 학습법은 학생들이 참여적 실천체험을 통하여 다양한 실제적인 행동경험을 하게 되며, 이 과정을 통하여 학생 개인이 스스로 가치규범의 의미를 파악하고, 좋고 나쁨, 옳고 그름을 변별하여 부정적인 측면은 거부하거나 배척하면서 긍정적인 측면은 받아들여 내면화하면서 바람직한 태도와 가치관을 형성하는 데 도움을 받을 수 있게 되는 것이다. 이와 같이 실제적인 생활 속에서의 직접적인 행동실천의 경험을 통하여 건전한 민주적 의식과 생활태도를 형성하게 하는 것이 참여체험 학습법의 장점이다.

참여체험 학습법은 학생들의 자치활동, 학교 내·외 행사 참여활동, 자율적 소집단 활동 등으로 구성될 수 있다. 학생 자치활동은 학급이나 학교 내에서의 중요한 문제들에 대하여 학생들이 자율적으로 협의하여 실행계획과 규칙을 정하고 이를 실천하기 위한 활동을 말한다. 학교 내·외의 행사 참여활동은 학급, 학교, 지역사회 등에서 이루어지는 여러 가지 의미 있는 행사, 활동 등에 참여하여 바람직한 가치·태도를 형성하게 하는 것을 말한다. 자율적 소집단 활동은 학생들이 자발적으로 소집단을 구성하여 의미 있는 활동을 전개함으로써 건전한 가치 의식, 생활태도 등을 습득하도록 하는 것이다. 예를 들면, 자율적 소집단활동으로는 학생들이 자발적으로 소집단을 구성하여 특별한 주제의 연구 클럽활동, 건전한 노래 부르기 클럽활동, 사육이나 재배활동, 탐사활동, 과학 발견·발명 활동, 소집단봉사활동, 북한 바로알기 활동, 바른말 고운말 쓰기활동, 보이스카우트와 걸스카우트 같은 청소년 단체활동 등이다.

이와 같은 전인교육을 위한 참여체험활동의 과정과 주요 활동은 다음과 같다. 첫째, 준비 및 계획 단계에서는 교사는 간섭이나 강제의 방법이 아니라 학생들의 관심과 흥미를 북돋아 그들이 자발적으로 참여, 활동하도록 유도할 필요가 있으며, 참여적 실천체험 활동의 목적과 이유를 인식시키고 집단을 구성하는 일, 활동계획을 세우고 준비를 갖추게 하는 일, 역할을 분담하게 하는 일, 활동과정에서 유의점 등에 관한 지도와 조언을 포함하여 안내하는 일 등을 계획하여야 한다. 또한 지역사회 활동이나 행사에 참여할 때는 지역사회 인사, 기관 등과의 유기적인 관계망 형성을 위한 사전준비로 필요하다. 둘째, 전개 단계에서는 교사는 체험활동에 관심을 갖고 지도하며 때로는 방향제시와 아이디어를 제공해 줄 필요가 있으며, 집단구성원들 사이의 갈등이나 문제발생을 적절히 처리하도록 돕고 좋은 성과를 얻도록 격려해 주어야 한다. 특히 학생들의 활동이 단순한 흥미나 오락, 취미활동에만 그치는 것이 아니라 인성함양 차원에서 바람직한 가치 · 태도를 형성, 변화시키는 데까지 나아갈 수 있도록 노력해야 한다. 마지막으로 체험활동이 끝나면, 그 결과를 학급 전체에 보고하고 서로 토론함으로써 가치를 심화하고 일반화하는 반성의 기회를 가져야 한다. 이와 같은 토론과정에서 체험활동의 성과, 활동을 통하여 새롭게 느끼고 배우고 생각한 점 등에 관한 반성과정은 중요하다. 이와 같은 체험활동 결과의 보고와 논의 과정을 거친 후 교사는 이를 종합 · 정리하고 자율적으로 실천체험활동에 대한 종합평가를 함으로써 보다 나은 인성교육의 발전방향을 모색할 수 있을 것이다.

(4) 하나로 수업모형

실제로 체육교과에서 전인교육을 위한 통합적 접근방법으로 '하나로 수업'이라는 모형이 활용되고 있다(최의창, 2010). 하나로 수업은 원래 지덕체의 통합 또는 지정의의 통합을 주장하며 그것을 위해서 서사적 통합의 이론적 배경을 활용한다. 이는 지덕체가 조화롭게 균형 잡힌 전인교육을 추구하려는 의도로 개발되었다. 하나로 수업에서는 교과와 인성을 교과 따로, 인성 따로가 아니라 교과와 인성이 하나로 된 상태로 가르치고 하나로 된 상태로 만드는 것이 목표이다. 또한 하나로 수업에서는 한 교과의 주차원과 부차원, 주표현양식과 부표현양식, 직접체험활동과 간접체험활동, 직접교수활동과 간접교수활동 등이 총동원되어 하나로 활용된다.

하나로 수업의 목표는 4가지로 구성되어 있다. 이들 4가지 목표는 ① 기능, 지식, 태도를 하나로(그리하여 참자기를 찾는 체육이 되도록), ② 하기, 읽기, 쓰기, 듣기, 보기를 하나로(그리하여 온 몸과 마음으로 겪는 체육이 되도록), ③ 학교 공부와 일상 생활을 하나로(그리하여 삶의 체육이 되도록), ④ 서로 다른 사람들을 하나로(그리하여 모두를 위한 체육이 되도록) 등이다. 이들 4가지 목표는 각각 자아성찰지향적 인성, 타인배려지향적 인성, 교과사랑지향적 인성, 그리고 세계존중지향적 인성을 반영한다. 따라서 하나로 수업에서 인성교육이란 자신에 대해서, 타인에 대해서, 교과에 대해서 세계에 대해서 새롭게 느끼고 생각하고 행동하기, 올바로 느끼고 생각하고 행동하기를 뜻한다(최의창 외, 2016).

여기에서는 초등학교 체육과에서 적용한 교과통합형 하나로 수업모형의 특징을 제시하면 다음 [그림 7-1]과 같다(최의창 외, 2016).

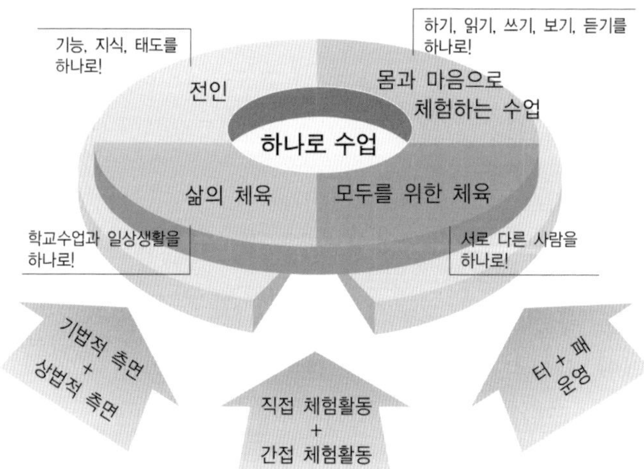

[그림 7-1] 하나로 수업모형의 특징

최근 하나로 수업모형을 적용한 연구들은 초등학교(서장원, 2008; 전세명, 2010; 천지애, 2013), 중학교(이정민, 2011), 고등학교(김낭규, 2011; 유은정, 2008)의 다양한 맥락에서 활용되어 전인교육의 효과를 검증하고 있다.

CHAPTER 08

전인교육과 교육평가

1. 전인교육 평가의 의미

평가의 어원을 보면, 한자어의 '評價'나 영어의 'evaluation'에는 모두 가치를 포함하고 있다. 우리말 사전에서 평가는 어떤 사물의 가치를 판단하는 것으로 풀이되고 있다. 지금까지 교육평가에 대한 개념은 학자들에 따라 다양하게 정의되어 왔다. 교육평가를 가치판단론적 정의, 의사결정론적 정의, 그리고 통합절충론적 정의로 구분한 학자도 있고, 목표달성도 확인, 의사결정을 위한 정보 제공, 그리고 가치의 판단으로 구분한 학자도 있다. 교육평가에 대한 전통적인 정의는 목표달성 중심 정의일 것이다. 이는 교육과정과 수업활동을 통해 교육목표가 실제로 도달된 정도를 확인하고 결정하는 과정을 말한다. 이러한 정의는 교육목표 하나만을 강조하는 입장임을 알 수 있다.

이 관점은 목표로 설정되지 않은 부분에 대한 평가행위를 간과할 수 있으며, 목표 자체가 타당하게 설정되었는지를 평가하는 부분을 내포하지 못하는 한계를 지니고 있다(김진규, 2015).

전인교육에서 평가는 지, 정, 의, 체 등의 여러 가지 중요한 특성 또는 인지적, 정의적, 심동적 영역의 목표를 달성하고 있는 정도를 확인하는 과정이나 활동을 의미한다. 전인교육 평가에 대한 개념을 정의하는 것보다는 학교 교육현장에서 전인성이 희석되는 현상이 더 심각한 현실적인 문제이다. 거의 모든 교육체제에서 교육이념이나 교육목적 수준에서는 전인교육 이념이 선명하게 진술되어 있다. 문제는 교육이 진행되는 과정에서 그 전인적 배려가 교육내용, 교육방법, 교육평가, 교육시설의 각 단계를 거치면서 점점 더 심하게 희석되어 간다는 데에 있다(정범모, 2004). 초 · 중등학교와 대학교에서도 전인교육의 의도는 여러 가지로 표방되어 있다. 지식만 아니라 사고력과 창의력, 정서와 덕성도 함양하고, 국 · 영 · 수만 아니라 사회, 과학, 예체능 교과목도 강조하며, 교과교육만 아니라 인성교육에도 역점을 두고 있다는 등과 같이 명문상으로는 대개 전인교육이 표방되어 있다.

그러나 일단 교육과정 구성과 운영의 현실에서는 벌써 전인성이 훼손되기 시작한다. 교육방법에서는 지식주입 방식이 그렇게 자주 매도되면서도 실제의 교육방법은 강의와 시험의 반복이 여전히 주종이다. 교육방법의 단계에 이르러서는 전인성은 더 심하게 파괴되어 있다는 말이다. 평가단계에서 학기말

시험, 대학입시 등이 지필평가 위주로, 그것도 주로 객관식 선다형으로 진행되기에 이르러서는 전인적인 의도는 거의 빈사지경에 이른다. 학생평가와 입학사정이 지 · 정 · 의 등의 평가를 포함하는 어떤 전인적 평가로 결정되지 않고, 객관식 지필평가의 시험선수에게 주어지는 현황에서는 전인성이 살아남을 틈이 없다. 한국 교육의 전인성 회복의 가장 전략적인 관건은 교육평가의 전인성을 회복하는 일이다(정범모, 2004).

교육평가에서 전인성을 회복하는 문제가 여전히 해결되지 않고 있다. 교육평가에서 전인성을 회복하는 문제의 가장 큰 걸림돌은 우리 사회에서 만연되어 있는 네 가지 미신, 즉 고시 미신, 필답 미신, 객관 미신, 그리고 점수 미신 등이다(정범모, 2009).

먼저 고시 미신은 만능이 아닌 고시를 만능이라고 믿는 것을 말한다. 고시에 출제되는 문항들은 전체 수많은 문항들 가운데 일부 문항만을 표집하기 때문에 그런 문항에서 얻은 점수는 오차 점수가 들어가 있다는 사실을 놓치고 있다. 또한 고시나 시험 상황은 실제의 행동 상황과 다르다. 고시 상황에서 사람들은 힘껏 최대의 능력을 발휘한다. 이른바 최대 행동을 보인다. 그러나 우리가 정말 알고 싶은 것은 그가 평소에 실제의 일상 상황에서 버릇처럼 하는 일상 행동 또는 일상 능력이다. 일상 행동에는 최대 행동 외의 다른 특성들이 같이 작용한다. 최대 능력이 높아도 성품이 게으르면 학업성적이 저조할 것이고, 시험점수가 좋아도 책임감이나 협동심이 없으면 실제 근무성적이 좋지 못할 것이다. 더 전문적으로 설명하면 학교에서 교사가 제작한 시험, 국가에서 시행하는 수능시험, 행정고시, 사법고시 등의 타당도 계수는 .30～.40에 불과하고, 결정계수는 9～16%밖에 안 된다. 우리는 기껏해야 9～16% 정도를 설명하는 시험을 만능이라고 잘못 믿고 있다.

필답 미신은 종이와 연필에 대한 미신을 말한다. 평가는 지필검사 이외에도 행동검사, 실기검사, 실적검사 등 여러 가지 방법이 있다. 그럼에도 불구하고 대학 입시나 국가고시에서 대부분 지필검사가 시행되고 있다. 지필검사 상황은 실제 행동과 가장 거리가 먼 인공적인 평가 상황에서는 타당도의 문제가 훨씬 더 심각해진다. 이러한 심각한 문제점이 있음에도 불구하고 여전히 고시나 시험에서 필답고사 또는 지필검사를 만능으로 생각하고 있다. 그래서 종이 위의 문항에 연필로 답안을 작성하는 평가상황을 만능으로 생각하는 필답 미신에 사로잡혀 있다.

객관 미신은 누가 채점하더라도 같은 점수가 나오는 객관식 문항에 대한 지나친 믿음을 말한다. 논문형과 같은 주관식 문항은 채점자에 따라 결과가 크게 다를 수 있다. 같은 답안지를 채점하더라도 채점자의 주관에 따라 한 채점자는 90점을 주고 다른 채점자는 70점을 주는 경우도 있다. 이러한 채점자의 주관이 개입하는 문제를 방지하기 위해 고안된 문항이 바로 선택형 또는 객관식 문항이다. 객관식 문항의 경우 문항작성 과정에는 주관성이 많이 작용한다는 사실에 주목해야 한다. 같은 내용 영역에서도 누가 어떤 세부 내용으로, 어떤 형식으로, 어떤 난이도 수준으로, 어떤 답지를 배열하느냐에 따라 검사의 결과는 얼마든지 다르게 나올 수 있다. 그래서 객관식 문항은 채점 방식을 인위적으로 객관화시킨 것에 불과하다. 채점 방식이 객관적이라고 해서 결과로 나온 점수에 객관성을 부여하는 것이 바로 객관 미신이다.

점수 미신은 점수 수치를 절대불가침으로 신성시하는 믿음을 말한다. 예컨대 220점은 215점보다 절대 우위이고, 심지어 220.5라는 소수점까지 매기면서 그것이 220점보다 절대 우위라고 우기는 미신이다. 모든 종류의 측정치에는 크건 작건 오차이 범위가 따라붙게 마련이다. 그런 오차 범위는 물리 측정에서는 비교적 작지만, 혈압치나 혈당치 같은 생리 측정에서는 상당히 크다. 더구나 교육이나 심리검사의 점수는 오차 범위가 훨씬 더 크고 넓다. 일반적으로 성취도검사의 경우에 측정의 오차가 약 ±20점이라는 연구가 있었다. 그것은 엄밀하게 말해서 고사점수의 200점이나 240점이 어느 것이 위이고 아래인지 절대시할 수 없다는 말이다. 이와 같은 오차 범위가 큰 점수의 수치를 절대시하거나 신성시하면서 입시에서 당락과 같은 중대사를 결정하는 것이 점수 미신이다.

정범모(2009)는 이러한 미신을 탈피하는 네 가지 방책을 제시하고 있다. 첫째, 일회적인 고시 이외에 여러 일상 생활행동의 기록을 평가해야 하고, 둘째, 필답고사와 동시에 다양한 전인평가 방법들을 강구해야 하고, 셋째, 주관적 판단을 비객관적 비과학적이라고 기피하지 말고 이른바 계몽된 주관으로 평가하는 것을 두려워하거나 불신하지 말아야 한다. 그리고 넷째, 무엇보다도 여러 가지 점수들과 생활기록 자료들은 다 각기 한 '참고'로만 여기면서 결국은 주관적으로 종합 · 판단하는 것이 가장 과학적이고 객관적이고 합리적인 평가방법이라는 인식의 전환이 필요하다.

2. 전인교육 평가의 원리

전인교육 평가의 기본원리를 탐색하는 데 도움을 주는 대표적인 평가 원리로는 전인교육을 위한 평가 원리(황정규, 1987), 홀리스틱 교육의 평가 원리(조한무, 2005; 허영주, 2006), 전인교육 목표별 평가의 원리(McMillan, 2007) 등이 있다. 전인교육을 성공적으로 실천하기 위한 전인교육 평가의 원리를 살펴보고자 한다.

1) 전인교육을 위한 평가 원리

전인교육의 실현은 인간을 인간다운 자기의 본 모습으로 되돌리는 노력이라고 볼 수 있다. 전인교육을 성공적으로 실현하기 위해서 교육평가가 지향해야 할 방향이 논의되어야 할 것이다. 황정규(1987)는 전인교육을 실현하기 위한 평가가 지녀야 할 1차적 명제로는 평가자의 긍정적 인간관을 비롯하여, 목표

지향 평가와 규준지향 평가의 조화, 그리고 정의적 특성 평가의 강조 등을 열거하고 있다. 또한 전인적 교육평가의 기본 철학에는 평가의 공정성 원리, 평가의 인간화 원리, 평가의 자율화 원리 등이 포함되어 있음을 밝히고 있다. 여기에서는 황정규(1987)가 제안한 전인교육을 위한 평가의 세 가지 원리를 요약해서 제시하고자 한다.

(1) 평가의 공정성 원리

교육평가에서 전통적으로 중요시했던 가치의 준거는 결과에 매몰되어 있었던 경향을 지적해야 할 것이다. 가장 대표적 기준으로서의 학업성취 또는 학업성적이라는 결과는 그 밑에 능력과 노력이라는 두 가지 요소가 복합되어 있다고 볼 수 있다. 능력이라는 개념은 대개의 경우, 이미 주어진 조건이거나 그렇지 않으면 적어도 그것은 오랫동안의 가정적 지원의 불공정, 사회적 불공정성이 누적되어 나타난 집약체로서 형성되어 있기 때문에 공정한 응분의 몫이라는 기준으로서는 한계가 있다. 노력이라는 기준 역시 극히 주관적이기 때문에 이것 또한 배분적 정의의 기준으로서 정당성의 근거가 되기 어렵다. 교육평가에서의 가치판단이 어려운 것은 그리고 교육이념에서의 가치의 정당화가 어려운 것은 바로 이러한 갈등에서 유래한다. 그러나 교육평가의 배분적 정의를 명료하게 단정하기는 어려워도 일련의 공정한 절차의 공정성을 보다 중요시하는 논리와 일치한다.

이러한 배분적 정의의 규범적 가치에 비추어 볼 때 교육평가의 실천적 행위의 전체 과정이 공정성을 극대화하는 방향에서 이루어지고 있느냐는 물음이 곧 평가의 정의 실현이라는 물음과 동일하다고 말할 수 있다. 평가하려는 객체가 무엇이며, 그것을 결정하리라고 짐작되는 선행변수 또는 선행 제약조건이 공정하게 평가의 의사결정에 고려되고 있는지, 그리고 그것들을 평가하기 위해 이용된 여러 가지 절차, 예컨대 평가도구의 선택, 평가의 절차, 평가결과의 질적 및 양적 상징화, 그 해석과 의미부여의 과정 등이 공정하게 이루어지고 있느냐는 물음은 곧 평가를 통한 사회정의 실현이라는 이상과 맥을 같이 한다. 만약 평가라는 실천적 행위가 이러한 가치를 가볍게 다루고 기계적이고 형식적 요식에만 치중할 때, 그것은 곧 불공정한 평가가 이루어질 개연성은 높아진다. 또한 이러한 상태가 어쩔 수 없는 현실의 제약 조건이라고 수동적으로 받아들인다면 그것은 곧 사회정의의 포기나 역행이라고 말해도 좋을 것이다.

이 같은 사회에서 정의를 공정하게 실현할 수 있는 길이 정치나 경제현상에도 깊이 관련되지만, 보다 배분적 정의의 기본 전제인 응분의 몫을 갖추게 하는 제도적 기제가 교육에 있다는 사실에 주목할 필요가 있다. 특히 공정으로서의 정의 실현이 결과로서의 정의보다는 절차나 과정에서의 정의를 정의 실현의 규범적 준거로 제안하고 있다는 사실은 교육이 바로 그러한 역할에 이바지할 수 있는 최선의 도구요 방법임을 시사한다.

(2) 평가의 인간화 원리

인간화라는 개념의 의미는 여러 가지로 해석할 수 있으나, 본질적 의미는 자아실현, 자아결정, 자아초월, 자아신뢰에 바탕을 둔 인간중심의 사상이 그 기본에 자리 잡고 있다고 볼 수 있다. 이것은 곧 교육평가가 인간이해를 위해 존재하는 것이지 인간규정이나 인간심판, 인간소외를 위해 존재하는 것이 아니라는 명제를 평가의 본질적 의미로 받아들여야 함을 의미한다. 이 명제가 전제하는 조건은 인간은 현실성보다 가능성이 크고, 완전성보다 오류가능성이 크며, 안정되어 있기보다 변화되기 쉬운 것이며, 통정되어 있기보다 갈등이 크며, 주어진 조건보다 개선할 수 있는 잠재력이 무한하다는 신념에 가치를 두어야 함을 시사한다. 현재의 그 자신, 현재의 그의 성취, 미래의 그의 인간됨의 가능성이 크며, 다양하고 무한하다는 진리에 더 가치와 의미를 부여할 때 거기에서 인간이해, 인간신뢰에 대한 교육평가의 철학이 더 소중해진다. 이 같은 가능성을 외면하고 현실성에 집착할 때 거기에서는 인간규정, 인간심판, 인간의 범주화 의식이 지배하게 된다.

이러한 평가의 비인간화 현상은 현대사회의 직업적 특성이 갖는 병리적 현상이 그 원인이 되고 있다. 교육이 제도화되고 분업화되며 정형화되면서 직업으로서 교사가 빚어내는 병리현상이 곧 평가를 통한 인간규정, 인간심판의 역사를 탄생시키고 있다. 인간을 따뜻한 눈으로 이해하려는 평가자보다는 계량하고 판단하고 심판하며 분류하려는 인간규정의 평가 관행이 제도화된 교육과 함께 고착화되어 가고 있다.

인간은 변화하고 자란다. 인간은 제도화된 교육목적에 비추어 보아 바람직한 형태로 자라기도 하지만, 그렇지 않은 형태로도 자란다. 학업성적이 우수한 방향으로 성격이 조화롭고 원만한 형태로도 자라지만, 성적이 열등한 상태를 통해서 자라기도 하고, 성격적 갈등과 위기를 겪으면서도 자란다. 평가자가 제도화된 기존의 보수 교육체제가 기대하는 변화나 자람만을 바람직한 인간상이라는 고정된 등식에 매몰되어 있을 때 평가는 경직되고 전제화되며 폭군이 될 수 있다는 사실과 이것이 인간화나 전인교육의 가치에 역행할 수 있다는 사실에 주목해야 할 것이다.

(3) 평가의 자율화 원리

일반적으로 자율은 그 속에 선택의 자유와 그 가치에 대한 확신이 전제되어 있다. 교육평가라는 실천적 행위를 담당하는 개인이나 단위 기관이 평가의 목표에 대한 가치를 결정할 자유와, 그러한 가치를 판단하기 위해 어떠한 방법이든지 자유롭게 선택할 수 있는 자유와, 그 결과가 교육의 맥락 속에서 어떤 의의를 갖는지에 대한 해석의 자유를 함께 행사할 수 있어야 한다. 이러한 조건을 실현하기 위해서는 평가자의 자율성이 전제될 때 가능하다.

현재 교육현장에서는 평가자의 자유는 물론이지만 평가자의 자율도 존재하지 않는다고 판단된다. 무엇을 평가할 것이며, 어떻게 평가해야 하며, 평가의 결과를 어떻게 해석해야 할 것인가에 대한 평가자의 자율의 범위는 제도적 제약의 힘이 큰 것과 반비례해서 거의 권력화되어 있다. 오직 획일화되고 정형화된 원칙만이 강요되고 있다.

전인교육을 실천하기 위해서는 무엇보다도 평가의 자율적 가치판단에 관련된 평가자의 자율성이 최대한 허용되어야 한다. 그동안의 교육평가가 목표의 달성 수준이나 질만을 판단하고 기술하는 차원에 머물렀다고 하면, 앞으로의 교육평가는 그러한 수준을 초월하여 목표 그 자체의 가치를 평가하는 차원에로 전환할 필요가 있다는 시각이다. 평가자가 교육과정에 명시되어 있는 목표를 수동적으로 받아들일 것이 아니라 그것들이 가치없는 것으로 판단되었을 때는 그 목표가 가치 여부에 대한 교육적, 도덕적, 윤리적 비판과 논의가 있어야 함을 의미한다. 이것이 진정한 의미에서의 평가의 자율성이라고 말할 수 있다.

또한 교육평가의 자율성 실현은 미시적 시각에서의 자율만으로 불가능하다. 교육의 전체 과정, 전체 영역에 걸쳐 자율성이 확보되었을 때 진정한 의미의 평가의 자율성이 가능하다. 그래서 단위학교를 운영하는 교장과 더불어 학생들에게 교육과정과 수업을 운영하는 교사들에게 평가 때문에 파생되는 여러 가지 비인간화의 현상, 반윤리적 교육실제를 교육의 가치에 비추어 판단할 수 있는 행위의 자유재량권을 부여해야 할 것이다. 따라서 개인의 자율성을 가꾸는 일이 교육의 중핵적 가치이자 전인교육의 중요한 규범적 가치이기도 하다.

그리고 교육평가에서 요구하는 자율성의 극대화는 평가의 실천적 행위에서의 다양성과 직결되어 있다. 교육평가와 관련된 부정적인 인식과 해석은 상당 부분 평가의 다양성이 부족한 것에서 비롯된다. 교육평가의 현실에서 제기되는 제도적 획일성의 문제는 평가의 다양성을 가로막는 압력으로 작용하고 있다. 교육평가의 획일성만 강요하고 거기에서 벗어날 수 있는 일탈의 자유와 다양성의 표현가능성이 폐쇄되어 있을 때 교육평가의 자율성은 그저 환상에 지나지 않을 것이다.

2) 홀리스틱 교육의 평가 원리

홀리스틱 교육은 통합성을 비롯하여 전일성, 상호작용, 다각적 체험의 중시, 통합적 이해와 교육내용의 통합, 과정 중시, 다양화, 선택과 기회의 폭 확대, 자율과 개방을 추구하면서 다양한 측면의 내면적 성장을 최우선으로 한다. 또한 홀리스틱 교육은 지성과 정서, 창의와 직관, 미적, 영적 잠재가능성을 길러 전인을 양성하는 교육이므로 이러한 인간특성을 길러내기 위해서는 양적 평가뿐만 아니라 질적 평가와 같은 다양한 평가가 요구된다(명지원, 2018). 전인교육의 관점에서 홀리스틱 교육은 선발적 평가관으로부터 인본주의 평가관을 염두에 둔 발달적 평가관으로 전환되는 것이 시급한 과제로 본다(조한무, 2005). 여기서는 조한무(2005)가 홀리스틱 평가의 특성으로 정리한 8가지 특성을 평생교육 평가의 바람직한 방향과 연결시켜 6가지로 재정리한 허영주(2015)의 홀리스틱 평가원리를 살펴보고자 한다.

(1) 과정지향 평가를 통한 교육의 질 개선

홀리스틱 평가는 특정의 결과를 지향하기보다는 오히려 과정지향적이다. 홀리스틱 교육은 선언적 지식의 습득 수준뿐만 아니라 절차적 지식의 습득 수준을 파악하는 것을 매우 중시한다(조한무, 2005). 홀리스틱 교육에서 반드시 평가를 요구하는 것이 아니라 평가를 하는 경우에는 다양한 과정에서 다양한 방법을 활용한 평가를 히도록 요구한나.

또한 홀리스틱 교육은 평가와 학습의 상호 연관을 중시한다. 그래서 홀리스틱 평가는 평가와 학습의 과정을 분리하기보다는 서로 통합된 형태로 파악한다. 특히 지속적인 질 관리를 위한 대안으로 형성적 기능을 강조하는 과정지향 평가를 추구한다.

(2) 양적 및 질적 평가자료를 모두 활용하는 혼합적인 평가

평가의 목적에 따라 적합한 평가자료를 수집해야 한다. 양적 평가가 요구되는 상황에서는 양적 평가자료를 수집하고, 질적 평가가 요구되는 상황에서는 질적 평가자료를 수집해야 한다. 최근에 양적 평가자료와 질적 평가자료의 장점을 통합하는 혼합적 접근이 관심을 끌고 있다. 홀리스틱 평가는 홀리스틱 교육의 특성 중의 하나인 균형성을 유지하기 위하여 양적 평가와 질적 평가의 장점을 모두 수용하는 것을 중시한다.

(3) 사회 전체와 실세계 평가를 통해 환경적 맥락까지 평가

홀리스틱 평가는 사회 전체를 고려하는 평가와 시대가 향해 가는 방향을 강조하는 평가를 중시한다. 홀리스틱 평가는 정보 사회가 요구하는 고차적 사고능력, 문제해결능력, 지식통합능력, 창의적 사고력 등을 평가하는 패러다임의 변화를 강조한다.

또한 홀리스틱 평가는 실세계에 대한 실제적 평가를 중시한다. 홀리스틱 교육은 단편적이고 분절화된 경험을 교육과정으로 구성하기를 원하지 않는다. 홀리스틱 교육은 경험을 통해 건강하고 자연스러운 성장을 이루어가는 것을 지향하기 때문에 구체적인 산출물을 만들어 내는 생산능력을 평가하는 실제적 평가가 강조되어야 한다.

(4) 전인적이고 영적인 측면의 평가를 통한 변용적 평가

홀리스틱 평가는 학생의 특성을 밝히는 일에 관심을 갖는다. 홀리스틱 교육은 학생 개개인은 서로 다르기 때문에 각자의 개성을 상호 존중해 주어야 함을 강조한다. 또한 인간은 태어나면서 창조적이며 신체적, 정서적, 지적, 영성적으로도 그 사람만의 독특한 능력과 지향성을 갖고 있다. 따라서 학생의 개성을 틀에 박힌 시험이나 평가방식으로 평가해서는 안 된다.

또한 홀리스틱 평가는 인간의 지적 또는 기능적인 측면만이 아니라 신체적, 사회적, 도덕적, 미적, 창조적 측면을 강조한다. 특히 단순한 기억력과 같은 낮은 사고 기능보다는 창의성, 문제해결력, 비판력, 판단력, 정보수집력 등과 같은 고차적 사고능력을 더 중시한다. 더불어 특정의 종교에 국한되지 않는 영적인 측면도 중시하며, 눈에 보이는 경험적인 현실에 더하여 생명이나 우주의 신비까지도 고려한다.

(5) 발달적 평가관을 전제로 하는 성장지향 평가

홀리스틱 평가는 학생의 잠재력에 관심을 두고 있으며, 발달적 평가관을 전제로 하고 있다. 발달적 평가관은 모든 학습자가 자신에게 적절한 교수학습방법으로 교육을 받는다면 누구나 의도하는 목표를 달성할 수 있다는 신념을 가진 평가관을 말한다. 홀리스틱 관점은 연령을 불문하고 모든 인간은 무한한 학습능력을 지니고 있다고 생각한다. 그러한 의미에서 홀리스틱 교육의 평가관은 인본주의적 평가관에 바탕을 둔 발달적 평가관을 전제로 하는 성장지향 평가를 추구한다.

(6) 다원적 상호평가를 통한 다학문적 평가

홀리스틱 평가는 다원적 상호의존적 평가를 중시한다. 홀리스틱 평가에서는 학생 상호간의 지나친 경쟁을 유도하는 것이 아니라 학생 상호 간의 협력을 유도하며, 학생들의 사회성을 신장시키는 데 기여하게 된다. 평가의 객관성보다는 타당성이나 적합성을 강조하기 때문에 상황과 맥락을 고려한 프로그램 이해관계자들과 전문가들의 전문적인 판단을 중시한다.

홀리스틱 평가는 다양한 분야의 전문가들이 다학문적인 관점을 가지고 평가에 참여하는 것을 가능하게 한다. 다양한 전문가들의 참여와 숙의적 활동은 관념적으로만 존재할 뿐 실행이 쉽지 않다는 비판도 있지만, 다양한 관점에 열려 있는 개방성은 평생교육의 질 개선에 필수적인 요인임에 분명하다. 따라서 홀리스틱 평가는 학습자의 만족도와 소수의 전문가를 중심으로 한 양적 평가의 문제를 극복하고, 다양한 전문가들의 협의체를 통한 프로그램 평가를 가능하게 할 수 있다.

3) 전인교육 목표별 평가의 원리

(1) 목표별 평가의 최적화 원리

목표별 평가는 목표별 수업과 마찬가지로 각 학습목표의 달성 정도를 확인하는 데 최적한 평가방법이 존재할 것이라는 기본 가정에서 출발한다. 실제로 대부분의 학습목표는 다양한 평가방법으로 측정하고 평가할 수 있다. 수업실제 상황에서는 특정한 학습목표를 가장 잘 측정하고 평가하는 특정한 방법이 존재한다. 따라서 교사들은 우선적으로 학습목표를 설정하고, 이들을 측정하기에 가장 적절한 평가방법을 선택해야 한다(McMillan, 2007).

일반적으로 학습목표 유형에는 지식과 단순 이해 목표를 비롯하여, 추론과 심층 이해, 기능(skill), 산출물, 그리고 정의적 특성 등이 있다(Stiggins & Conklin, 1992). 지식과 단순 이해 목표는 모든 학습의 기초가 되는 교과에 대한 지식과 절차를 학생들이 이해하는 수준을 의미한다. 추론과 심층 이해 목표는 학생들이 지식을 활용하여 문제를 추론하여 해결하는 능력의 수준을 의미한다. 기능 목표는 학생들이 성취관련 기능을 실증하는 능력의 수준을 의미한다. 산출물 목표는 학생들이 성취관련 산출물을 창안하는 능력의 수준을 의미한다. 정의적 특성 목표는 학생들이 태도, 가치, 흥미, 동기유발, 자기효능감 등과 같은 정의적 특성을 획득하는 정도를 의미한다.

어느 특정한 평가방법이 모든 학습목표를 효과적으로 평가하는 만병통치약과 같은 방법은 존재하지 않는다. 다만, 어떤 평가방법이 특정한 학습목표를 가장 효과적으로 평가하는 최적한 방법은 찾을 수 있다. 각 학습목표에 대한 평가방법의 상대적 강점을 5점 평정척도로 평정한 결과는 다음 〈표 8-1〉과 같다 (McMillan, 2007; 2014).

〈표 8-1〉 학습목표별 최적 평가방법의 분석 결과

목표 \ 방법	선택형/단순구성형	논문형	수행평가	구술시험	교사관찰	학생 자기평가
지식/단순이해	5	4	3	4	3	3
추론/심층이해	2	5	4	4	2	3
기능	1	3	5	2	5	3
산출물	1	1	5	2	4	4
정의적 특성	1	2	4	4	4	5

※ 각 칸의 숫자가 높을수록 최적

〈표 8-1〉에 나타난 바와 같이, 지식과 단순 이해 목표의 최

적한 평가방법은 선택형과 단순 구성형 문항이다. 추론과 심층 이해 목표는 논문형 문항으로 그리고 기능 목표는 수행평가와 교사관찰 방법으로 측정하는 것이 가장 효과적이다. 산출물 목표의 최적 평가방법은 수행평가 방법이다. 마지막으로 정의적 특성은 학생 자기보고 방법으로 측정하고 평가해야 한다는 것을 제안하고 있다.

(2) 교육과정-수업-평가 목표의 연계성 강화의 원리

전통적인 결과중심의 학생평가에서 학생평가에 대한 새로운 관점으로 변화됨과 더불어 성취기준기반 평가체제가 도입되는 경향이 나타나고 있다. 여기에서 성취기준은 학습목표를 의미한다. 미국과 호주에서는 성취기준기반 평가라는 용어를 공식적으로 사용하고 있는 반면에, 나머지 다른 국가에서는 준거참조평가 또는 목표준거평가라는 용어를 사용하고 있다. 성취기준기반 평가체제와 더불어 형성평가나 학습을 돕는 평가라는 학생평가에 대한 새로운 관점이 강화됨에 따라 수업현장에서는 교육과정-수업-평가의 연계성이 강조되는 경향을 보이고 있다 (김순남 외, 2018).

교육과정-수업-평가의 연계성이란 교육과정에 제시된 성취기준을 기반으로 수업과 평가계획을 수립하고 수업과정에서 평가자료를 다각도로 수집하여 학생들에게 적절한 피드백 정보를 제공하는 것을 의미한다. 미국이나 호주에서는 성취기준기반 평가체제를 도입하면서 교육과정, 수업, 평가의 연계성을 강화하고 있다. 또한 영국에서도 형성평가나 학습을 돕는 평가를 도입하면서 교육과정의 성취기준에 따라 수업과정에서 다양한 평가자료를 수집하여 즉각적 피드백을 제공하는 등과 같은 교육과정-수업-평가의 연계성을 강화하고 있다. 특히 핀란드에서는 학생평가를 수업활동의 일부로 간주하고 다양한 형성평가 기법을 활용하여 교육과정-수업-평가의 연계성을 강조하고 있다. 일본에서는 목표준거평가를 중시하는 관점별 학습상황의 평가와 더불어 수업과정에서 지도와 평가의 일체화를 강조하고 있다.

교육과정-수업-평가의 연계성 또는 일체화에 머무를 것이 아니라, 학생평가에 대한 기록과도 일관성 있게 연계되는 것이 필요하다. 우리나라에서도 2012년부터 중등학교에 성취평가제가 도입되어 시행되고 있음에도 불구하고 교육과정-수업-평가-기록의 연계성 또는 일체화가 체계적으로 시행되지 않고 있다. 따라서 교육과정-수업-평가-기록에 대한 구체적인 실천 지침이 학교현장에 제공되어야 할 것이다.

3. 전인교육의 평가 방법

전인교육을 제대로 실천하기 위해서는 학교에서 학습내용을 어떻게 가르치고 있는가에 머물지 않고, 학생들의 전인적 성장과 발달에 어떤 영향을 미치고 있는가를 확인해야 한다. 교사들은 학습내용을 가르치는 과정에서 수시로 피드백을 제공하고 학습결손을 사전에 방지하여 학생의 전인적 발달에 긍정적으로 영향을 미칠 수 있어야 한다. 전인교육과 유사한 인간교육과 인성교육 분야의 평가방법을 토대로 대표적인 전인교육의 평가방법을 살펴보고자 한다. 여기에서는 전인적 전형 방법을 비롯하여, 포트폴리오 평가법, 과정중심 형성평가 기법, 학생자기 평가방법을 간단히 소개하고자 한다.

1) 전인적 전형 방법

우리나라에서 전인교육의 가장 큰 제약조건은 극심한 입시준비교육이라는 사실에 누구나 동의할 것이다. 입시준비교육의 원인은 바로 대학의 신입생 선발 방법에서 찾을 수 있다. 우리나라에서도 입학사정관 제도를 도입하여 시행하고 있지만 여전히 전인적인 전형 방법과는 다소 거리가 있다. 대표적인 전인적 전형 방법으로 미국 하버드 대학교의 신입생 선발 방법을 예로 들고 있다(정범모, 2009).

하버드 대학교에서는 입학위원회가 여러 가지 신상자료를 토대로 우선 네 가지 자질을 평가한다. 즉 학업성적, 과외활동 실적, 스포츠 활동 실적, 지도자적 성격이다. 그리고 네 가지 자질을 각각 6단계로 평정한다. 그런 다음 예전에는 6단계 평정점수를 합산해서 입학 여부를 결정했으나, 최근에는 합산도 안하고 평정점수는 그저 한 참고자료로 여길 뿐, 최종 입학 여부는 입학위원들의 주관적 합의에 따라 결정한다. 따라서 하버드 대학에는 공부만 잘한다고 입학하지는 못한다. 같은 고등학교에서 지원한 석차 3등은 떨어지고 20등이 합격하기도 한다. 학업성적은 웬만하고, 학생회장에 아이스하키 선수였기 때문이다. 고시, 필답고사, 객관, 그리고 점수를 초월한 전형 방법이다. 그것이 중등학교 교육에 지극히 바람직한 교육적인 영향을 줄 것은 쉽게 짐작이 갈 것이다. 미국의 유수 대학들은 대개 하버드 대학교와 비슷한 전인적 입학생 전형 방법을 채택하고 있다.

2) 포트폴리오

전인교육의 성과는 단기간에 걸쳐 측정되고 평가되기 어렵다. 그래서 전인교육 평가는 정기적으로 점검하고 지속적으로 누가 관찰과 기록이 수반되어야 한다. 이러한 관점에서 포트폴리오를 활용하는 평가방법이 전인교육의 대표적인 평가방법으로 강조되고 있다.

포트폴리오(portfolio)는 '운반하다(carry)'의 의미를 갖는 'port'와 '종이(paper)'를 뜻하는 'folio'에서 파생되었다. 포트폴리오란 원래 폴더나 보관함에 들어있는 서류 또는 수집한 작품을 의미하거나 타인의 눈에 비친 특정인의 모습이라는 개념으로 활용되었으며, 점차 경제계에서는 특정인이 소유하고 있는 주식, 채권 등의 투자를 수합한 모든 거래 목록의 개념으로 사용되어 왔다. 특히 예술분야에서는 대표적이고 가장 잘된 것으로 인정되는 작품을 질서정연하게 수집한 일종의 모음집을 의미하는 것으로 사용되고 있다(김진규 · 윤길근, 2013).

교육분야에서 포트폴리오는 하나 이상의 분야에서 학습자의 관심, 능력, 진도, 성취, 노력, 성장 등의 증거를 보여 주는 학생들의 작품(결과물)을 의도적으로 모아 놓은 작품집인데, 교사에게 평가받기 위해 학생들이 제출하는 자료와 서류철이나 서류가방의 형태를 취하기 때문에 붙여진 이름이다. 이 서류철에는 학생의 개인적 지식과 기능, 학습경험, 성장, 진전도 등의 증거가 될 수 있는 학생들의 작품, 수행결과물, 다양한 형태의 기록물 등이 스크랩북처럼 누가기록철의 형태로 담겨지게 된다. 따라서 학생들이 무엇을 배우고 무엇을 할 수 있는가에 대한 적합하고 상세한 설명을 해줄 수 있는 참조체제로 활용할 수 있다(Herman & Winters, 1994).

3) 과정중심 형성평가 기법

학생평가에 대한 새로운 관점은 결과중심의 평가에서 학습을 위한 평가와 학습으로서의 평가와 같은 과정중심의 평가로 전환되고 있다. 이러한 학생평가에 새로운 관점을 학교현장에서 실천하기 위해서는 평가계획 수립에서부터 평가방법을 선정하고 평가문항을 개발하여 수업과정에서 평가를 수시로 시행하고 평가결과에 대한 즉각적 피드백을 제공하며 학생행동을 지속적으로 관찰하며 수시로 기록해야 한다. 이러한 학생평가에 새로운 관점에 따라 나타난 과정중심 평가는 교육과정의 성취기준에 기반한 평가계획에 따라 교수학습 과정에서 학생의 변화와 성장에 대한 자료를 다각도로 수집하여 적절한 피드백을 제공하는 평가로 정의된다(김순남 외, 2018).

과정중심 평가라는 용어가 사용되기 전에 형성평가라는 개념이 널리 통용되어 왔다. 형성평가는 Scriven(1967)이 교육프로그램을 개발하는 도중에 아직 개선될 가능성이 있는 유동적인 상내에서 미완성 프로그램의 질을 평가하는 개념으로 고안하게 되었다. 형성평가의 개념을 수업이 진행되는 과정에서 수업의 질을 개선하기 위한 정보를 수집하는 활동으로 적용하게 되었다. 최근에 형성평가는 학생의 학습을 촉진하는 중요한 도구로 더욱 더 확대 적용되고 있다. 궁극적으로 형성평가의 결과는 교사에 의한 외부적 피드백의 형태로 주어지는 것보다는 학생 스스로 내부적 피드백을 더 강조하는 경향을 보이고 있다.

일반적으로 형성평가라고 하면 쪽지시험이나 퀴즈를 연상하지만, 수업의 질을 개선하기 위하여 다양한 형성평가 기법이 사용되고 있다(김진규, 2013). 수업시간에서 교사가 학생들의 비언어적 행동을 관찰하여 즉각적 피드백을 주는 것도 형성평가이다. 질문활용 형성평가기법에는 반응카드 활용방법, 수신호 활용방법, 자동응답시스템 활용방법, 상호질문 활용방법, 그리고 소크라테스식 세미나 활용방법 등이 있다. 지필검사의 활용방법에는 진위형 문항을 비롯하여, 쪽지시험, 격자표 기법, 유사 유추기법 등이 있다. 피드백 활용에는 구두언어, 질문, 학생 자기평가, 학생동료평가 등과 같은 다양한 유형 등이 포함되어 있다(김진규, 2008; 2010).

형성평가 기법을 단순히 수업이 진행되는 과정에서 학생의 학습을 도와주는 좁은 의미로 국한해서 볼 것이 아니다. 오히려 교사들은 학생들의 모든 행동에 대한 즉각적이고 구체적인 피드백을 제공하여 그들의 행동을 수정하고 보완하는 전인교육 평가방법으로 활용할 것을 제안한다.

4) 학생 자기평가 방법

학생들은 평가과정에 참여하면서 자연스럽게 자신의 학습을 스스로 평가하는 평가자의 역할을 담당하게 된다. 학생 자기평가는 다양하게 정의되고 있다. 일반적으로 학생 자기평가는 학생이 자신의 학습에 관한 정보를 수집하고 반성하는 일련의 과정으로 정의된다. 좀 더 구체적으로 설명하면 학생 자기평가는 먼저 학생이 학습할 경우에 학생들의 행동과 사고의 질을 점검하고 다음으로 이해하는 정도와 스킬을 개선시킬 전략을 확인하는 과정으로 정의된다(McMillan & Hearn, 2008). 다시 말하자면 학생 자기평가는 현재의 성과와 향후 의도된 성과 간의 격차를 확인할 경우에 학생들이 자신의 성과를 개선하기 위하여 이를 판단하고자 할 때 일어난다.

학생 자기평가는 교사주도의 학생평가와 대비되는 개념이다.

그래서 학생 자기평가의 경우 학생이 주 평가자로서의 역할을 담당하게 된다. 이 경우에 학생은 자신의 책임 하에 스스로 현재의 성과를 먼저 점검해야 한다. 그리고 의도된 학습목표와의 격차를 확인해야 한다. 그 다음으로 학생들이 자신의 성과를 개선시키기 위한 최적한 전략을 찾아야 한다.

학생자기평가 방법에는 여러 가지 유형이 있다. 대표적인 방법으로는 거울 쪽지 반성, 학습 반성 일지, 채점기준표(루브릭) 자기평가, 표시장치(카드) 자기평가, 시험용 자기검토 용지, 노력 징도 자기평가, 학습 장애요소 자기평가 등과 같은 방법이 있다. 여기에서는 학습반성 일지를 소개하면 다음과 같다(김진규, 2013).

학습 반성 일지(learning log)는 학생들이 수업한 내용에 대한 요점이나 이해하지 못한 내용을 기록하고 분석하고 반성하는 학습도구를 말한다(Angelo & Cross, 1993). 학생들은 학습 일지에 수업뿐만 아니라 숙제와 시험 등에서 배운 내용과 이해하지 못하거나 어려운 부분도 기록할 수 있다. 학생들은 학습 반성 일지를 활용하여 자신의 강점과 약점을 진단하고 가능한 해결책을 제시할 수 있다.

마지막으로 학습 반성 일지 기법은 학습과제를 수행하고 빈번한 피드백을 받는 교과에 적용되고 있다. 이 기법은 저성취 학생들에게 많은 도움을 줄 수 있다. 학생들은 자신의 강점과 약점을 쉽게 파악할 수 있다. 또한 학생들은 수업 중에 일어나는 어려움을 스스로 평가할 수 있다. 그리고 학생들이 작성한 학습

반성 일지와 교사가 학생의 행동을 진단하고 처방한 결과를 상호 비교할 수 있으므로 효과적인 수업평가의 보조도구로 활용할 수 있다.

학생평가에 대한 전통적인 시각은 타인에 의한 평가, 즉 교사에 의한 학생평가로 일관되어 왔다. 위에서 논의한 학생 자기평가는 평가과정에 학생들이 적극적으로 참여하는 것을 강조하고 있다. 따라서 학생들은 자신들의 삶 전체 과정에서 일어나는 모든 행동에 대한 자기평가 과정에 적극적으로 참여해야 한다. 또한 학생 자신의 행동을 스스로 관찰하고 바르게 수정하여 더 나은 행동으로 성장하는 학생 자기평가방법을 전인교육 평가방법으로 적극 활용해야 한다.

PART

03

전인교육의 새로운 관점

CHAPTER 09

전인교육 재개념화의 관점

1. 오래된 전인교육의 재음미

우리나라 교육에서 가장 심각한 문제점으로 입시 위주의 주입식 교육이 지적되고 있다. 입시 문제에 대한 처방으로 전인교육을 성공적으로 실현하거나 전인교육의 본질을 회복해야 한다는 같은 주장이 자주 거론되고 있다. 전인교육은 교육전문가들뿐만 아니라 일반 사람들에게도 교육 문제에 대한 만병통치약과 같은 처방으로 자주 언급된다. 무엇보다도 2015 개정 교육과정에서 추구하는 인간상의 첫째가 '전인적 성장을 바탕으로 자아정체성을 확립하고 자신의 진로와 삶을 개척하는 자주적인 사람'으로 설정하고 있을 정도로 교육의 가장 중요한 목적 중의 하나로 자리 잡고 있다. 또한 국가 교육과정을 구성하는 방침에서 교육이념과 인간상을 바탕으로 미래사회가 요구하는 핵심역량을 함양하여 바른 인성을 갖춘 창의융합형 인재를 양성하는 데에 중점을 두고 있음을 알 수 있다(교육부, 2015).

이러한 전인교육에 대한 지대한 관심에 따라 국가 교육과정에서 전인교육의 중요성을 표방하고 있지만, 설정된 전인교육의 목표에 따라 진행되고 실천되는 학교 교육과정을 거치면서 전인적인 요소가 점차로 희석되어 가고 있다. 국가 교육과정과 지역 교육과정의 지침에 따라 학교 교육과정이 개발되고 해마다 교육과정을 운영하기 위한 학교교육 계획서에는 전인교육의 요소가 많이 포함되어 있다. 그러나 교실 수준의 전개된 교육과정에서는 입시의 압력 때문에 전인적 요소를 등한시하고 있다. 학생들의 전인성을 기르기 위해서는 그들에게 다양하고 폭넓은 문화 활동을 경험하는 기회를 제공해야 하지만, 특히 고등학교에서는 수능시험을 대비한 문제풀이 위주의 수업으로 일관하고 있다. 이러한 틀에 박힌 반복적인 수업으로는 교육과정에서 의도하는 전인교육의 목표를 결코 달성할 수 없을 것이다.

전인교육의 현실적인 문제점과 더불어 전인교육의 본래적인 의미와 전인교육의 구성요소를 체계적으로 분석하는 연구의 필요성이 제기된다(이홍우, 1996; 2000; 홍은숙, 2007). 실제로 '모든 교육은 전인교육이다'라는 명제는 누구나 받아들일 수밖에 없는 논리적으로 참인 명제이지만, 그 광범위한 지지에 비하면 의외로 전인교육이라는 말은 그 의미가 불명확하며, 교육실제에서 어떻게 적용할 것인가의 문제도 불분명하다. 전인교육이란 무엇인가? 전인(whole person)은 모든 것을 갖춘 온전하고 원만한 인격체, 즉 지 · 정 · 의가 조화되고 통합된 인간 또는 총체적인 인간으로 정의된다. 따라서 전인교육은 인간의 어느 특정한 부분의 발달에 국한하지 않고, 학생을 하나의 전체로 놓고 그의 전면적인 발달을 돕는 교육을 뜻한다고 볼 수 있다(홍은숙, 2007).

이러한 전인교육은 우리나라에서 오래 전부터 자주 사용해오던 아주 익숙한 말이었다. 최근에 들어와서 전인교육은 빈번히 사용되지 않고, 오히려 인성교육이라는 용어가 더 많이 사용되는 경향을 보이고 있다. 그래서 새로운 인성교육에 비하여 오래된 전인교육이라는 느낌이 든다. 우리의 기억 속에서 점차 사라지고 있는 전인교육에 대한 개념을 재음미하거나 재개념화하려는 시도가 일어나고 있다(홍은숙, 2007; 명지원, 2018; 김진형 · 임상도, 2019). 이러한 움직임과 더불어 전인교육 개념의 명료화 문제, 전인 구성요소 관련 접근방식의 문제, 교육내용 요소의 집중과 확대 문제 등과 같은 여러 가지 쟁점이 논의되고 있다(강완식 · 윤길근, 2020). 전인교육과 관련한 여러 가지 쟁점을 중심으로 전인교육을 다시 생각하고 검토하려는 재개념화의 논의가 필요하다. 이 장에서는 전인교육을 재개념화하는 문제와 관련하여 실천전통 교육의 관점(홍은숙, 2007), 홀리스틱 교육의 관점(명지원, 2018), 그리고 유아교육철학의 비판적 관점(김진형 · 임상도, 2019) 등 세 가지 관점을 중심으로 논의하고자 한다(강완식·윤길근, 2020).

2. 전인교육 재개념화의 관점

1) 실천전통 교육의 관점

실천전통 교육의 관점에서 전인교육의 개념을 재음미하는 문제를 논의할 수 있다(홍은숙, 2007). 홍은숙(1999)은 전인교육을 위한 교과교육의 모형 연구에서 전인교육의 개념을 분석하여 그 문제점을 지적하고, 교과의 유기체적 교과모형을 제안하였다. 유기체적 교과모형의 특징을 MacIntyre(1984)의 실천전통의 개념과 체제이론을 원용하여 설명하고 있다.

맥킨타이어는 실천전통(a practice)을 사회적으로 확립된 협동적인 인간활동의 모종의 일관되고 복잡한 형식으로 정의한다. 그의 설명에 따르면, 축구공 던지기, 벽돌 쌓기, 무 심기 등은 실천전통이 아니고, 축구, 건축, 농경 등은 실천전통으로 간주한다. 실천전통으로 구분하는 기준에 대하여 Miller(1994)는 내적 가치와 탁월성 기준을 들고 있으며, 유재봉(2002)은 사회적으로 확립된 협동적인 인간 활동의 모종의 일관되고 복잡한 양식, 내적인 가치의 성취, 탁월성의 기준, 규칙에 대한 복종, 그리고 실천전통 그 자체의 발달 등의 다섯 가지로 설명한다. 홍은숙(2007)은 ① 사회적으로 확립된 협동적인 인간 활동, ② 모종의 일관되고 복잡한 형식, ③ 탁월성의 기준, ④ 실천전통의 내적 가치, ⑤ 덕, ⑥ 규칙에 대한 복종, ⑦ 역사적 전통의 발전, 그리고 ⑧ 구성원의 성장 등이다.

홍은숙(1999)은 전인교육을 지 · 덕 · 체의 조화로운 발달로 정의하고, 전인을 구성하는 요소들을 조화롭게 통합한다는 것이 어떤 것인지, 그리고 이를 위해서 어떤 교육내용을 가르쳐야 하는지 등에 대한 문제를 논의하였다. 홍은숙(2007)은 전인교육의 사전적 정의에 대한 문제점을 두 가지로 구분하고 있다. 첫째, 전인교육이 인간의 어느 특정한 부분의 발달이 아닌 전면적인 발달을 돕는 교육을 동의한다고 할지라도, 전면적인 발달이 구체적으로 어떤 것을 가리키는지는 분명하지 않다. 전인의 구성요소가 무엇인지, 그것들이 어떻게 교육될 수 있는지가 밝혀지지 않는다면, 전인교육에 대한 주장은 하나의 그럴듯한 구호로 그칠 수 있다. 지 · 정 · 의 또는 지 · 덕 · 체의 분류는 전인보다는 좀 더 구체화된 것이지만, 이것으로 충분한가 하는 문제가 있다. 따라서 전인을 구성하는 요소가 무엇인지, 전인을 위한 교육은 어떤 내용으로 구성되어야 하는지에 대한 연구가 필요하다.

둘째, 조화로운 발달 또는 균형 있는 결합이라는 말은 그럴듯한 표현이지만, 그것을 교육 실제에서 어떻게 해석하고 적용해야 하는 문제도 여전히 막연한 실정이다. 한편, 조화로운 결합을 가법적 접근과 승법적 접근으로 구분하는 주장(이홍우, 1996)과 모자이크식 교육관과 통합적 교육관을 구분하는 주장(홍은숙, 1994)이 바로 전인교육의 구성요소를 새로운 관점에서 보려는 시도이다. 따라서 전인의 구성요소들을 어떤 방식으로 결합해야 하는가에 대한 논의가 체계적으로 이루어져야 할 것이다(홍은숙, 2007).

이어서 실천전통 교육관에 따른 전인교육의 의미를 교육내용, 교과교육, 요소의 조화시키는 방식 등으로 구분하여 해석하고 있다(홍은숙, 2007). 첫째, 교육내용에서 전인교육은 다양하고 풍부한 인간활동을 가르치는 것을 필요로 한다. 실천전통 교육관은 지식의 형식을 넘어서 보다 폭넓은 다양한 실천전통에의 입문을 강조한다는 점에서 이러한 전인교육의 이상에 보다 더 접근한다고 말할 수 있다.

둘째, 한 교과교육에서 볼 때, 실천전통 교육관은 교육의 초점을 명제적 지식 등의 단편적 부분에서 그것의 배후 활동인 실천전통 및 그것의 다양한 요소들의 유기적 관계에 맞춤으로써 전인의 다양한 측면들을 잘 부각시킨다고 볼 수 있다. 실천전통의 다양한 측면들을 부각시킴으로써 실천전통 교육관은 전인교육을 보다 잘 실현할 수 있다.

셋째, 전인의 다양한 측면들을 조화시키는 방식에 있어서, 실천전통은 지속적으로 발전하는 하나의 유기체로서 다양한 측면들을 자연스럽게 통합할 수 있다. 어떤 활동과 관련된 명제적 지식, 정서, 기술 등을 가르칠 때 그것이 나온 맥락과 관련을 맺지 못할 경우 우리는 그 의미가 이해되지 않는 손상된 상태로 가르치게 된다. 그러나 파편화된 각 부분들이 이해될 수 있고 기능적으로 연결될 수 있는 맥락을 제공해 주는 실천전통에 초점을 맞춤으로써 우리는 전인교육을 위한 통합되고 의미 있는 교육을 할 수 있는 것이다(홍은숙, 2007).

실천전통들 사이의 갈등을 해결하기 위해 MacIntyre(1984)는 인간 삶의 서사적 총체성과 전통 등의 개념을 제시한다. 이에 기초하여 우리는 전인교육의 의미를 확장할 수 있다. 또한 개인의 여러 특성들이 조화되어 있는가를 확인하는 것만으로는 전인교육이 이루어졌다고 말하기 어렵다. 전인교육이 성공하기 위해서는 개인이 자신이 누구인지의 정체성을 확립해야 하며, 그러한 정체성에 적합한 삶 전체의 이야기를 스스로 만들면서 살아가야 한다. 이처럼 개인의 삶에 있어서 개인의 총체적인 삶의 이야기는 매우 중요하다. 따라서 인간 삶의 서사적 총체성, 인간의 삶의 목적을 회복하는 일은 전인교육에 매우 적절한 시사를 준다. 전인교육의 목표를 달성하기 위해서는 개인은 자신의 정체성을 확립해야 하며, 그러한 정체성에 부합되는 개인의 총체적 삶의 이야기를 스스로 만들어 가면서 살아가야 한다. 개인의 총체적인 삶의 이야기를 추구하는 일은 전인격적인 통합을 목표로 하는 전인교육의 목표와 일맥상통하고 있다. 한편, 개인의 삶의 이야기를 구성할 때에 그것이 자의적이 되지 않도록 하기 위해서는 개인의 정체성을 전통에 비추어 볼 필요가 있다(홍은숙, 2007).

이러한 실천전통 교육관이 전인교육에 주는 시사점으로는 첫째, 교육내용면에서 지식의 형식을 넘어서 보다 폭넓은 다양하고 풍부한 인간활동을 가르쳐야 한다. 실천전통 교육관이 실천전통에의 입문을 강조한다는 점에서 전인교육의 이상에 보다 더 접근한다고 말할 수 있다. 둘째, 교과교육면에서도 실천전통 교육관은 교육의 초점을 명제적 지식 등의 단편적 부분에서 그것의 배후 활동인 실천전통 및 그것의 다양한 요소들의 유기적 관계에 맞춤으로써 전인의 다양한 측면들을 잘 부각시킨다고 볼 수 있다. 셋째, 전인의 다양한 측면들을 조화시키는 방식에 있어서, 실천전통은 지속적으로 발전하는 하나의 유기체로서 다양한 측면들을 자연스럽게 통합할 수 있다.

특히 개인의 총체적 삶의 이야기를 추구하는 일은 전인격적인 통합을 강조한다는 점에서 전인교육의 과제와 일치한다. 또한 개인의 삶의 이야기를 구성할 때에 그것이 자의적이 되지 않도록 하기 위해서는 개인의 정체성을 전통에 비추어 볼 필요가 있다. 여기서 우리는 개인의 정체성이 역사적 전통에 비추어 규정되며, 이에 전인교육도 사회구성원으로서의 역할과 관련하여 고찰할 필요가 있는 것이다. 마지막으로 홍은숙(2007)은 총체성, 관계, 생명 등을 강조하는 홀리스틱 교육이론을 살펴보면서 전인교육의 개념이 보다 더 확장되어야 할 필요를 지적하였다.

2) 홀리스틱 교육의 관점

전인교육에 대한 재개념화 문제는 홀리스틱 교육의 관점에서도 논의할 수 있다(명지원, 2018). 홀리스틱 교육은 비인간화되고 파편화되며, 기계화되는 사회 속에서 전인적인 인간을 회복시키기 위한 운동이라는 점에서 오늘날 사회에 요구하는 매력적인 교육의 패러다임이라고 말할 수 있다. 또한 홀리스틱 교육은 인간을 전체로 파악하고 시간과 공간, 세계관, 교육내용, 교육방법 등 교육의 모든 측면에서 전체적이고 관계적인 관점을 강조한다(홍은숙, 2007). 홀리스틱 교육은 관계성에 초점을 둔 교육으로서 논리적 사고와 직관적 사고의 연계, 마음과 몸의 연계, 지식의 다양한 분야 영역의 연계, 인간과 인간의 관계, 아동과 성인의 관계, 물질과 영혼과의 연계를 중시한다.

홀리스틱 이론은 전체는 부분의 총화보다 훨씬 크다는 신념에 기초한다. 즉 전체는 부분으로 분할할 수 없으며, 분할할 경우 모종의 것을 잃어버리게 된다는 것이다. 그런데 그 모종의 것은 전체를 그 전체로 만드는 중요한 것이므로, 분석적인 방법으로는 결코 그 전체를 이해할 수가 없다고 본다(송민영 · 김현재 역, 1999; 홍은숙, 2007). 이 전체를 홀리스틱 교육은 생명에의 외경과 관계의 회복으로 본다. 즉 전체로서의 인간은 생명을 가지며 다양한 관계 속에서 파악된다는 것이다. 이에 교육은 삶의 전체성과 관계의 중요성을 일깨우고 그것에 초점을 맞추도록 해야 한다.

홀리스틱 교육의 핵심원리는 삶의 전체성 원리와 관계의 원리이다. 삶의 전체성의 원리는 인간의 삶의 부분이나 일면이 아니라 삶의 전체에 관계되는 원리로서 삶의 각 영역이 개별적으로 이루어지는 것처럼 보일지라도 부분과 부분의 연결이나 부분과 전체의 관계로 조직화되어 있다는 것이다. 관계의 원리는 표층의 근저에 전체의 관계가 있으며, 그 관계가 심층의 실체를 이루고 있다는 원리이다(송민영 · 김현재 역, 1999).

또한 홀리스틱 교육은 전인적 발달을 도와준다. 즉 학생들은 지성적, 정서적, 사회적, 신체적, 정의적, 직관적, 미적, 영혼의 잠재적 가능성을 지니고 있다(Miller, 1991). 특히 홀리스틱 교육에서는 영적 지식을 강조한다. 영성은 우주의 생명체, 무생명체 모두에 존재하는 통일성과 전체성을 의미한다. 또한 영성은 모든 것들을 연계시켜 주며, 생명에 대한 외경과 개개의 생명 간의 관계성을 이해하는 출발점이 된다. 홀리스틱 교육은 인간과 인간의 관계, 인간과 자연생태계와의 관계 등 관계성을 중시하는 교육으로서 그 속에서의 조화와 포괄성 및 통합성을 추구하는 점에서(송민영, 2006) 전인교육의 특징을 지니고 있다. 영성을 더 강조하는 관점에서 보면, 홀리스틱 교육은 기존의 전인교육보다 더 포괄적인 개념으로 간주할 수 있다.

명지원(2018)은 홀리스틱 교육의 관점에서 캐나다의 홀리스틱 대안학교의 운영 사례를 통해서 전인교육의 재개념화를 시도하고 있다. 홀리스틱 교육원리를 실천하고 있는 대안학교의 운영 사례에서 교육목표, 교육내용, 교육방법, 교육평가 등 네 가지 영역별로 전인교육의 재개념화 방안을 제시하고 있다.

먼저 홀리스틱 교육은 교육목적에 있어서 학생의 내면세계와 외면세계의 균형과 조화를 추구한다. 특히 몸과 마음, 그리고 영성의 조화롭고 균형진 발달을 통한 건강하고 행복한 삶은 전인교육의 실제적 목적이라고 할 수 있다. 또한 홀리스틱 교육의 목적은 학생을 지성, 정서, 사회, 창의 · 직관, 미적, 영적, 잠재가능성을 도와 전인으로 성장시키는 데 있다. 홀리스틱 대안학교의 궁극적인 목적도 교실공동체를 구축하여 지역사회와 세계 공동체로의 학생 인식의 전환과 확장을 돕는 데 있다. 이를 통해 교육과정에 사회를 바라보는 안목을 형성하는 문제와 평등하고 정의로운 세계를 위한 안목과 실천역량을 기르기 위해 초등학교부터 다양한 맞춤형 교육과정을 운영한다.

다음으로 교육내용에 있어서 과목 간의 연계를 초월하는 융합 또는 초학문적(transdisciplinary) 통합교육과정을 구성한다. 예컨대 수학과 영어 교과에서 과학, 사회과, 지리 또는 역사 교과 등을 통합하여 가르침으로써 통합적 사고력을 신장시키는 것은 교육내용의 범위를 선정하고 계열을 조직하는 유연성을 발휘하고 있다. 또한 영성교육을 강조하는 내용으로 홀리스틱 교육은 영적 지식을 강조하여 우주의 생명체와 비생명체의 연계성과 전일성을 강조하며, 나와 이웃, 지구인, 동식물, 무생물 등 모든 것과의 연계성을 느끼며, 생명의 외경과 개개 생명 간의 관계성을 이해하도록 촉진하는 교육내용을 중시한다. 캐나다 홀리스틱 대안학교에서는 다양한 형태의 홀리스틱 교육과정을 구성하여 운영하고 있다. 대표적인 교육과정으로는 지구와의 연계를 통한 교육과정을 비롯하여 내면의 연계를 통한 교육과정, 몸과 마음의 연계를 통한 교육과정, 교과목들 간의 연계를 통한 교육과정, 그리고 직관과 탐구를 통한 교육과정 등이 있다(EHAS, 2020).

이어서 홀리스틱 교육은 전통적인 교수학습 방법에서부터 학습자의 자율성을 기반으로 한 발견학습, 탐구학습 등 다양한 방법을 망라하는 교육방법을 채택한다. 특히 내면의 연계를 통한 교수학습방법으로 스토리텔링, 신화, 전설, 동화, 민화 등 다양한 지식과 연계하여 아동의 상상력을 자극하고 융합적 사고를 형성하게 하는 방법이 강조된다. 또한 몸과 마음의 연계를 통한 명상, 드라마, 요가, 역할극 등 다양한 방법이 활용된다. 캐나다 홀리스틱 대안학교에서는 7가지 교수학습원리를 강조하고 있다. 7가지 교수학습원리로는 이야기 기반 교수학습원리를 비롯하여 예술 기반 교수학습원리, 경험 기반 교수학습원리, 탐구 기반 교수학습원리, 협동학습 기반 교수학습원리, 프로젝트 기반 교수학습원리 등이 있다(EHAS, 2020). 이들 7가지 교수학습원리는 전인교육의 재개념화를 위한 교육방법으로 활용할 가치가 있다고 평가한다(명지원, 2018).

마지막으로 홀리스틱 교육에서 평가는 단편적인 평가에서부터 종합적 평가까지의 모든 단계를 포함하는 개념이다. 전인에 대한 평가는 평가의 타당성을 담보하기 위해 종합적이고 통합적 사고능력의 평가를 강조한다. 그래서 양적 평가와 질적 평가 모두 강조하는 다양한 유형의 평가를 요청한다. 홀리스틱 교육의 원리 가운데 전인교육을 재개념화하는 데 있어서 교육평가와 관계가 깊은 원리로는 인간성에 최우선 가치를 두는 교육원리를 비롯하여 인간 개개인의 존중 원리, 경험적 학습의 중시 원리, 참여민주주의 원리, 지구 시민교육 원리, 공생을 위한 생태학적 지구생명권 교육으로서 생태학적 소양의 원리, 그리고 영성 교육 원리 등을 열거할 수 있다(명지원, 2018).

따라서 홀리스틱 교육의 관점에서 전인교육의 재개념화는 교육의 본연을 회복하는 것으로 규정한다. 교육의 본연을 회복하기 위해서 홀리스틱 교육은 관계성을 핵심으로 하는 교육을 중시한다. 그래서 학습자 자신의 내면세계를 성찰하고 외부세계와의 조화와 균형을 이루는 전인교육의 목표와 일치된다. 또한 홀리스틱 교육은 자기 자신과 타인의 행복이 깊고 넓은 차원에서 서로 연계되어 있다는 인식을 바탕으로 타인에 대한 공감과 배려, 역지사지하는 자세를 중시한다.

특히 홀리스틱 교육은 학습공동체를 구축하여 공동체 정신을 구현하고 지역사회와 지구촌을 아우르는 연대의식을 바탕으로 사회정의(social justice)에 대한 인식을 초학눈적 통합교육과정으로 다양한 활동경험과 학습을 통하여 학생들의 삶에 내면화한다는 것이다. 또한 캐나다의 홀리스틱 대안학교의 홀리스틱 교육이 우리나라 전인교육의 재개념화에 주는 시사점은 전인교육의 큰 그림으로서의 교육목적, 교육내용, 교육방법, 교육평가의 재개념화를 위한 이론적 근거가 될 수 있는 좋은 사례라고 할 수 있다(명지원, 2018).

3) 유아 교육철학의 비판적 관점

유아 교육철학의 비판적 관점에서 전인교육의 재개념화를 분석할 수 있다(김진형 · 임상도, 2019). 여기서 비판적 탐구는 기존의 유아 전인교육 개념의 현황을 파악한 후, 단순한 이해관계를 벗어나서 유아 교육철학의 비판적 관점에서 논지와 관점을 추출하여 요약 정리하는 방식이었다. 연구범위는 유아 전인교육의 재개념화 방안을 도출하는 데 있고, 연구도구는 원전 문헌이며, 분석형태는 기존 유아 전인교육의 구성요소가 무엇이며, 유아 전인교육의 재개념화를 위해 구성요소의 확대, 구성요소 관련 접근방식, 중심 요소의 다양화를 주도하는 방안이 무엇인지를 비판적으로 탐구하는 것이다.

김진형 · 임상도(2019)는 유아 교육철학의 비판적 관점에서 유치원 교육과정에 나타난 전인 개념을 분석하였다. 유치원 교육과정의 영역별 구성요소와 접근방식을 제시하면 다음 〈표 9-1〉과 같다.

〈표 9-1〉 유치원 교육과정의 전인교육 요소와 접근방식

유치원 교육과정	주요 영역	구성요소 접근방식
1차	건강생활, 사회생활, 자연생활, 언어생활, 예능생활	가법적 접근
2차	사회·정서발달, 인지발달, 언어발달, 신체발달 및 건강발달	인지발달 중심 승법적 접근
3차	신체발달, 정서발달, 언어발달, 인지발달, 사회성 발달	통합적 접근
4차	신체발달, 언어발달, 인지발달, 정서발달, 사회성 발달	언어, 인지발달 중심 승법적 접근 통합
5차	건강생활, 사회생활, 표현생활, 언어생활, 탐구생활	통합적 접근
6차	건강생활, 사회생활, 표현생활, 언어생활, 탐구생활	승법적 접근 통합
7차	건강생활, 사회생활, 표현생활, 언어생활, 탐구생활	통합적 접근

1차 유치원 교육과정에서부터 7차 유치원 교육과정까지 표면적으로나 심층적으로 전인교육을 지향하였다. 전인의 개념적 구

성요소로는 측정 가능한 신체, 사회, 정서, 언어, 인지 등의 영역에 한정되어 있었다. 모든 교육과정에서 공통적인 특징은 종교(영성)과 철학의 요소가 배제된 것으로 나타났다. 이러한 결과는 유아교육의 심리학적 입장에 크게 영향을 받은 결과로 나타난 현상인 것으로 판단된다. 또한 전인의 개념적 요소를 구성하는 방법에 있어서는 표현적으로는 승법적 접근에 의한 통합 교육과정을 지향하고 있었다. 전인의 개념적 구성요소 관련 접근방식을 보면, 1차 유치원 교육과정은 가법적 접근을 지향하였고, 2차는 인시발날 중심의 승법적 접근을 그리고 4차는 언어발달과 인지발달 중심의 승법적 접근을 권고하고 있다. 3차, 5차, 7차는 통합적 운영을 강조하고 있으나, 어떤 요소를 중심으로 승법적 접근을 할 것인지에 대한 분명한 입장도 없으며, 승법적 접근 시 중심요소를 다양하게 제시하지 못하고 있다.

먼저, 김진형 · 임상도(2019)는 유아 전인교육의 재개념화를 시도하기 위해서 전인교육의 개념적 구성요소를 기존의 신체, 정서, 사회성, 인지, 언어에 추가하여 예술, 종교, 영성, 철학, 창의를 포함하여 진정한 유아 전인교육을 지향할 것을 제안하였다. 그동안 측정 가능한 요소만을 유아 전인교육의 요소로 간주하려고 한 기존의 유아 전인교육의 개념에서 벗어나기 위해서는 개념적 요소를 예술, 종교, 철학, 창의와 같은 인간 삶의 영역을 두루 포괄하는 요소로 확대해야 할 것을 제안하였다.

다음으로, 유아 전인교육의 개념적 구성요소의 관련 접근방식에 있어서는 신체, 정서, 사회성, 인지, 언어, 예술, 종교, 철학을 단순히 나열하는 가법적 접근방식을 탈피하여 특정 요소를 여러 요소에 스며들게 하는 승법적 접근방식을 제안하였다. 이 제안은 이홍우(1996)의 승법적 접근, 김숙자 · 고정리(2006)의 통합 교육과정 연구, 그리고 홍은숙(2007)의 유기체적 접근과 같은 입장을 견지하고 있다. 따라서 전인교육을 구성하는 요소들의 교육은 따로따로 고려하여 가르치는 것이 아니라 서로 유기적 관련 하에 상호작용하여 가르치도록 승법적 접근을 지향해야 한다. 전인교육의 새로운 개념은 특정한 요소를 중심으로 승법적 접근을 지향하는 방향으로 재개념화되어야 할 것이다.

이어서, 유아 전인교육의 개념적 요소 중에서 특정 요소를 중심으로 승법적 접근을 채택할 때, 기존의 연구는 지(知)를 중심으로 구성할 것을 주장한 것이 대세였다. 그러나 김진형 · 임상도(2019)는 지(知)를 중심으로 한 승법적 접근은 주지주의 또는 지식위주로 유아교육이 치우치는 우려가 있으므로 지(知) 중심에서 벗어나 다양한 요소를 중심으로 하는 승법적 접근을 제안하였다. 지적 요소와 다른 요소를 중심으로 한 승법적 접근의 예시로는 정서적 유대감, 예술, 종교, 철학 등이 열거되고 있다(김진형 · 임상도, 2019). 예컨대 유아교사의 구연동화로 교사와 유아 간의 강한 정서적 유대감(사랑)을 지식으로, 사랑으로 승화시켜 감정전이가 될 때 정서를 중심으로 한 승법적 접근이 실현될 수 있다고 주장하고 있다. 또한 예술을 통해서 이성과 감성의 분리를 일의적으로 융합하는 시각을 제시하는 측면은 유아 전인교육에서 예술을 중심으로 지·덕·체를 승법적으로 접근할 수 있는 근거를 마련해 주고 있다.

앞에서 논의한 바와 같이, 김진형 · 임상도(2019)의 유아 전인교육을 위한 세 가지 재개념화 방안을 요약하면 다음과 같다. 전인교육의 재개념화 방안에는 전인적 요소의 확대 방안, 경험 중심의 승법적 접근방식, 그리고 중심요소의 다양화 방안 등이 포함된다. 전인적 요소의 확대 방안은 유아 전인교육의 개념적 구성요소를 기존의 신체, 정서, 사회성, 인지, 언어에 더하여 예술, 종교, 영성, 철학, 창의를 포함하여 진정한 유아 전인교육을 지향하는 방안을 말한다. 개념적 요소들 인간의 삶의 영역이 두루 포괄될 수 있도록 지평을 확대해야 함을 시사하고 있다. 다음으로 경험 중심의 승법적 접근방식은 전인교육의 구성요소를 단순히 나열하는 가법적 접근방식에서 탈피하여 특정 요소를 여러 요소에 스며들게 하는 접근방식을 의미한다. 그리고 중심요소의 다양화 방안은 유아 전인교육의 개념적 요소 중에서 지를 중심요소로 구성하는 것에서 벗어나서 신체, 정서, 예술, 종교, 철학을 중심요소로 다양화하자는 제안을 말한다.

3. 오래된 전인교육의 새로운 해석

전인교육은 오랜 역사와 전통을 가지고 있는 개념이다. 또한 전인교육은 교육의 본연을 회복하는 교육이라고 부른다. 시대의 변화에 따라 전인교육의 개념이 다소 달라지기도 하고 그 관심도와 선호도가 변화되기도 한다. 최근에는 전인교육보다도 오히려 창의 · 인성교육 또는 인성교육이라는 용어가 더 많이 사용되고 있다. 4차 산업혁명과 인공지능 시대가 도래함에 따라 기존의 전인교육에 대한 개념을 재음미하거나 재개념화해야 한다는 주장이 일부 제기되기 시작하였다. 앞에서 전인교육에 대한 새로운 해석이나 재개념화의 관점을 실천전통 교육의 관점, 홀리스틱 교육의 관점, 그리고 유아교육철학의 비판적 관점으로 구분하여 논의하였다. 이들 전인교육의 세 가지 재개념화 관점을 비교하면 다음 〈표 9-2〉와 같다(강완식 · 윤길근, 2020).

〈표 9-2〉 전인교육 재개념화 관점별 특성 비교

관점 특성	실천전통 교육 관점	홀리스틱 교육 관점	비판적 관점
학문적 배경	교육철학	교육과정	유아교육철학
접근방식	유기체적 접근	총체적 접근	승법적 접근
전인 요소	지·덕·체	지·덕·체, 정, 의, 영성	지·덕·체, 영성, 예술, 종교, 철학 등
재개념화 방안	실천전통 기반의 전인격적 통합	초학문적(융합) 통합교육과정	구성요소의 확대와 중심요소의 다양화

위의 표에서 제시된 바와 같이 전인교육을 재개념화하는 방향은 다음과 같다. 첫째, 지 · 정 · 의 또는 지 · 덕 · 체라는 구성요소에서 더 많은 전인의 구성요소로 확대되어야 한다. 그동안 등한시되어 왔던 영성, 예술, 종교, 철학 등과 같은 요소에 대한 관심이 더 집중되어야 할 것으로 판단된다. 둘째, 전인교

육 구성요소에 대한 가법적 접근방식에서 승법적 또는 총체적 접근방식으로 전환되어야 한다. 전인의 구성요소가 각각 더해지는 방식이라기보다는 하나의 온전한 교육적 경험이나 활동 속에 지적, 정의적, 도덕적 측면이 스며들게 하는 승법적 접근방식 또는 총체적 접근방식이 더 강조되어야 할 것이다. 셋째, 지적 영역 중심에서 여러 영역의 중심 요소로 다양화되어야 한다. 기존의 인지 중심의 승법적 접근에서 벗어나 정서, 신체, 예술, 종교, 영성, 철학 등을 중심으로 하는 승법적 접근이 될 수 있도록 중심요소의 다양화 방안이 제시되어야 한다.

기존의 오래된 전인교육에 대한 관심이 새로운 시대를 맞이하여 새로운 개념으로 전환되고 있다. 그러한 관점에서 전인교육의 재개념화 논의는 나름대로 가치가 있는 작업임에 틀림없다. 최근에 진행되고 있는 4차 산업혁명과 AI 시대에서 살아가야 하는 미래세대를 위하여 무엇을 가르쳐야 하는가의 문제가 심도 있게 논의되어야 할 것이다. AI 시대에 로봇에 대체되지 않는 인간을 위해서 가르쳐야 할 것이 무엇인가? AI 시대에도 오래된 전인교육이 그대로 필요할 것인가? 이와 관련하여 미래세대를 위한 인성교육, 미래사회에서의 지혜교육, 그리고 AI 시대에서 필요한 사람다운 사람교육에 대하여 더욱 더 많은 심층적인 논의가 이루어지기를 기대한다.

CHAPTER 10

AI 시대의 새로운 사람교육

1. 4차 산업혁명 시대의 개념과 특징

1) 4차 산업혁명 시대의 개념

최근 우리나라에서 4차 산업혁명에 대한 관심이 집중되고 있다. 4차 산업혁명이라는 개념은 2011년 독일의 산업 4.0(Industrie 4.0)에서 처음 사용되었다. 독일의 산업(industry) 4.0은 독일 총리가 주도하여 진행한 산업관련 정책이다. 이 정책의 내용은 제조업 같은 전통 산업에 IT 시스템을 결합하여 생산 시설들을 네트워크화하고 지능형 생산 시스템을 갖춘 스마트 공장(Smart Factory)으로 진화하자는 뜻을 가지고 있다. 이는 공식적으로 2011년 1월에 발의됐고 독일 국가과학위원회(Germany's national academy of science and engineering)는 산업 4.0을 통해 산업 생산성이 30% 향상될 것으로 전망하고 있다.

그후 2016년 1월에 세계경제포럼(World Economy Forum: WEF)의 설립자인 Schwab이 다보스 포럼의 연설에서 4차 산업혁명이라는 용어를 사용한 이후 널리 확산되었다. 일반적으로 산업혁명은 생산체계와 사회시스템을 획기적으로 바꾸어서 생산성의 발전을 꾀하는 것으로 사용되고 있다. 1차 산업혁명은 18세기 철도 건설과 증기기관 발명으로 시작하여 기계에 의한 생산이 가능한 기계화 혁명이었다. 2차 산업혁명은 20세기 초 전기에너지를 이용한 대량생산 혁명이었다. 3차 산업혁명은 20세기 후반 컴퓨터와 로봇을 이용하여 자동화가 이루어지는 인터넷 기반의 지식정보 혁명이었다. 그러나 4차 산업혁명은 통일된 개념으로 사용되고 있지는 않지만, 인공지능 기반으로 한 사람, 사물, 공간을 초연결, 초지능화한 만물 초지능 혁명이었다. 다시 말하면 4차 산업혁명은 사물인터넷, 인공지능, 빅데이터, 3D 프린팅, 클라우드, 자율주행 자동차 등과 같이 소프트웨어와 데이터 기반의 지능 디지털 기술변환에 의한 만물 초지능 혁명이라 할 수 있다(Schwab, 2016).

또한 4차 산업혁명은 컴퓨팅과 통신의 대상이 사람과 사람을 넘어 사람, 사물, 공간으로 퍼져가는 수평적 네트워킹 확장인 초연결성(hyper connectivity), 인터넷과 모바일 플랫폼을 기반으로 사이버 물리 시스템(cyber physical system)과 인공지능을 주축으로 하는 사회 시스템 간의 상호작용이 심화되는 수직적 네트워킹 확장인 초지능성(hyper intelligence) 등과 같은 방향성을 가지고 있다. 특히 4차 산업혁명 시대는 과학기술 간의 경계, 실재와 가상현실의 경계, 기계와 생명의 경계가 희미해지는 시대로서(조헌국, 2017), 이전의 어떤 혁명보다도 가장 충격적인 변화를 가져올 것으로 본다. Schwab은 다가올 4차 산업혁명의 시대를 다음과 같이 예측하고 있다. 2025년까지 전 세계 90%의 사람들이 스마트폰을 사용하고, 인터넷에 일상적으로 접속할 수 있으며, 무제한적으로 무료 디지털 정보를 저장할 수 있고, 미국 자동차들의 10%가 무인 자동차가 될 것이며, 신호등이 없는 5만 명 이상 인구를 가진 최초의 도시가 등장하며, 5%의 상품이 3D 프린터로 생산되고, 최초의 로봇 약사가 미국에 등장하고, 30%의 기업 회계감사가 인공지능에 의하여 이루어지며, 빅데이터로 인구조사를 대체하는 최초의 정부가 나타날 것으로 예측된다.

2) 4차 산업혁명 시대의 특징

4차 산업혁명은 기존의 1차, 2차, 그리고 3차 산업혁명과 뚜렷한 차이를 보이고 있다. Schwab(2016)은 4차 산업혁명의 특징을 속도(velocity), 범위와 깊이(breadth & depth), 그리고 체제변화(systems impact) 등으로 구분하고 있다. 세 가지 측면에서 4차 산업혁명의 특징을 제시하면 다음 〈표 10-1〉과 같다 (Schwab, 2016).

〈표 10-1〉 4차 산업혁명의 특징

구분	특징
속도	- 과학기술을 포함한 인간의 삶의 변화 속도가 기하급수적 증가 - 각 분야들 간의 연계와 융합 가속화
범위와 깊이	- 디지털 혁명을 기반으로 한 과학기술의 변화 주도적 - 사회, 경제, 문화, 교육 등 사회 전반의 광범위한 변화로 연결 - 인간의 정체성에 대한 철학적 사유 및 논의까지 요구하는 변화
체제 변화	- 시스템과 체제의 변화, 패러다임 변화 - 개인적인 삶, 국가 체제, 세계 체제 등 변화까지 연결

또한 4차 산업혁명의 주요 특징은 시기, 에너지원, 그리고 기술 등의 측면에서 비교할 수 있다. 1차 산업혁명에서부터 4차 산업혁명까지 산업혁명의 변화 과정에 따라 시기별, 에너지원, 그리고 기술 등 세 가지 측면에서 주요 특징을 비교하면 다음 〈표10-2〉와 같다(성태제, 2017).

〈표 10-2〉 1, 2, 3, 4차 산업혁명의 특징 비교

구분	시기	에너지원	기술	주요 특징
1차 산업혁명	18세기	석탄, 물	증기기관	기계에 의한 생산
2차 산업혁명	20세기 초	석유, 전기	내연 연소기관 전기에너지	자동화에 의한 대량 생산
3차 산업혁명	20세기 후반	핵에너지, 천연가스	컴퓨터, 로봇	반도체, PC, 인터넷, IT
4차 산업혁명	2015년 이후	친환경 에너지	인공지능, 사물인터넷, 3D프린터, 유전공학	빅데이터, 융복합

한편, 산업혁명의 변화 단계에 따른 4차 산업혁명의 주요 특

징을 그림으로 요약하면 다음 [그림 10-1]과 같다(안종배, 2017).

[그림 10-1] 산업혁명의 변화 단계와 4차 산업혁명

위의 그림에 의하면, 1차 산업혁명은 증기기관 등에 의한 기계화 혁명이고, 2차 산업혁명은 전기에너지를 활용한 대량생산 혁명이며, 3차 산업혁명은 인터넷으로 대표되는 정보통신기술 중심의 정보화 혁명이었다. 4차 산업혁명에서는 기술 융합을 통해 물리적, 생물학적 영역 간의 경계가 허물어져 사이버 물리 시스템이 구축되고 인공지능, 사물인터넷, 및 빅데이터를 활용하는 초연결, 초지능화 사회가 구현될 것으로 전망된다(안종배, 2017).

특히 4차 산업혁명 시대에서는 정보 · 통신기술(Information and Communication Technology: ICT)이 모든 분야에 영향을 크게 미칠 것이다. ICT가 주도하는 패러다임 변화는 전통적인 경계의 파괴를 통하여 온라인과 오프라인, 가상과 현실, 제조업과 서비스업 등 다양한 전통적 영역의 경계를 사라지게 하고 있는 것이다. 이와 같은 ICT 융합으로 인한 경계의 파괴가 야기하는 새로운 패러다임은 위기가 아닌 기회로 활용하기 위해서는 혁신이 지속적으로 창출할 수 있는 환경구축이 무엇보다 중요하다. 이를 위해서는 융합되는 새로운 서비스가 안정된 상태에서 자유롭게 시장에서 유통될 수 있도록 규제시스템의 정비가 필요하다. 또한 융합산업의 핵심 기반시설인 데이터 경쟁력 확충, 사물인터넷 · 빅데이터 · 인공지능 · 클라우드 등 핵심기술 경쟁력에 대한 전략적 지원도 필요하며, 혁신기술 서비스의 사회적 수용도를 높이기 위한 보안위협, 개인정보 침해, 사회 · 윤리적 문제 등의 해결을 위한 교육의 역할도 중요하다.

3) 4차 산업혁명 시대의 사회 변화

4차 산업혁명은 IT기술이 획기적으로 발달함에 따라 지능정보화사회로 전환되고 있다. 4차 산업혁명은 사물인터넷, 인공지능, 빅데이터 등의 기술이 나노기술, 바이오기술, 정보기술, 인지과학의 융합기술로 발전된다. 이러한 융합기술을 기반으로 한 지능형 사이버 물리시스템이 생산을 주도하는 사회구조로의 혁명이 일어난다. 이러한 기술 트렌드는 크게 초지능화, 가상화, 그리고 초연결화로 구분된다(ETRI, 2015; 김진숙, 2017). 지능화는 인간과 기계의 관계로서, 머신러닝, 딥러닝, 빅데이터 등의 기술이 인간처럼 사고하도록 발달될 것이라고 분석한다.

이는 인간의 정체성에 대한 인식과 일자리의 변화에 영향을 미치게 된다. 사회가 지능정보화사회로 변화하게 되면, 단순 반복적인 업무뿐 아니라 데이터 분석을 기반으로 한 예측과 추론, 단순한 문제해결 방안까지 제시하는 업무까지도 인간을 로봇으로 대체될 수 있다. 예컨대 로봇 기자가 발 빠른 정보 수집과 분석, 정확한 예측을 통하여 인간 기자보다 더 신속하게 보도할 수 있다는 것이다. 기자뿐만 아니라 현재 존재하는 대부분의 직업에 대해 기계로 대체 가능하다는 문제가 논란이 될 수 있다.

다음으로 현실과 가상의 융합이 가속화되면서 사회 구성원들의 물리적 일상이나 사회 경제 활동이 가상화될 것이다. 인간의 경험과 인지 영역이 모호해지지만 이에 대한 새로운 서비스 산업이 창출될 것이다. 예컨대 새로운 지역에서 스마트폰의 카메라를 이용해 건물을 비추면 건물 정보가 디지털 정보로 나타난다는 것이다. 소위 증강현실과 가상현실 기술을 활용한 콘텐츠나 디바이스의 발달이 예측된다. 먼 거리에 떨어진 두 사람이 하나의 가상현실 공간에서 물리 실험을 함께 하고, 데이터를 수집하고, 실험 결과를 도출해 내는 것 또한 조만간 실현될 모습이다.

마지막으로 인간과 인간의 관계가 초연결화되는 사회로의 변화가 예측된다. 디지털 네트워크와 모바일 정보기기의 확산은 인간의 교류 범위를 무한정으로 확대시키면서, 사회 전반에 걸친 글로벌화가 가속화되고, 지구상에 일어나는 모든 정보들이 공유되고 논의될 것이다. 이는 새로운 집단행동 양태를 야기하면서 전통적 정치, 경제 구조에도 영향을 끼칠 것으로 예견된다.

4차 산업혁명 시대에서 기술 트렌드 변화에 따라 새로운 직업이 창출되지만 사라지는 직업도 생겨난다. WEF(2016)의 직업미래보고서에서 인공지능 기술 개발로 202만 개의 새로운 직업이 창출되지만, 710만 개의 직업은 줄어들 것이라고 발표하고, 구체적인 직업군별 채용 증감 추이를 비교하였다. 단순 반복 직업은 로봇이나 인공 지능이 대체하지만, 오히려 인성, 감성, 창의성을 요구하는 직업은 증가할 것으로 예상된다. 4차 산업혁명시대에서 사라질 위험이 높은 직업으로 텔레마케터, 컴퓨터 입력 요원, 법률비서, 경력분류 업무, 검표원 등이었다. 또한 4차 산업혁명 시대 직업별 인공지능 대체 비율을 살펴보면, 청소원, 주방보조원, 매표원, 및 복권 판매원 등의 순으로 가장 높은 반면에, 회계사, 항공기조종사, 투자 및 신용분석가, 자산운용가 등의 순으로 낮았다.

한편, 4차 산업혁명 시대 10~20년 후까지 남는 직업 25개는 레크리에이션 치료사, 정비 설치수리 일선 감독자, 위기관리 책임자, 정신건강 약물 관련 사회복지사, 청각 훈련사 등이었고, 10~20년 후에 사라질 직업 25개로는 텔레마케터, 부동산 등기의 심사조사, 손바느질 재단사, 컴퓨터 이용한 데이터 수집가공분석가, 보험업자 등이었다.

2. 인공지능 시대의 개념과 특징

1) 인공지능의 개념

인공지능(artificial intelligence: AI)은 4차 산업혁명 시대의 핵심기술 가운데 하나이다. AI는 과학과 공학의 최첨단 기술 분야 중 하나로서 학습과 인지와 같은 일반적인 분야에서부터 체스, 쓰기, 자율 주행 자동차, 질병 진단 등과 같은 구체적인 분야에 이르기까지 다양한 분야에 널리 적용되고 있다. AI는 거의 모든 지적 과제와 연관을 맺고 있어서 현재 보편적인 분야에서 응용되는 기술로 인식되고 있다(Russell & Norvig, 2010).

AI라는 용어는 McCarthy(1927~2011)가 1956년 여름 처음 제안하였다. 그는 미국 뉴햄프셔 주 하노버에 있는 다트머스 대학에서 2개월 간 열린 워크숍에서 당시 컴퓨터 지능 관련 연구 분야를 AI로 부르자고 제안하면서 널리 사용하게 되었다. AI의 등장은 인간에게만 고유하게 주어진 능력이었던 것이 인간 아닌 기계도 갖추게 된 것을 의미한다. AI의 등장으로 지식을 기반으로 계산하고 추론하고 학습하고, 감각기관을 통해 인지하고 개념을 통해 인식하는 것 등 모든 인간의 지능적인 활동을 기계 장치가 수행할 수 있는 시대가 열린 것이다(김민수, 2019).

일반적으로 지능에 대한 정의가 다양한 것과 마찬가지로 AI에 대한 정의는 다양하게 나타나고 있다. 웹스터 사전에 나오는 AI에 대한 대표적인 정의는 크게 네 가지로 구분된다(Kok et al., 2009). 첫째, 컴퓨터 과학 분야의 연구 영역으로서 AI는 학습, 추리, 자기교정 등과 같이 인간과 유사한 사고과정에 참여할 수 있는 컴퓨터 발달과 관련이 있다. 둘째, 학습, 적응, 자기교정 등과 같이 인간 지능처럼 정상적으로 사고하는 몇 가지 능력을 가지고 있다는 가정 하에 기계가 개선할 수 있다는 개념이다. 셋째, 마치 과거에 기계적 도구를 사용하여 물리적 힘을 확대하는 것처럼, 컴퓨터를 활용하여 인간지능을 확대할 수 있다는 개념이다. 넷째, 제한된 의미에서 프로그램 기법의 발달로 컴퓨터를 더 효과적으로 사용하기 위한 기법을 연구하는 것이다.

또 다른 관점에서 보면, AI는 지능적인 인간행동을 흉내 내는 것에서 출발하였다. 그래서 AI에 대한 개념을 인간의 수행과 합리성 차원과 사고과정과 행동 차원에 따라 하나의 시스템으로 간주하여 크게 네 가지 시스템, 즉 사람처럼 생각하는 시스템, 사람처럼 행동하는 시스템, 합리적으로 사고하는 시스템, 그리고 합리적으로 행동하는 시스템으로 구분한다(Russell & Norvig, 2010). 이들 네 가지 시스템으로 분류된 대표적인 정의는 다음 〈표 10-3〉과 같다(Russell & Norvig, 2010).

〈표 10-3〉 네 가지 시스템으로 분류된 인공지능의 정의

	인간의 수행	합리성
사고 과정	〈인간적 사고〉 컴퓨터가 생각하게 하는 흥미로운 새 시도 ...문자그대로의 완전한 의미에서 마음을 가진 기계 (Haugeland, 1985) 인간의 사고, 의사결정, 문제해결, 학습 등의 활동에 연관시킬 수 있는 활동들(의 자동화) (Bellman, 1978)	〈합리적 사고〉 계산 모형을 이용한 정신 능력 연구(Charniak & McDermott, 1985) 인지와 추론, 행위를 가능하게 하는 계산의 연구(Winston, 1992)
행동 방식	〈인간의 행위〉 사람이 지능적으로 수행해야 하는 기능을 수행하는 기계의 제작을 위한 기술(Kurzweil, 1990) 현재로서는 사람이 더 잘하는 것들을 컴퓨터가 하게 만드는 방법에 대한 연구(Rich & Knight, 1991)	〈합리적 행위〉 계산 지능은 지능적 에이전트의 설계에 관한 연구(Poole et al., 1998) 인공지능은 ... 인공물이 지능적 행동에 관련된 것(Nilsson, 1998)

2) 인공지능의 접근방식

AI는 사고나 학습 등 인간이 가진 지적 능력을 컴퓨터를 통해 구현하는 기술이다. AI는 문제해결 능력에 따라 강한 인공지능(strong AI)과 약한 인공지능(weak AI)으로 구분할 수 있다. 강한 AI는 사람처럼 자유로운 사고가 가능한 자아를 지닌 인공지능을 말한다. 인간처럼 여러 가지 일을 수행할 수 있다고 해서 범용 인공지능이라고도 한다. 때로는 인간의 능력을 초월한 슈퍼 인공지능을 의미하기도 한다. 또한 강한 AI는 인간과 같

이 사고하고 행동할 수 있는 컴퓨터 프로그램인 인간형 인공지능과 인간과 다른 형태의 지각과 사고 추론을 발전시키는 컴퓨터 프로그램인 비인간형 인공지능으로 구분할 수 있다.

한편, 약한 AI는 자의식이 없는 인공지능을 말한다. 주로 특정 분야에 특화된 형태로 개발되어 인간의 한계를 보완하고 생산성을 높이기 위해 활용된다. 인공지능 바둑 프로그램인 알파고나 퀴즈, 의료분야 등에 사용되는 왓슨 등이 대표적이다. 현재까지 개발된 인공지능은 대부분 약한 AI에 속하며, 자아를 가진 강한 AI는 아식 등상하지 않았다. 약한 AI에 속하는 인공지능의 기술적 특성을 세 가지 관점, 즉 고전적 AI 접근방식(expert system), 약한 뉴럴 네트워크 접근방식(machine learning), 그리고 강한 뉴럴 네트워크 접근방식(machine intelligence) 등으로 분류하고 있다(원동규 · 이상필, 2016).

(1) 고전적 AI 접근방식

고전적 AI 접근방식은 규칙에 기반을 둔 것으로 규칙생성은 인간이 수행하고 추론 처리는 기계가 수행하는 방식이다. 전문가의 지식이나 노하우를 서술하고, 그 규칙을 컴퓨터에 처리하려는 접근방법으로 전문가시스템이라고 불리는 방법론이다. 이 방법론은 특정 영역에 일반적인 성과를 올리기는 하였으나 지식의 양이 많고 정보의 추상화의 어려움, 정보의 표현과 해석, 의미의 다양성에 대응하는 것은 쉽지 않다는 한계를 지니고 있다. 아직도 업무 시스템에 응용하는 사례로 보험심사, 보험료

산정, 휴대전화 할인 조건과 요금 산정 등 규칙 변경이 빈번한 업무 시스템에서 사용되고 있다.

그러나 일반적인 규칙으로는 설명할 수 없는 예외 상황들이 종종 발생할 경우 실제 문제의 적용에 있어서 고전적 AI는 무한한 케이스들에 대한 끝없는 수정과 보완을 필요로 한다. 이러한 무한한 케이스에 전부 대응할 수 없어서 기존의 AI는 단순 업무에만 적용가능한 불완전한 인공지능이다.

(2) 약한 뉴럴 네트워크 접근방식

약한 뉴럴 네트워크 접근방식은 기계학습을 대표하는 접근방식을 말한다. 기계학습은 인간의 대뇌의 신경 회로망과 그 과정을 모방한 신경회로망으로 학습하고 결정할 수 있도록 하는 인공지능 기술이다. 신경회로망을 다층으로 조합한 것을 딥러닝(deep learning)이라고 부른다.

먼저 기계학습이란 수많은 경험으로부터 다양한 경우를 학습한 후에, 처음 직면하는 상황에서도 주어진 목표에 도달할 확률이 가장 높은 의사결정을 하게 하는 방법을 말한다. 여기서 판단이나 의사결정을 내릴 경우 경험을 통해 일정한 추세나 패턴을 학습하여 판단을 내리는 패턴인식을 사용한다. 기계학습은 데이터에 내재된 패턴, 규칙, 의미 등을 컴퓨터가 스스로 학습할 수 있는 알고리즘을 연구하는 분야이다. 기계학습의 단점을 극복한 딥러닝은 여러 단계의 계층적 학습과정을 거치며 적절한 특징값(입력값)을 스스로 생성해낸다. 이 특징값들은 많은 양의 데이터로부터 생성할 수 있는데 이를 통해 기존에는 인간이 포착하지 못했던 특징값들까지 데이터에 의해 포착할 수 있게 되었다. 최근의 이미지 인식이나 음성인식 등의 비약적 발전은 대부분 딥러닝의 발달에 영향을 받은 것으로 볼 수 있다.

(3) 강한 뉴럴 네트워크 접근방식

강한 뉴럴 네트워크 접근방식은 대뇌 신피질(cerebrum neocortex)의 작동 원리를 도입하려는 방법론을 말한다. 이 방법론은 강한 AI로 가는 경로 상에 있다는 점이 특이하다. 실제로 인간의 뇌는 일반화와 창의성에 필수적인 희소분산표현(sparse distributed representation: SDR)을 사용하여 정보를 나타낸다는 것이다. 그리고 인간은 장단기 기억을 활용하여 공간과 시간을 고려하여 판단한다. 인간의 대뇌 신피질에 무수히 존재하는 주상구조(columnar structure)의 특성을 관찰하여 주상구조가 느슨하게 활성화되는 상태를 모델링한 것이 SDR이다. 이를 통해 사람의 지능을 컴퓨터로 구현하는 방도를 찾게 되었다.

이러한 생물학적 신경망을 활용한 대표적인 접근방법은 Hawkins의 계층적 시간 메모리(hierarchical temporal memory: HTM)기술이다. HTM은 공간적인 패턴과 시간적인 패턴이 합쳐진 동영상과 같은 데이터들이 실제 뇌의 신피질에서 처리되는 방식을 연구하여 시공간적인 패턴을 학습하고 기억해 낼 수 있도록 신피질을 모델링한 알고리즘이다. HTM은 알고리즘 자체가 내재적으로 기억과 추론을 할 때 시간적인 패턴을 처리하도록 만들어졌기 때문에 하이퍼 네트워크와 같은 다른 종류의 기계학습 모델을 사용한 시스템에 비해서 시간적인 차이가 있는 데이터를 기억하고 처리하는 데 유용하다. HTM 네트워크는 크게 3단계로 구성되어 있다. 먼저 입력 단계에서 희소분산표현을 구성한다. 다음으로 이 희소분산표현을 이전 단계의 문맥과 함께 고려하여 새로운 표상을 구성한다. 마지막으로 이 표상을 사용하여 예측을 수행한다.

위에서 살펴본 세 가지 접근방식을 비교하면 다음 〈표 10-4〉와 같다(원동규 · 이상필, 2016).

〈표 10-4〉 인공지능의 접근방식의 비교

구분	고전적 AI	약한 뉴럴 네트워크	강한 뉴럴 네트워크
실제사용 모델	Watson	Deep learning	hierarchical temporal memory
관련 용어	전문가 시스템	인공지능넷	기계지능
데이터 소스	전문가의 룰	대용량 데이터	데이터 스트림
트레이닝	전문가에 의한 프로그래밍	레이블이 있는 데이터셋 레이블이 없는 데이터셋	레이블이 없는 데이터 스트림
아웃풋	질문의 답	분류	예측, 이상징후 탐지, 분류
배치 여부	배치	배치	연속적
목표필요 여부	필요	레이블된 데이터 필요	불필요
개별모델	어려움	어려움	쉬움
생물학적 기초	없음	간단	현실적

3) 인공지능의 교육적 활용

교육 분야는 금융, 교통, 에너지, 보건 등과 같은 다른 분야에 비하여 인공지능 기술에 대한 투자가 활발한 분야로 보기는 어렵다. 인공지능 기술을 교육 분야에 활용되고 있는 사례는 점차 확대되는 추세이다. 대표적인 사례로는 Vantage사의 MYAccess와 같은 자동 작문평가 시스템(정광희 외, 2017), IBM이 조지아 공대 교수진과 공동 개발한 Jill Watson과 같은 인공지능 조교, 그리고 IBM이 개발해서 일본의 학교에서 사용하고 있는 소그룹 토론 분석기 등을 들 수 있다. McGraw-Hill에서 개발한 ALEKS는 AI 기반 평가학습 시스템으로 학습성과가 부진하거나 낙제할 가능성이 있는 학생들을 파악하는 데 쓰인다. Dreambox Learning사의 Knewton은 미국 내 실사용자가 1,500만 명인 수학 게임 학습시스템으로 학생들 개개인의 성과를 분석하여 개별 학습을 지원한다. 우리나라 천재교육 회사에서도 스타트업 기업인 클래스 큐브사와 AI를 활용해 학생 개개인의 취약점을 진단하고 맞춤형 수학문제를 처방하는 Dr. Math를 개발한 바 있다(김신애 · 방준성, 2019).

현재 교육현장에서 동영상 강의 자료를 온라인으로 서비스하는 각종 원격 강의 프로그램(Massive Online Open Course: MOOC)가 활발하게 사용되고 있다. 앞으로 AI 기술이 접목되어 개인 맞춤형 인공지능망을 활용하여 미래형 AI 온라인 원격교육이 활성화될 것이다. 초 · 중등교육에서 다양한 수준의 온라인 강의를 제공하는 칸아카데미(Kahn Academy)가 있으며, 스탠퍼드 대학에서 운영하고 있는 코세라(Coursera)는 3,800개 강좌를 4500만 명이 수강하고 있다. 하버드대와 MIT가 공동으로 운영하고 있는 에덱스(edX)는 2,640개 강좌를 2400만 명이 수강하고 있다. 또한 스탠퍼드 대학이 기업체의 실무진을 대상으로 실무위주 수업을 운영하는 유대시티(Udacity)는 200개 강좌를 1150만 명이 수강하고 있다. 특히 인공지능과 기계학습 기술을 사용하면, 학습자들의 학습 특성을 파악하여 개인맞춤형 학습을 제공할 수 있고 교수자들의 교육의 질을 향상시킬 수 있다. 특히, 가상현실과 증강현실이나 로봇과 결합하여 모바일 상황에서 미래교육이 이루어질 경우에는 획기적인 새로운 교육모형의 등장으로 교육이상향의 세계가 전개될 것으로 전망된다.

UNESCO(2019)에서는 AI의 교육적 활용에 있어서 예상되는 도전과제를 6가지로 제시하고 있다. ① 지속가능한 발전을 위한 AI 활용에 대한 종합적인 공공 정책, ② AI의 교육적 활용에 있어서 포괄성과 형평성 보장, ③ AI 기반 교육에 대한 교사교육과 AI가 교육을 이해하도록 준비시키는 것, ④ 포괄적인 데이터 시스템과 질적 발전, ⑤ 교육 분야 AI에 대한 연구의 중요도 향상, ⑥ 데이터의 수집, 활용, 배포에 따른 윤리의식과 투명성 확보 등이다.

4) 인간과 인공지능의 관계

AI 시대에서는 기계가 인간의 신체적 능력과 지적 능력을 완전히 대체하는 것뿐만 아니라 인간과 비인간(non-human) 또는 기계 간의 관계가 근본적인 변화를 야기하고 있다. 일반적으로 인간의 관계는 수평적 관계, 수직적 관계, 공동체 안에서의 관계, 개별적 관계 등과 같이 다양하게 존재한다. 4차 산업혁명 이전의 시기에는 인간과 인간 2자 관계를 맺고 양자 간의 상호작용을 하면서 살아왔다. 4차 산업혁명 이후 AI의 발달로 기계의 능력이 인간의 능력을 능가하는 부분이 있고 자의식을 갖는 방향으로 진화하게 되면서 인간과 인간의 2자 관계가 인간-기계-인간 간의 3자 관계로 변화할 것이다(류방란 외, 2018).

인간과 AI의 관계를 논의하기 전에 인간-비인간 관계를 간단히 살펴보고자 한다. 인간은 원래 비인간과 더불어 살아왔다. Buber는 내가 세상을 대하는 태도에 따라 나를 둘러싼 세계를 나(I)-너(You)의 관계와 나(I)-그것(It)의 관계로 구분하였다. 나-너의 관계는 그 자체로서의 의미를 갖는 실존적 만남을 의미하며, 나-그것의 관계는 어떤 목적이 개입된 기능적 만남을 의미한다(박승규, 2009). 인간은 나와 너의 만남을 통해 타자를 받아들이고, 타자와의 대화를 통해 나를 찾아가며 성숙된 인간으로 성장한다. 비인간은 인간과 나-너의 실존적인 관계를 맺을 수 없다.

나-그것의 관계는 실존적 관계가 아니라 경험하는 대상, 즉 기능적 관계이다. 나-그것의 관계는 주체와 객체의 관계로서, 나를 둘러싼 3인칭으로서의 그 대상은 주체인 나를 중심으로 하는 객체일 뿐이다. 즉 그것은 나와 만남의 대상이 아니며, 소통의 대상도 아니다. 그것은 그냥 나의 필요에 의해 존재할 뿐이다(박승규, 2009). 인간과 비인간의 관계는 나-그것의 관계를 통해 많은 부분 설명할 수 있다. 그러나 나-그것의 관계로는 담아낼 수 없는 비인간의 특징이 존재하기 때문이다. 그 하나는 비인간이 성능과 능력을 지니고 관계 속에서 효과를 발생시키는 행위능력을 가진 행위자라는 것이고, 또 하나는 그로 인해 인간의 일을 일정 부분 맡아서 수행하는 인간의 파트너, 즉 동료이며 협력자라는 것이다. 따라서 인간과 비인간의 관계는 제3의 관점인, 주인-대리인 관계로 보는 것이 더 타당하다는 것이다(윤상균, 2018).

우리가 어떤 일을 다른 사람들에게 맡길 경우에 일을 맡기는 사람을 주인(principal)이라고 부르고, 일 처리를 부탁받은 사람을 대리인(agent)이라고 부른다. 이 둘 사이에는 주인-대리인의 관계가 성립된다(이준구 · 이창용, 2017). 주인-대리인의 관계를 인간과 비인간의 관계에 적용할 경우 비인격체인 기계임에도 불구하고 단순한 도구로서의 수단적 차원에 머물지 않고 인격체가 수행하는 역할을 대신하여 비중 있게 감당해내는 모습을 적절하게 묘사할 수 있다. 주인-대리인 관계로서 인간-비인간 관계를 설정할 때 나타나는 주체성을 위임주체성으로 부를 수 있다. 대리인으로서 비인간은 주인이 맡긴 일을 잘 수행해야 한다. 주인으로서 인간은 대리인이 맡은 일을 잘 수행하고 있는지를 통제해야 한다. 이 양자의 역할이 위임주체성을 구성하고 관계는 기본적으로 신뢰를 바탕으로 한다. 그러나 위임관계에서 신뢰는 깨지는 일이 종종 발생한다(윤상균, 2018).

인간과 AI의 관계는 인간과 비인간의 관계로 많은 부분 설명될 수 있다. 그러나 AI는 비인간을 넘어서는 고차원적인 능력을 갖고 있어서 아직 설명되지 못한 부분이 있다. 특히 AI는 인간의 지각, 추론, 학습능력 등을 컴퓨터 기술을 이용하여 구현함으로써 문제해결을 할 수 있다. AI는 다른 비인간처럼 행위자인 동시에 다른 비인간과 구별되는 AI 고유의 특징을 갖고 있다. 이는 스스로 발달 또는 계발할 수 있는 능력이며, 더 나아가 새로운 종(species)으로의 진화하는 가능성이다. AI는 인간이 해결하지 못하는 난제를 해결할 수 있다는 긍정적인 측면을 갖고 있는 반면에, 인간이 비인간을 통제하기 어려워지는 부정적인 측면을 지니고 있다. 따라서 인간과 AI의 관계는 ① 상호협력 대 집단경쟁의 관계, ② 주인-대리인 2.0 및 일반인-전문가 관계 및 정치적 관계, ③ 법적 권리-의무관계 및 도덕적, 윤리적, 종교적 관계, 그리고 ④ 주체성의 위계 등의 4가지 유형으로 구분할 수 있다(윤상균, 2018).

(1) 상호협력 대 집단경쟁의 관계

우선 인간은 AI와의 업무분담을 재조정해야 한다. 인간은 컴퓨터가 어려워하고 인간에게 쉬운 일을 담당하고 인간이 어렵고 컴퓨터가 잘하는 일은 AI에게 과감하게 넘겨주어야 한다. 인간과 AI 간의 업무 재조정은 상반되는 두 가지 양상으로 나타날 수 있다. 하나는 상호협력 관계이고 다른 하나는 집단경쟁 관계이다. 전자는 집단 간에 큰 위협 없이 공동목표를 달성하기 위해 우호적으로 협력하는 관계이다. 후자는 AI의 등장에 인간이 위협을 느끼는 경우이다. 또한 AI가 인간의 일을 완전히 대체해야 하는가의 문제는 향후 다각적으로 검토되어야 할 중요한 주제이다.

(2) 주인-대리인 2.0 및 일반인-전문가 관계 & 정치적 관계

인간-비인간 관계에 적용했던 주인-대리인 관계를 업그레이드해야 한다. 업그레이드가 필요한 이유는 대리인으로서 AI가 기존의 비인간들보다 훨씬 고차적인 행위자이기 때문이다. 상급자가 하급자에게 권한을 위임하는 것으로 불충분하고 일반인이 전문가에게 그 분야의 전문성을 존중하여 맡기는 것처럼 신임(entrustment)의 형태로 보는 것이 더 적절하다. AI가 월등히 우수한 대리인이자 전문가인 동시에 시민의 대표자의 역할을 행사하는 수준에 이르는 정치적 관계로 볼 수 있다.

(3) 법적 권리-의무관계 & 도덕적, 윤리적, 종교적 관계

최근 인공지능에도 법률상 책임주체로서의 인격을 부여해야 한다는 의견이 증가하고 있다. 유럽연합 의회는 2017년 1월 결의안을 통해 AI 로봇의 법적 지위를 전자 인격체(electronic personhood)로 지정할 것을 결정하였다. 그래서 인간-인공지능 관계는 법적 권리-의무관계가 공식적으로 가능해지고 있다. 앞으로 자기결정능력을 갖추게 될 강한 인공지능이 개발되는 미래에는 인간과 AI의 관계가 도덕적, 윤리적, 종교적 관계로까지 확장될 것이다.

(4) 주체성의 위계: 홀로주체성 < 위임주체성 < 신임주체성 < 서로주체성

관계는 주체와 객체, 또는 목적과 수단의 차원으로 얽힘을 표현하는 것이라 할 수 있다. 주체성의 위계는 욕구를 채우기 위한 수단으로서 객체를 대하는 홀로주체성에서부터 위임주체성, 신임주체성, 그리고 서로를 존중하는 실존적 만남을 의미하는 서로주체성까지 나열된다. 홀로주체성이란 인간의 목적을 달성하기 위한 수단에 지나지 않는 인공물을 객체로 대하는 상태를 말한다. 위임주체성은 인공물들이 인간의 대리인 역할을 담당하는 수준을 말한다. 신임주체성은 인간의 능력을 능가하는 AI에게 전문가 역할을 담당하는 수준을 말한다. 마지막으로 서로주체성은 AI가 더욱 더 발달하여 인간처럼 대우해야 하는 수준을 말한다.

3. 인공지능 사회의 인재상과 핵심역량

산업화 시대에는 모든 국민에게 보편적 교육기회를 제공하는 것이 국가 경쟁력을 제고시키는 주된 요인이 되었다. AI 사회에서 살아갈 바람직한 인재상이 무엇인지를 살펴볼 필요가 있다. 미래사회에서 요구되는 인재는 풍부한 지식과 정보를 단순히 암기하는 사람이 아니라 새로운 상황에서 능동적으로 적응하고, 창의적으로 사고하고 행동하며, 다양한 분야의 사람들과 협업하는 능력 등의 미래역량(competency)을 갖추고 있어야 한다.

역량이란 직업교육이나 훈련 분야, 또는 성인교육 분야에서 먼저 논의되어 온 개념이며, 숙달하고자 하는 직무나 업무를 성공적으로 수행해내는 것과 관련된 개념이다. 역량 중심 교육은 오래 전부터 거론되어 왔지만, 역량을 체계적으로 논의한 것은 1997년 말 경제개발협력기구(OECD)가 미래사회에서 개인이 갖추어야 할 핵심역량을 알리고 청소년과 성인의 역량 수준을 측정하는 국제비교 연구를 강화하는 개념틀을 제공하기 위해 수행했던 DeCeCo(Defining and Selecting Key Competencies) 프로젝트를 통해 보다 중요하게 강조되었다. 이 프로젝트에서 제시하는 미래사회에서 갖추어야 할 3대 핵심역량은 도구를 상호적으로 사용하는 역량, 이질적 집단속에서의 상호작용 역량, 그리고 자율적으로 행동하는 역량이었다. 3대 핵심역량과 세부역량을 제시하면 다음 〈표 10-5〉와 같다(OECD, 2005).

〈표 10-5〉 DeCeCo 프로젝트의 핵심역량 분류

3대 핵심역량	세부 핵심역량
도구를 상호적으로 사용하는 역량	- 소통도구(언어, 상징, 텍스트) 활용 역량 - 지식정보 활용 역량 - 새로운 기술 활용 역량
이질적 집단속에서의 상호작용 역량	- 타인과의 좋은 관계 맺기 역량 - 팀에서의 협력, 협업 역량 - 갈등관리와 해결 역량
자율적으로 행동하는 역량	- 큰 그림 속에서 행동하는 역량 - 인생계획과 개인 과업을 구상하고 실행하는 역량 - 권리, 관심사, 한계, 필요성을 옹호·주장하는 역량

한편 미국에서는 기술의 힘을 교수학습의 전 교과 영역에 도입하려는 노력의 일환으로 2002년에 21세기 스킬 파트너십(Partnership for 21st Century Skills: P21)이라는 기관을 설립하였다. P21에서는 핵심역량을 학습과 혁신을 위한 스킬, 디지털 리터러시 스킬, 직업 및 생활 스킬로 분류하였다. P21이 제시한 21세기 유형별 핵심역량을 다음 〈표 10-6〉과 같다(한국교육개발원, 2012).

〈표 10-6〉 21세기 스킬 파트너십의 핵심 스킬과 역량

대범주	핵심 역량
학습 및 혁신 스킬	- 비판적 사고와 문제해결 능력(전문가적 사고) - 의사소통 및 협력(복합적 의사소통) - 창의성과 혁신(응용 상상력 및 발명)
디지털 리터러시 스킬	- 정보 리터러시 - 미디어 리터러시 - 정보통신기술 리터러시
직업 및 생활 스킬	- 유연성 및 적응력 - 진취성 및 자기주도성 - 사회적 및 다문화적 상호작용 - 생산성 및 책무성 - 리더십 및 책임감

또한 4차 산업혁명의 저자인 Schwab은 4차 산업혁명으로 인한 문제점을 극복하고 새로운 환경에 적응하기 위해 상황맥락적 지능, 영감 지능, 신체 지능, 그리고 정서 지능 등 4가지 지능이 필요하다고 강조하였다. 4차 산업혁명 시대에 필요한 4가지 지능은 다음 〈표 10-7〉과 같다(Schwab, 2016).

〈표 10-7〉 4차 산업혁명시대에 요구되는 4가지 지능

영역	세부 내용
상황맥락 지능(정신)	인지한 것을 잘 이해하고 적응하는 능력
정서 지능(마음)	생각과 감정을 정리하고 결합해 자기 자신 및 타인과 관계를 맺는 능력
영감 지능(영혼)	변화를 이끌고 공동의 이익을 위해 개인과 공동의 목적, 신뢰성, 여러 덕목 등을 활용하는 능력
신체 지능(몸)	개인에게 닥칠 변화와 구조적 변화에 필요한 에너지를 얻기 위해 자신과 주변의 건강과 행복을 구축하고 유지하는 능력

2015년에 세계경제포럼에서 예측한 2020년 10대 핵심역량을 발표하였다. 10대 핵심역량을 제시하면 다음 〈표 10-8〉과 같다(WEF, 2016).

〈표 10-8〉 세계경제포럼의 2020년 10대 핵심역량

순위	핵심역량	정의
1	복잡한 문제해결	새롭고 잘 정의되지 않은 문제를 복잡하고 실생활 맥락에서 해결할 수 있는 역량
2	비판적 사고	해결방안, 결론, 문제 접근법에 대한 장점과 약점을 파악하기 위해 논리와 추론을 활용
3	창의성	특정 주제 또는 상황에 대해서 특이하거나 현명한

		아이디어를 형성하거나 문제해결을 위해 창의적인 방법을 개발하는 능력
4	대인관리	해당 과제에 가장 적합한 사람들을 찾고, 과업을 수행하면서 사람들을 동기화하고, 계발시키고 지시하기
5	타인과의 협조	타인의 행동에 따라 자신의 행동을 조정하기
6	정서 지능	타인의 반응을 인지하고 그러한 반응을 보이는 이유를 이해하기
7	판단과 의사결정	가장 적합한 방안을 선택하기 위해 상대적인 비용과 혜택을 고려하기
8	서비스 지향성	타인을 돕기 위한 방안을 적극적으로 모색하기
9	협상	생각과 행동을 변화하도록 타인을 설득하기
10	인지적 유연성	다양한 방식으로 결합하거나 분류하기 위해 다양한 종류의 법칙을 만들거나 사용하는 능력

또한 2019년에 유네스코에서는 인공지능 사회에 필요한 디지털 역량을 정보와 데이터 문해력, 의사소통과 협력, 디지털 내용 창조, 안전, 그리고 문제해결 역량 등 5가지 영역으로 구분하고 각 영역별로 구체적인 핵심역량을 제시하였다(UNESCO, 2019).

우리나라에서도 이러한 역량중심 교육의 국제 동향에 맞추어 국가교육과정에 핵심역량의 개념을 공식적으로 도입하게 되었다. 교육부는 2015 개정 교육과정이 추구하는 인간상을 구현하기 위해 교과교육을 포함한 학교교육 전 과정을 통해 중점적으로 기르고자 하는 6대 핵심역량을 자기관리 역량, 지식정보처리 역량, 창의적 사고 역량, 심미적 감성 역량, 의사소통 역량, 공동체 역량으로 규정하였다. 6대 핵심역량의 세부내용은 다음 〈표 10-9〉와 같다(교육부, 2015).

〈표 10-9〉 2015 개정 교육과정의 핵심역량

핵심 역량	세부 내용
자기관리 역량	자아정체성과 자신감을 가지고 자신의 삶과 진로에 필요한 기초능력과 자질을 갖추어 자기 주도적으로 살아갈 수 있는 역량
지식정보처리 역량	문제를 합리적으로 해결하기 위하여 다양한 영역의 지식과 정보를 처리하고 활용할 수 있는 역량
창의적 사고 역량	폭넓은 기초 지식을 바탕으로 다양한 전문 분야의 지식, 기술, 경험을 융합적으로 활용하여 새로운 것을 창출하는 역량
심미적 감성 역량	인간에 대한 공감적 이해와 문화적 감수성을 바탕으로 삶의 의미와 가치를 발견하고 향유하는 역량
의사소통 역량	다양한 상황에서 자신의 생각과 감정을 효과적으로 표현하고 다른 사람의 의견을 경청하여 존중하는 역량
공동체 역량	지역·국가·세계 공동체의 구성원에게 요구되는 가치와 태도를 가지고 공동체 발전에 적극적으로 참여하는 역량

이상에서 살펴본 바와 같이 미래사회에서 강조되고 있는 핵심역량으로 창의적 사고력, 비판적 사고력, 문제해결력 등과 같은 기존의 상황에서 보다 새롭게 바꾸어 생각할 수 있는 창의성 관련 역량이 가장 많이 언급되고 있음을 알 수 있다. 또한 미래에는 더욱 더 정보기술이 발달하기 때문에 그러한 사회에 적응하여 살아가기 위해서 정보활용 역량이 요구되며, 기술의 발달로 인해 보다 길어진 생애주기 동안에 자기 주도적으로 인생을 계획하고 학습하고 살아나갈 수 있는 자기관리 및 자기주도 학습 역량을 길러야 함을 강조하고 있다. 미래사회의 변화에 자기주도적으로 살아나가기 위해 필요한 창의적이고 인지적 역량뿐만 아니라 기술발달로 인한 인간소외나 비인간화 현상을

극복하는 데 요구되는 공동체 의식에 기반한 감성적 역량도 필요할 것이다. 기계와 달리 인간에게 고유한 감성이나 인간성, 인간 간의 협업으로 시너지 효과를 낼 수 있는 감성적 역량을 길러주어야 할 것이다. 또한 타인과 네트워크를 원활하게 함으로써 타인의 창의적 사고를 공유할 수 있도록 도와주는 의사소통 역량을 길러야 하며, 타인에 대한 공감을 바탕으로 한 협력이나 협업의 역량을 배양해야 할 것이다.

4 새로운 사람교육의 구상

전인교육은 우리 교육에서 오래된 역사와 전통을 지닌 개념으로 통용되고 있다. 최근에는 언어 대중의 관심으로부터 조금 멀어진 용어로 인식되고 있다. 오히려 창의와 인성교육 또는 인성교육이라는 말이 보편적으로 더 많이 사용되고 있다. 심지어 덕목과 품성 중심의 인성교육의 개념에 역량을 추가하여 폭넓게 정의되어 거의 전인교육과 같은 유사한 의미로 쓰이고 있다.

최근에 4차 산업혁명 시대와 AI 기술이 발달됨에 따라 오래된 전인교육이 새로운 시각에서 검토되어야 할 시점에 있다고 판단된다. 인성교육이 전인교육의 의미를 완벽하게 대체하기에는 몇 가지 한계를 안고 있다. 인성 개념이 덕목 중심에서 역량을 추가하는 확장된 개념으로 변하고 있는 경향을 보이고 있지만, 전인교육의 의미를 담기에는 부족한 측면이 있다. 그래서 교육에서 사람이 중심이 되고 사람으로서 갖추어야 할 것으로 기대되는 자질과 덕목을 담아내고 있는 사람다움 또는 사람됨을 강조하는 사람다운 사람교육이라는 용어를 제안하고자 한다.

1) 사람다운 사람의 의미

먼저 사람다운 사람이 어떤 사람인가를 알아보기 전에 우리말에서 '~답다'라는 말의 뜻을 살펴보고자 한다. 여러 국어사전의 풀이를 종합해 보면, '~답다'란 '그 성질이나 자격, 신분, 특성을 두드러지게 갖고 있거나 그에 잘 어울림을 나타내는 말'임을 알 수 있다. 따라서 '사람답다'는 사람으로서의 성질이나 자격, 신분, 특성을 두드러지게 갖고 있을 뿐만 아니라 그에 합당하게 행동하는 사람이라 할 수 있다(부천대학, 2006). 여기서 '사람다운'의 의미란 어떤 사람이 자신의 신분이나 자격에 적합한 기본적인 능력과 품성을 갖추어야 할 뿐만 아니라 그에 합당한 행동을 해야 한다는 뜻이다.

우리 속담에 "사람이면 다 사람인가 사람이라야 사람이지"라는 말이 있다. 이는 사람답게 행동해야 진짜 사람이라고 할 수 있다는 뜻이다. 또한 사람답지 않은 짓을 하는 사람은 짐승과 다를 바 없다는 의미를 지니고 있다. 여기서 '사람이라야'라는 말은 사람이 되어야 한다는 의미이다. 한 사람의 사람됨은 그의 삶을 통해서만 알 수 있다. 여기서 사람됨의 표현은 사람이라는 것이 처음부터 고정적인 모습으로 존재하는 것이 아니라, 사람은 그의 삶에 있어서 그리고 삶을 통해서 스스로를 형성해 가는 것이라는 것을 의미한다. 다시 말하면 사람은 고정적인 불변의 본질을 가지고 있는 것이 아니고, 늘 자기를 형성해 가는 과정으로서의 역사적인 존재라는 뜻이다(이규호, 1988). 우리가 사람이라고 할 때 그것은 고정된 실체로서 삶 배후에 있는 것이 아니고, 삶과 함께 비로소 이룩되는 것을 말한다. 우리말의 삶은 원래 '사람'이었고, 사람은 '사름'이었다. 삶과 사람은 어원적으로 같은 말이라는 사실을 알 수 있다.

사람은 생물학적으로 미완성의 존재로 태어나며 환경과의 상호작용을 통해서 스스로를 형성하는 존재이다. 이런 점에서 사람은 태어나면서부터 '사람임'이 아니고 그의 삶을 통해서 사람이 되어가는 것이다. 사람은 그의 삶에서 늘 새로운 결단을 내릴 가능성을 가지고 있기 때문에 그가 살아 있어서 자유를 갖고 있는 날까지는 완성된 고정적인 존재는 아니다. 그래서 사람의 일생은 '사람됨'의 과정이다. 그런 의미에서 인간은 자연으로부터 출생한 상태에 있어서는 아직 미완성의 동물이고, 사회 안에서 사회를 통해서 비로소 인간다운 인간이 되는 것이라면, 사회화의 과정이 바로 사람됨의 과정이다. 인간은 사회화를 통해서 사람이 되는 것이기 때문이다(이규호, 1988).

또한 우리는 순간순간마다 자유로운 결단에 의해서 우리의 사람됨을 형성해가지만, 우리의 사람됨이 나 자신의 힘이 아닌 다른 힘들에 의해서 결정되는 선물임을 깨닫는다. 나의 주관적인 힘이 아니고 우리의 사람됨을 결정하고 우리의 삶을 지배하는 객관적인 힘이 있다. 대표적인 객관적인 힘에는 역사적인 전통과 사회적인 환경들이 포함되어 있다. 이는 정치, 경제, 교육, 예술, 종교, 사상 등을 포괄하는 문화를 의미한다. 문화는 사람의 정신적인 산물이면서 그것이 객관화되고 보편화되면 힘과 규범으로서 우리의 존재를 지배한다. 이규호(1988)는 이러한 인간의 존재를 지배하는 객관적인 힘 또는 보편적인 규범을 '얼'이라는 우리말로써 표현하였다.

또한 사람됨은 스스로의 자유로운 결단에 의해서 뿐만 아니라 객관적인 얼에 의해서 결정된다는 것을 살펴보았다. 이와 같이 우리의 사람됨이 주관주의적으로 관찰되었다. 우리의 사람됨이 역사적인 전통으로서의 얼에 의해서 결정된다고 해도 역시 인간에게 주어져 있는 내재적인 소질이 육성 발전되는 것을 뜻하는 것이었다. 그러나 여기서 사람됨의 새로운 관점으로 Buber의 만남의 개념을 도입하는 것이 필요하다. 만남의 관점에서 보면, 나의 사람됨은 그 결정적인 차원에 있어서는 언제나 너와의 만남을 통해서 비약적으로 이룩된다는 것이다. 우리의 삶에 있어서 그러한 나와 너의 만남을 통해서 우리의 사람됨이 다른 차원으로 그리고 비약적으로 옮겨지는 것을 체험하게 된다(이규호, 1988).

'사람다운 사람'이란 한 인간으로 인간적인 대우를 받을 수 있는 사람을 말한다. 사람이 인간적인 대우를 받기 위해서는 먼저 그 행동이 사람다워야 하고, 다음으로 인간적인 대우를 받을 수 있는 능력이 있어야 한다. 전자는 사람됨을 지칭하는 말로서 그 사람의 인격과 도덕성을 말하는 것이고, 후자는 그 사람의 지식 · 기능 · 기술 · 창의력 등 지적 능력과 강건한 정신력, 체력 등 총체적 역량을 의미한다. 능력이 뒷받침되지 않는 인격은 공허하고, 인격이 결여된 능력은 바른 힘을 발휘할 수가 없다. 따라서 인간에게는 인격과 능력과 건강의 3대 요소가 정립될 때에 비로소 안정된 인간의 요건을 갖추었다고 할 것이다. 페스탈로치(J. H. Pestalozzi, 1746~1827)가 지 · 덕 · 체를 강조한 것도 같은 맥락으로 해석할 수 있다. 여기서 '사람됨'이란 '사람의 됨됨이'란 뜻과, '사람이 되어야 한다'는 인간화를 담고 있는 것으로, 미완성의 인간을 사람답게 가꾸어 가야 할 도야와 그 사회적 소명을 의미한다(부천대학, 2006).

사람은 기술문명뿐만 아니라 모든 문명을 이룩한 문명의 주체이고, 그 문명 속에서 숨 쉬고 살아가는 문명의 피조물이며 예속물이기도하다. 따라서 '사람됨'은 그 문화권의 소산이며, 사람됨의 변혁을 통해서만이 사회변화를 가능하게 한다. 모든 사람은 싫든 좋든 시대적인 변화에 적응하며 살아갈 수밖에 없다고 하는 것이 인간의 사회적 속성이다. 어느 시대나 그 시대 상황에 따라 요구되는 '바람직한 인간상'이 있고, 이러한 인간의 사회화의 과정이 곧 교육이며, 인간교육 또는 사람교육의 지표임에 틀림없다. 따라서 사회의 변화와 발전은 사람들의 의식과 생활양식의 변화를 가져오게 한다.

'사람다운 사람' 또는 '바람직한 사람'의 본질적 가치로서 선해야 한다든가, 성실해야 한다든가, 근면하고 신의가 있어야 한다는 등과 같은 인간으로서 근본적으로 갖춰야 할 윤리적 가치는 시대가 아무리 변해도 지켜내야 할 항존적 가치일 것이다. 그러나 그 우선순위나 구현방법은 사회상황에 따라 달라질 수 있다. 더구나 도구적 가치로서 경제력이나 능률 · 기능 · 기술 · 기타 지적 활용성, 창의성 등과 같은 인간의 총체적 역량은 경쟁사회로 갈수록 강조될 수밖에 없다. 더구나 사람이 인간다운 삶의 질을 영위하기 위해서는 어느 정도의 경제적 능력과 여유를 필요로 한다. 이는 인간의 행복 추구를 위한 도구적 가치로서 필요 불가결한 요건이다. 그러나 현대사회는 첨예한 경쟁사회로서 물질과 기능이 숭상되는 풍조가 팽배하여 가치의 본말이 뒤바뀌는 심각한 가치전도의 위기에 직면하고 있다. 그러나 그 어느 경우도 인간의 본질 가치가 비하되거나 부정되어서는 안 된다.

인간에게는 인간으로서 지녀야 할 이성과 품성 등 인간만의 격조가 있다. 이는 다른 동물과 차별화된 인간의 특성이다. 인간도 동물과 같은 유기체로서 감각기관을 가지고 있으며, 음식을 섭취하고, 생식본능 · 파괴본능 · 자기보호본능 등을 가지고 있다는 점에서 동물과 유사하다. 그러나 인간에게는 이성과 지성이 있고, 고차적인 사고력과 창의력으로 동물과 전혀 다른 차원의 사회를 형성하고 고도의 문화를 발전시켜 왔다. 인간이 본능적 욕구에 치우쳐 일시적으로 동물과 같은 처신과 행동을 하더라도 이를 부끄럽게 생각할 양심이 있고 그 행위를 반성할 도덕적 양식이 있다는 점에서 분명히 동물과 다르다.

인간은 사회적 존재로서, 인간의 사회적 삶, 즉 사회 속의 삶이 사회생활이며, 그 사회적 삶을 통하여 그 사람됨이 형성되고, 그 삶의 내면이 그 사람의 '사람됨'이다. 우리는 그 사람의 삶을 통해서만이 그 사람됨을 파악할 수가 있다. 따라서 한 사회의 바람직한 인간상은 그 사회의 특성에 따라 규정된다. 봉건사회에서는 봉건체제에 적응할 인간상이 지향되고, 자유민주주의 사회에서는 민주적이고 개방적인 사람만이 그 시대를 주도하고 시대적 변화의 물결에 무리 없이 적응할 수 있는 것이다. 그러한 측면에서 4차 산업혁명과 AI 시대를 맞이하여 사회를 주도적으로 이끌어 가야할 젊은이들은 마땅히 이에 적응할 뿐만 아니라 능동적으로 선도하는 역할을 담당할 주역으로서 이에 필요한 능력을 기르고 조화롭게 품성을 연마하여 진취적으로 활동해야 할 것이다.

이상에서 논의한 바와 같이 사람다운 사람은 '사람다운'의 의미와 '사람됨'의 뜻을 종합하면 다음과 같이 정의할 수 있다. 사람다운 사람은 삶을 통해서 스스로의 신분이나 자격에 알맞은 기본 능력과 품성을 갖추고 그에 합당한 행동을 하면서 살아가는 개인적, 사회적, 역사적, 문화적 존재이다.

2) 사람다운 사람교육의 개념

앞에서 사람다운 사람은 자신의 삶을 통해서 스스로의 신분이나 자격에 알맞은 기본 능력과 품성을 갖추고 그에 합당한 행동을 하면서 살아가는 개인적, 사회적, 역사적, 문화적 존재라고 정의하였다. 사람교육은 학습자 스스로 성장하고 깨우쳐서 자신의 처지에 알맞는 능력과 품성을 갖추고 바람직한 행동을 실천하는 사람다운 사람이 되도록 도와주는 교육을 말한다. 결국 사람다운 사람교육은 인간교육, 전인교육, 넓은 의미의 인성교육과 유사한 용어이다.

또한 인간교육은 인간의 타고난 본성을 존중하고 본성을 바탕으로 하여 이를 온전하게 펼쳐내고자 하는 교육을 의미한다. 그래서 인간교육은 여러 교육 중에서 가장 중요한 교육을 뜻하며 본질적인 의미의 교육과 동의어로 간주된다. 인간교육은 인간 그 자체를 위한 교육이고 인간의 본바탕 그 자체를 수용하고자 하는 교육을 의미한다. 이러한 의미는 인간의 안쪽, 심층, 근본, 마음자리, 본성 등으로 표현될 수 있는 것을 가치롭고 바람직하게 변화시키기 위한 교육이 바로 인간교육으로 이해된다. 다시 말하면 인간의 겉쪽, 인간의 손발이 움직이는 모습, 인간의 기교나 단순한 지식을 주입시키는 것은 인간교육이라고 말하기 어려울 것이다.

이러한 인간교육과 더불어 사람교육은 사람다운 사람, 즉 능력(지), 품성(덕), 행동(의) 등이 완전히 조화된 성숙한 인격자를 기르고자 하는 교육이라는 점에서 전인교육의 동의어로 간주할 수 있다. 사람교육은 사람이 중심을 차지하는 사람됨의 교육이고 특히 학습자의 자율성과 자주성을 더 강조하는 점이 다르다고 할 수 있다.

한편, 사람다운 사람교육의 모범적인 사례를 소개하고자 한다. '사람다운 사람이 되자'는 부천대학교의 건학정신은 바로 설립자인 한항길 선생의 정심운동에 바탕을 두고 있다(부천대학, 2003). 이러한 정심운동 가운데 바른 생각을 실천하기 위해서 배움의 목표를 설정하고 있다. 배움의 목표 가운데 첫 번째 목표가 바로 사람다운 사람이 되자는 것이다. 사람다운 사람은 바른 마음가짐으로 바르게 생각하고 행동하는 사람을 의미한다. 몽당 한항길 선생은 사람다운 사람은 일다운 일을 하는 사람, 기술자다운 기술자, 그리고 삶다운 삶을 사는 사람이라는 3가지 속성을 갖추고 있어야 함을 강조하고 있다. 사람다운 사람이 인간됨의 의무를 완전히 실천하는 사람이라면, 이러한 사람은 지식이나 기술적 기능 어느 한 편에 치우친 사람이 아니라 인간으로서 정당한 일을 하고, 고도의 기술을 지니고, 올바른 삶을 살 수 있는 전체로서 완성된 인간의 모습이라 할 수 있다. 여기서 사람다운 사람은 도덕적인 인격적 인간과 기술적인 산업적 인간이 조화롭게 발달된 사람을 의미한다.

이러한 관점에서 보면 사람다운 사람은 교육을 통하여 성취

해야 하는 이상적 인간상으로서 전인(全人)을 뜻한다. 이러한 전인의 특징은 온전한 사람, 총체적 인간, 그리고 통합된 사람 등 세 가지 의미로 해석된다. 이들 세 가지 의미를 종합하여 보면, 전인은 인간의 본바탕을 고스란히 골고루 갖추고 있으며, 개인적 인간 활동과 사회적 문화 활동을 겸비하고, 겉과 속이 하나로 통합된 상태로 성장할 수 있는 사람으로 정의될 수 있다.

일다운 일을 하는 사람이란 교육을 통해서 배운 지식이나 기술을 발휘할 수 있는 직업을 선택하여 성심껏 올바르게 활용하는 사람을 의미한다. 또한 일다운 일은 자기가 맡은 일에 최선의 노력을 기울여서 정성을 다하는 직업을 뜻한다. 그래서 일다운 일을 하는 사람은 단순히 주어진 일에 매진하는 데 그치지 않고 자신이 맡은 일을 통해서 자기를 완성하려고 노력하는 사람을 말한다. 아무리 훌륭한 기술을 배웠더라도 바로 활용하지 못한다면 배운 기술의 가치는 상실되고 만다. 어떤 사람이 배운 지식과 기술을 실제로 활용하지 않을 경우에 사회에 기여하기보다는 오히려 피해를 주게 된다.

기술자다운 기술자란 내실 있고 알찬 명실상부한 기술자를 말한다. 기술자다운 기술자는 어느 회사에서 근무하더라도 실력을 인정받고 환영받는 역량 있는 기술자를 의미한다. 또한 단순히 수준 높은 기술만 갖고 있는 기술자는 기술자다운 기술자라고 할 수 없다. 아무리 기술 수준이 탁월하다고 하더라도 먼저 사람다운 사람이 되어야 한다는 뜻이다. 다시 말하면 기술인이 인격적으로 사람답지 못하면 올바른 기술을 습득할 수 없다. 비록 탁월한 기술을 가지고 있다고 할지라도 그런 기술을 바르게 활용할 수가 없으며, 이러한 기술자는 기술자다운 기술자라고 간주할 수 없다.

삶다운 삶을 사는 사람은 인간답게 사는 사람, 인간의 대우를 받으며 사는 사람, 그리고 인간다운 생활수준을 유지하는 삶을 사는 사람으로 해석된다. 첫째, 인간답게 살지 않고서는 삶다운 삶을 살 수가 없다. 인간은 본래 짐승과 신의 중간자라고 한다. 감정적 유혹에 빠지면 짐승에 가깝게 될 것이고, 냉철한 이성과 의지로 바르게 행동하면 신이나 성인에 가까워지게 된다고 하는 것이다. 이런 점에서 보면 인간답게 사는 것이 삶다운 삶을 살아가는 핵심적인 요소이다. 둘째, 인간의 대우를 받으며 사는 사람은 인격적으로 존중 받는 사람이어야 하고, 경제적으로도 좋은 대우를 받을 수 있는 사람을 말한다. 이 두 가지를 공유하지 않으면 인간의 대우를 받고 있다고 할 수가 없다. 그러므로 인격을 기르고 기술을 연마해야 훌륭한 기술자로서 인격자로서 사람다운 대우를 받아야 삶다운 삶을 살 수가 있는 것이다. 셋째, 인간다운 생활수준을 유지하는 삶이란 사람다운 생활을 할 수 있는 생활수준을 말하는 것이며 진실로 기술자다운 기술자가 되었을 때에 이상과 같은 세 가지 조건을 갖추면 삶다운 삶을 사는 사람이 될 것이다.

3) 사람다운 사람교육의 실천 방향

미래세대가 살아가야 할 미래사회의 특징은 VUCA로 요약된다. VUCA는 변동성(volatility), 불확실성(uncertainty), 복잡성(complexity), 그리고 모호성(ambiguity)이 증가하고 있는 미래의 특징을 의미하는 약어이다. VUCA는 1990년대 후반부터 군대에서 사용하기 시작해 기업체, 교육기관, 정부기관 등 다양한 조직들에 전략적 리더십에 관한 새로운 아이디어로써 영향을 끼쳤다. 이는 예측과 관리가 더욱 어려워지고 있는 우리 세계에 대한 경고의 메시지라고 할 수 있다(Fadel et al., 2017).

최근 인공지능이 이미 인간의 지능을 추월하기 시작하고 있다. 그래서 인류는 기계가 대체하거나 모방할 수 없는 인간의 고유성과 능력은 무엇인가에 대한 절박한 물음에 직면하게 되었다. 서구 사회에서는 논리적 · 분석적 사고를 넘어서는 직관적 사유 영역이 새롭게 조명되고 있으며, 인간 정신의 심층적 차원을 이루고 있는 이러한 정신 영역은 기계가 모방할 수 없는 창의력과 직관력, 지혜의 원천임이 해명되고 있다(김영래, 2019). 김영래(2019)는 사회변동성이 증대될 앞으로의 지능정보사회에서 개인들이 삶과 세계에 대한 폭넓은 안목을 길러 스스로 자기 중심을 잡고 살아갈 수 있도록 안내해 주는 교육, 즉 지혜교육이 절실하게 요청된다고 주장한다. 이러한 지혜교육은 개인을 자신의 삶의 세계 안에 올바로 정위시켜서 지혜롭고 행복한 삶을 영위할 수 있도록 이끌어 주는 교육이 될 것이다.

사람다운 사람교육도 지혜교육이 표방하는 바와 같이 미래세대를 위하여 오래된 전인교육의 의미에서 탈피하여 예측하기 어려운 AI 시대에서 인공지능에게 대체되지 않는 사람이 되도록 길러야 할 것이다. 미래를 위한 교육은 단순히 미래에 적응하는 교육에 그쳐서는 안 될 것이다. 미래사회에 선도적으로 주도해나갈 사람다운 사람교육이 실천되어야 할 방향으로서 전 인격적 사람교육, 전 생애적 사람교육, 전 세계적 사람교육, 그리고 전 방법적 사람교육 등의 네 가지를 제안하고자 한다.

첫째, 전 인격적 사람교육이다. 사람다운 사람교육은 모든 학습자를 전인격체로 발전시켜야 한다. 학습자가 개인으로서 폭넓은 교양과 예의를 갖추는 것을 바탕으로 하여 대인관계를 원만하게 유지하며, 공동체의 한 시민으로서 온전한 인품과 역량을 발휘하는 인격체로 성장하도록 도와주어야 한다. 이는 오바라(小原國芳)가 주장하는 완전인격, 즉 조화 있는 인격을 의미한다. 완전 인격이란 완전인(完全人) + 격(格)으로 해석된다. 이때 인격이란 사람으로의 품격을 의미하는 것이고, 인격교육이란 인격완성에 주안을 두는 교육을 의미한다(한용진, 2020).

둘째, 전 생애적 사람교육이다. 사람다운 사람교육은 태어나면서부터 죽을 때까지 평생학습이 이루어져야 하는 평생교육적 전인교육을 의미한다. 사람다운 사람이 되기 위해서는 인생의 어느 한 시기에만 나타나는 현상이 아니다. 가정, 학교, 사회를 가리지 않고 언제 어디에서나 일어난다. 일반적으로 평생교육은 생애발달 단계별 접근법으로 시행되고 있다. 사람다운 사람교육은 가정이나 학교에 국한하지 않고 공교육이 끝난 후에도 계속해서 학습할 수 있는 여건을 조성해야 한다.

셋째, 전 세계적 사람교육이다. 사람다운 사람교육은 특정한 지역이나 국가에만 시행하는 교육이 아니라 지구촌 전체 인류와 밀접한 관계를 맺고 실시하는 글로벌 교육을 의미한다. 학습자 자신의 정체성을 확립하고 지역, 국가, 세계 공동체의 일원임을 인식하고 다른 문화의 다양성을 이해하며, 공동체의 문제를 해결하는 데 적극 참여하도록 길러야 한다. 또한 인간과 인간의 관계와 더불어 인간과 기계 간의 관계를 명확하게 인식하도록 도와주는 교육이 실천되어야 한다.

마지막으로, 전 방법적 사람교육이다. 전 방법적 사람교육은 사람다운 사람을 가르치기 위해서 인간 교사를 포함한 모든 매체에 의한 모든 방법을 동원해야 한다는 의미이다. 특히 첨단 정보기술 매체를 과감하게 도입하여 활용해야 할 것이다. 특히 학생의 특성을 고려한 맞춤형 개별화 학습 시스템을 도입하여 적극적으로 활용해야 한다. 또한 정보통신 기술의 발달로 인터넷을 활용한 온라인 강의를 통하여 다른 문화권의 사람들과 즉시 연결될 수 있는 환경을 구축하게 됨으로써 다문화의 이해와 소통이 증대될 것이다. 또한 가상현실과 증강현실 기술은 사람교육 현장에 적용될 수 있을 것이다. 체험하기 어려운 상황이거나 체험에 많은 비용이 들거나, 현장이 위험하거나 물리적으로 접근하기 어렵고 비용이 많이 드는 상황에서 가상현실 기술을 활용하여 실제 상황을 재현할 수가 있을 것이다.

결론적으로 사람다운 사람교육은 전 인격적 교육이라는 궁극적인 목적을 달성하기 위한 교육이다. 또한 사람교육은 학습자 개인의 전 생애에 걸쳐 지속되어야 하는 평생교육을 의미한다. 그리고 사람다운 교육은 어느 특정 지역이나 국가에 그치지 않고 전 세계와 소통하는 글로벌 다문화 이해와 세계시민성 교육을 지향한다. 사람교육은 인간교사를 비롯하여 첨단 정보기술 매체 등을 동원하는 모든 교육방법을 활용하는 맞춤형 최첨단 개별화 교육을 지향한다.

참/고/문/헌

강완식, 윤길근 (2020). 전인교육에 관한 주요 쟁점. **실천유아교육, 25**(1), 55-69.

강현석, 윤미선, 안양옥, 신재한, 정성수, 이지은 (2016). **인성교육중심 수업강화 정책의 효과성 분석 및 성과지표 개발 연구**(교육부 2015년 정책연구과제). 세종: 교육부.

고미숙 (2005). **대안적 도덕교육**. 서울: 원미사.

교육부 (2015). **2015 개정 교육과정 총론**. 서울: 저자.

국립국어연구원 (1999). **표준국어대사전**. 서울: 두산동아.

길병휘 (2006). 삶과 수행과 교육이 하나 되는 교육. **초등도덕교육, 21**, 179-212.

김낭규 (2011). 고등학교 체육수업내실화를 위한 하나로 수업 모형 적용 및 실천 사례연구. 미간행 박사학위논문. 경상대학교 대학원.

김대식 (2016). **인간 vs 기계: 인공지능이란 무엇인가**. 서울: 동아시아.

김민수 (2019). 4차 산업혁명 시대 인공지능 기술과 미래 어린이철학교육의 전망: 시대적 인재상의 변화 분석을 중심으로. **초등도덕교육, 63**, 253-285.

김석완 (2007). 건강한 신체에 건전한 정신이 깃든다: 교육사상사적 고찰. **교육철학, 32**, 5-38.

김석완 (2013). 지 · 덕 · 체의 개념사 연구: 고대 그리스를 중심으로. **한국교육사학, 35**(4), 33-58.

김수진 (2015). 인성교육의 주요 접근 및 쟁점 분석. 박사학위논문. 이화여자대학교 대학원.

김숙자, 고정리 (2006). 유아교육에서의 통합 교육과정 접근: 전인교육에 터한 교육과정 통합 실천 방안. **유아교육학논집, 10**(4), 265-277.

김순남, 김진규, 유진은, 권호택, 한재동 (2018). 나이스 시스템과 연계한 교사별 과정중심 평가결과 기록방안 연구. 교육부 정책연구과제. 세종: 교육부.

김순택 (1978). **목표별 수업원리**. 서울: 교육과학사.

김신애, 방준성 (2019). 인공지능 시대의 교육을 위한 '또 하나의 관점'. **교육원리연구, 24**(1), 83-105.

김양분, 임현정, 신혜숙, 남궁지영, 신택수 (2010). 학생의 전인적 발달을 지원하는 좋은 학교 특성. 연구자료 CRM 2010-99. 한국교육개발원.

김영래 (2019). **인성교육의 담론: 미래세대를 위한 지혜교육 탐색**. 서울: 학지사.

김자중, 한용진 (2014). 19세기 영국에서의 '삼육' 개념의 형성과 전개. **교육철학연구, 36**(1), 1-27.

김재복 (2001). **통합교육과정**. 서울: 교육과학사.

김재춘, 강충열, 소경희, 손민호, 진동섭, 이상수 (2012). **실천적 인성교육이 반영된 교육과정 개발 방향 연구**. 서울: 교육과학기술부.

김재희 (1994). **신과학 산책**. 서울: 김영사.

김정환 (1982). **진인교육론**. 서울: 세영사.

김정환 (1987). 오바라 구니요시. 한국교육학회 교육사연구회(편). **교육사상가 평전 2: 동양편**(pp. 233-247). 서울: 교학연구사.

김정환 (1997). **전인교육 어떻게 할 것인가**. 서울: 내일을 여는 책.

김진규 (2008). **김교수의 형성평가 이야기**. 서울: 강현출판사.

김진규 (2010). **형성평가의 탐구: 50가지 이야기**. 경기: 교육과학사.

김진규 (2013). **형성평가 101가지 기법**. 경기: 교육과학사.

김진규 (2015). **교육과정과 교육평가**(3판). 서울: 동문사.

김진규, 윤길근 (2013). **교육평가의 탐구**. 서울: 동문사.

김진숙 (2017). 4차 산업혁명 대응 미래교육의 방향. 4차 산업혁명 대응 미래교육을 말하다. KERIS이슈리포트. 연구자료 RM2017-7. 한국교육학술정보원.

김진형, 임상도 (2019). 유아 전인교육의 재 개념화. **아동교육, 28**(3), 73-92.

김태오 (2015). **교육의 역사와 철학**. 서울: 정민사.

류방란, 김경애, 이상은, 한효정, 이윤미, 이종태, 최항섭 (2018). 4차 산업혁명 시대의 교육: 학교의 미래. 연구보고 RR 2018-01. 한국교육개발원.

명지원 (2015). 홀리스틱 전인 양성을 위한 인성교육의 방향: John Miller의 Equnox Holistic Alternative School을 중심으로. **홀리스틱교육연구, 19**(4), 85-103.

명지원 (2016). 홀리스틱 교육의 시각에서 바라본 교육패러다임의 변화와 교육적 인간상. **홀리스틱교육연구, 20**(4), 1-18.

명지원 (2018). 홀리스틱 교육 시각에서의 전인교육의 재개념화: EHAS 사례를 중심으로. **학습자중심교과교육연구**, 18(4), 881-906.

민영주 (2005). **0 to 100 전인교육의 실천**. 서울: 쓰리라이프.

박승규 (2009). 사회과 교육인간학의 가능성 탐색. **사회과교육연구**, 6(3), 51-61.

박영만, 송민영 (2003). **통합교육과정과 전인교육**. 서울: 학지사.

박의수, 강승규, 정영수, 강선보 (2017). **쉽게 쓴 교육의 역사와 철학**. 서울: 동문사.

박태훈 (1931. 5. 1). 진실의 교육. 동아일보. 6면.

변창진, 최진승, 문수백, 김진규, 권대훈 (1996). **교육평가**. 서울: 학지사.

부천대학 (2003). **몽당 한항길 선생의 정심운동**.

부천대학 (2006). **사람다운 사람의 길**. 서울: 백산출판사.

서울대학교 교육연구소 (1994). **교육학 용어 사전**. 서울: 하우.

서장원 (2008). 전인교육실현을 위한 초등체육에의 통합적 접근: 서사적 관점에 근거한 하나로 수업 적용. 미간행 박사학위논문. 건국대학교 대학원.

성태제 (2017). 4차 산업혁명시대의 인간상과 교육의 방향 및 제언. **교육학연구**, 55(2), 1-21.

소경희 (2017). **교육과정의 이해**. 경기: 교육과학사.

송민영 (2006). **홀리스틱 교육사상**. 서울: 학지사.

수호믈린스키 (2016). **생각의 뿌리를 찾아서 떠나는 여행: 수호믈린스키의 인성동화집**. 박미령 역. 경기: 도서출판 고인돌.

수호믈린스키 교육사상연구회 (2010). **수호믈린스키 전인교육론: 선생님들에게 드리는 100가지 제안**. 경기: 도서출판 고인돌.

수호믈린스키 교육사상연구회 (2013). **아이들에게 온 마음을**. 경기: 도서출판 고인돌.

안종배 (2017). 4차 산업혁명에서의 교육 패러다임의 변화. **미디어와 교육**, 7(1), 21-34.

오영재, 성열관, 고미숙, 박종필, 방승호, 허은영 (2006). 개방형 자율학교 시범 운영 추진 관련 전인교육 Inventory 개발 연구. 교육인적자원부 정책 연구과제. 교육인적자원부.

우남숙 (2012). 허버트 스펜서와 옌푸: 지 · 덕 · 체론의 사상적 영향을 중심으로. **한국정치학회보**, 46(5), 25-49.

원동규, 이상필 (2016). 인공지능과 4차 산업혁명의 함의. **ie 매거진, 23**(2), 13-22.

유은정 (2008). 서사적 접근을 통한 중등체육에서의 인성교육 탐색: 하나로 수업모형의 적용. 미간행 박사학위논문. 건국대학교 대학원.

유재봉 (2002). **현대교육철학 탐구: 자유교육에 대한 비판 및 대안 탐색**. 서울: 교육과학사.

윤상균 (2018). 인공지능 시대의 사회과교육: 인공지능과 관계맺기. **사회과교육연구, 25**(2), 1-20.

유석만 (2018). **윤석만 기자의 미래 리포트: 인간혁명의 시대**. 서울: 가디언.

윤영선 (1996). **함께 읽는 교육학 이야기**. 서울: 다산출판사.

윤팔중 (1981). **전인교육을 위한 교육과정**. 서울: 배영사.

이성진 (1994). **정범모 교육론**. 서울: 도서출판 나남.

이성진, 김호권 (1994). 정범모 교수의 학문적 발자취. 이성진(편). **한국 교육학의 맥**(pp. 483-497). 서울: 도서출판 나남.

이성흠 (2018). 인성교육을 위한 교수설계, 교수·학습 방법 및 평가. 강선보 외. **미래세대를 위한 인성교육**(pp. 61-87). 서울: 학지사.

이신동, 조형정, 장선영, 정종원 (2012). **알기쉬운 교육방법 및 교육공학**. 서울: 양서원.

이정민 (2011). 글읽기, 글쓰기를 통한 고등학교 여학생 체육 가르치기: 서사적 접근의 가능성 탐색. 미간행석사학위논문. 서울대학교 대학원.

이준구, 이창용 (2017). **경제학 들어가기**(4판). 경기: 문우사.

이지성 (2019). **인공지능에게 대체되지 않는 나를 만드는 법: 에이트**. 서울: 차이정원.

이홍우 (1984). **교육의 목적과 난점**(2판). 서울: 교육과학사.

이홍우 (1996). 전인교육론. **도덕교육연구, 8**, 1-21.

이홍우 (2000). 전인교육론. 이홍우, 박재문(편). **교육의 동양적 전통 Ⅱ: 교육의 실제**(pp. 47-79). 서울: 성경재.

이희도 (1980). 수업의 유형. 김순택 외. **현대수업원론**. 서울: 교육과학사.

일본홀리스틱교육연구회 (1999). **홀리스틱 교육의 이해**. 송민영, 김현재 공역. 서울: 책사랑.

전민호 (2014). 근대 삼육론의 전개와 한국적 수용. **한국학연구, 48**, 197-220.

전성수 (2018). 하브루타 인성교육. 강선보 외. **미래세대를 위한 인성교육**(pp. 229-264). 서울: 학지사.

전세명 (2011). 하나로 수업모형을 통한 초등체육 교수학습과정에의 통합적 접근. 미간행 박사학위논문. 서울대학교 대학원.

정광희, 김신애, 손찬희, 이쌍철, 김성미, 김은영, 정재영 (2017). 글로벌 교육동향 연구 (V): 지능정보사회의 교육혁신 동향. 한국교육개발원 기본보고서.

정미라 (1995). 전인교육의 관점에서 본 교육적 인간상에 관한 연구. **교육행정학연구, 13**(4), 249-264.

정범모 (1972). **가치관과 교육**. 서울: 배영사.

정범모 (1991). **교육난국의 해부: 한국교육의 진단과 전망**. 서울: 도서출판 나남.

정범모 (1993). 교육개혁의 방향: 전제조건. 정범모, 김호권, 이성진, 권균, 이종승. **교육의 본연을 찾아서**. 서울: 도서출판 나남.

정범모 (1997). **인간의 자아실현**. 서울: 도서출판 나남.

정범모 (2000). **한국의 교육세력: 나라 마음을 방향짓는 사람들**. 서울: 나남출판.

정범모 (2004). **한국의 내일을 묻는다**. 서울: 도서출판 나남.

정범모 (2007). **그래, 이름은 뭔고?** 서울: 도서출판 나남.

정범모 (2009). **교육의 향방**. 서울: 교육과학사.

정범모 (2011). **내일의 한국인**. 서울: 학지사.

정범모 (2012). **다시 생각해야 할 한국의 교육신화**. 서울: 학지사.

정범모 (2014). **격동기에 겪은 사상들**. 서울: 서울대학교 출판부.

정세구 (1987). 인간교육의 평가방법. 서울특별시교육위원회(편). **인간교육의 발전적 탐색**(pp. 71-84). 서울: 서울특별시교육위원회.

정영근 (1994). 전인교육의 이념과 한국의 학교교육- 전인교육 실현을 위한 교육철학적 제언. **교육철학, 12**(1), 187-208.

정원식 (1979). 전인교육에의 지향. 정원식(편). **전인교육의 이론과 실제**. 서울: 서울특별시교육위원회.

정재철 (1979). 전인교육의 사적 고찰. 정원식 외(편). **전인교육의 이론과 실제**. 서울: 서울시교육위원회.

정창우 (2015). **인성교육의 이해와 실천**. 경기: 교육과학사.

조난심 (2004). 7차 도덕과 교육과정의 특징과 개선 방향: 도덕과 교육과정 개정에 대한 반성적 고찰. **교육과정연구**, 22(1), 1-18.

조한무 (2005). 홀리스틱 교육 패러다임에 기초한 교실평가의 성찰과 과제. **과학교육논총**, 18, 183-196.

조헌국 (2017). 4차 산업혁명에 따른 대학교육의 변화와 교양교육의 과제. **교양교육연구**, 11(2), 53-89.

천지애 (2013). 즐거운 생활의 재발견: 초등 통합교과 수업모형으로서 하나로 수업의 가능성 검토. 미간행 박사학위논문. 서울대학교 대학원.

최관경 (1983). 교육의 목적에 관한 연구: 교육사적 · 교육철학적 논증을 중심으로. 박사학위논문. 한양대학교 대학원.

최의창 (2009). 전인지향적 체육교육론으로서의 인문적 체육교육: 탐색적 분석. **한국체육학회지**, 48(6), 243-260.

최의창, 전세명 (2011). 운동소양의 함양: 전인교육을 위한 초등체육의 목적 재검토. **한국체육학회지**, 50(11), 93-107.

팽영일 (2008). 수호믈린스키의 학교교육론. **비교교육연구**, 18(4), 187-206.

한국교육개발원 (2012). **21세기 핵심역량: 이 시대가 요구하는 핵심 스킬**. 서울: 학지사.

한방교, 윤길근 (1998). **인간과 교육의 이해**. 서울: 동문사.

한용진 (2020). 오바라 구니요시(小原國芳)의 전인교육론 연구. **한국일본교육학연구**, 24(3), 1-19.

함영기 (2019). **바실리 수호믈린스키 아이들 한 명 한 명 빛나야 한다**. 서울: 한울림.

허영주 (2015). 평생교육 평가방식의 문제와 홀리스틱 평가관의 도입. **홀리스틱교육연구**, 19(4), 193-212.

홍웅선 (1979). 전인교육의 이념. 정원식 외(편). **전인교육의 이론과 실제**. 서울: 서울시교육위원회.

홍은숙 (1994). 교과의 성격: 모자이크식 교육관과 통합된 교육관. **교육학연구**, 32(1), 169-185.

홍은숙 (1999). 전인교육을 위한 교과교육의 모형 연구. **교육학연구**, 37(3), 221-246.

홍은숙 (2007). **교육의 개념**. 서울: 교육과학사.

홍후조 (2002). **알기쉬운 교육과정**. 서울: 학지사.

황정규 (1987). 전인교육을 위한 평가의 과제. 대한사립중고등학교장회(편). **중등교육 혁신과 전인교육**. 서울: 대한사립중고등학교장회.

Aloni, N. (2002). *Enhancing humanity*. Dordrecht: Kluwer Academic Publishers.

Angelo, T. A., & Cross, K. P.(1993). *Classroom assessment techniques: A handbook for college teachers*(2nd ed.). San Francisco, CA: Jossey-Bass Publishers.

Belenky, M., Clinchy, B., Goldberger, N., & Tarule, J. (1986). *Women's ways of knowing*. Basic Books, Inc.

Berliner, D. C., & Gage, N. L. (1976). *The psychology of teaching methods*. Chicago: The University of Chicago Press.

Bruner, J. S. (1986). *Actual minds, possible worlds*. Cambridge, MA: Harvard University Press.

Clark, E. T. (1990a). Environmental education as an integrative study. In R. Miller(ed.). *New directions in education: Selections from holistic education review*. Brandon, VT: Holistic Education Press.

Clark, E. T. (1990b). The search for a new educational paradigm: The implications of new assumptions about thinking and learning. In R. Miller(ed.). *New directions in education: Selections from holistic education review*. Brandon, VT: Holistic Education Press.

Clark, E. T. (1997). *Designing and implementing an integrated curriculum: Student-centered approach*. Brandon, VT: Holistic Education Press.

Cockerill, A. (2016a). Sukhomlinsky and Steiner: A comparison. *Research on Steiner Education, 7*(1), 22-30.

Cockerill, A. (2016b). Vasily Sukhomlinsky: The teacher who changed the world. [Released from http://www.abc.net.au/radionational/programs/conversations/vasily-sukhomlinsky-educating-the-heart/7878410].

Equinox Holistic Alternative School (2020). The holistic curriculum. [https://EQUINOXSCHOOL.CA/].

ETRI (2015). **ECOsight 3.0: 미래사회 전망**. Insight Report 2015-01.

Fadel, C., Bailik, M., & Trilling, B. (2017). **4차원 교육 4차원 미래역량**. 이미소 역. 서울: 새로운 봄.

Gang, P. (1990). The global ecocentric paradigm inl education. In R. Miller(ed.). *New directions in education: Selections from holistic education review*. Brandon, VT: Holistic Education Press.

Harari, Y. N. (2017). **호모데우스**. 김명주 역. 서울: 김영사.

Herman, J. L., & Winters, L. (1994). Portfolio research: A slim collection. *Educational Leadership, 52*(2), 48-55.

Kobayashi, M. (2004). Kuniyoshi Obara(1887~1977). *UNESCO Prospects, 34*(2), 223-239.

Kok, J. N., Boers, E. J. W., Koster, W. A., & van der Putten, P. (2009). *Artificial intelligence: Definition, trends, techniques, and cases*. Paris: UNESCO.

Lickona, T. (2011). Character education: Seven crucial issues. In J.L. DeVitis & T. Yu(eds.). *Character and moral education: A reader*(pp. 23-29). New York, NY: Peter Lang Publishing.

MacIntyre, A. (1984). *After virtue: A study in moral theory*(2nd ed.). Notre Dame: University of Notre Dame Press.

McMillan, J. H. (2007). *Classroom assessment: Principles and practice for effective instruction*(4th ed.). Boston: Pearson Education, Inc.

McMillan, J. H., & Hearn, J. (2008). Student self-assessment: The key to stronger student motivation and higher achievement. *Educational Horizons, 87*(1), 40-49.

Miller, J. P. (1999). Making connections through holistic learning. *Educational Leadership*, 46-48.

Miller, J. P. (2000). **홀리스틱 교육과정**. 김현재 외 5인 공역. 서울: 책사랑.

Miller, R. (1991). In new directions in education: Selections from holistic education review. In R. Miller(Ed.), *Introduction*(pp. ⅳ-ⅴ). Brandon, VT: Holistic Education Press.

Miller, R. T. (1993). Spiritual education. In C.L. Flake(ed.). *Holistic education:*

Principles, perspectives and practices. A book of readings based on education 2000: A holistic perspectives. University of South Carolina.

Nasr, R. T. (1994). *Whole education: A new direction to fill the relevance gap.* Lanham: University Press of America.

OECD (2005). The definition and selection of key competencies: Executive summary. Paris: The Author.

Prisecaru, P. (2016). Challenges of the fourth industrial revolution. *Knowledge Horizons Economics, 8*(1), 57-62.

Rifkin, J. (1996). *The end of work: The decline of the global labor force and the dawn of the post-market era.* Putnam Publishing Group.

Russell, S., & Norvig, P. (2010). *Artificial intelligence: Modern approach*(3rd ed.). NJ: Pearson Education, Inc.

Ryan, K., & Bohlin, K. E. (1999). *Building character in schools: Practical ways to bring moral instruction to life.* San Francisco, CA: Jossey-Bass.

Sakuma, H. (2017). Kuniyoshi Obara's zenjin education at Tamagawa Gakuen. In Yamasaki, Y., & Kuno, H.(eds.). *Educational progressivism, cultural encounters and reform in Japan*(pp. 93-103). Oxon: Routledge.

Schwab, K. (2016). *The fourth industrial revolution.* Geneva: World Economy Forum.

Scriven, M. (1967). The methodology of evaluation. In R. W. Tyler, R. M., Gagne, & M. Scriven(eds.). *Perspectives of curriculum evaluation.* Volume Ⅰ(pp39-83). Chicago: Rand McNally.

Stiggins, R. J., & Conklin, N. F. (1992). *In teachers' hands: Investigating the practices of classroom assessment.* Albany, NY: State University of New York Press.

Sukhomlyns'ka, O. (2019). Vasily Sukhomlinsky' s place amongst other influential creators of educational systems. *Academic Research International, 10*(4), 93-103.

UNESCO (2019). *Artificial intelligence in education: Challenges and opportunities for sustainable development.* Paris: The Author.

World Economy Forum (2016). *The future of jobs: Employment, skills, workforce strategy for the fourth industrial revolution*. Geneva: World Economy Forum.

小原國芳 (1995). **전인교육론**. 제갈삼 역. 부산: 부산대학교출판부.

찾/아/보/기

저/자/약/력

윤길근

한양대학교 사범대학 교육학과 졸업
한양대학교 대학원 교육학과(교육학박사)
현, 부천대학교 교수

김진규

경북대학교 사범대학 교육학과 졸업
미국 University of Alabama 대학원(철학박사)
현, 부천대학교 특임교수

전인교육의 담론

초판발행 2020년 8월 20일 1판 1쇄 인쇄 | 2020년 8월 25일 1판 1쇄 발행

지은이 윤길근 김진규
펴낸이 최용구 | **펴낸곳** 도서출판 **신정**
주소 (04316) 서울시 용산구 원효로 89길 19 (원효로1가)
전화 02)3211-4782, 0266(영업부), 3211-4783(편집부), 3211-4784(팩스)
이메일 shinjeong72@naver.com | **홈페이지** www.sjbook.co.kr
등록 2001년 5월 11일 제13-702호
기획마케팅 최용구 장만동 최충구 진소희 | **책임편집** 석기은 황가연

ISBN 978-89-5912-523-4 93370
정가 16,000원